"十三五"高职高专工学结合特色教材

行业会计综合实训

主　编　王广立

顾　问　张则岭

主　审　向兆礼

副主编　许雪萍　梁　斌　郑　普　刘军伟　戴晓红

委　员　黄若男　陈瑞生　盘洋华　黄责业　李文兰　黄　宁　陈　渝　蔡少华　王　前　卢启金　陈淑梅　曹　莉　陈家凤　陆丽葵　伍田凤

中国商业出版社

图书在版编目（CIP）数据

行业会计综合实训 / 王广立主编. — 北京 ：中国商业出版社，2017.8

ISBN 978-7-5044-9977-6

Ⅰ. ①行… Ⅱ. ①王… Ⅲ. ①部门经济-会计-高等职业教育-教材 Ⅳ. ①F235

中国版本图书馆 CIP 数据核字(2017)第211303号

责任编辑：黄世嘉

中国商业出版社出版发行

010－63180647　www. c－cbook. com

（100053　北京广安门内报国寺 1 号）

新华书店经销

三河市海新印务有限公司印刷

*　*　*　*

787 毫米×1092 毫米　16 开　19 印张　425 千字

2021 年 7 月第 1 版　　2021 年 7 月第 1 次印刷

定价：48. 00 元

*　*　*　*

（如有印装质量问题可更换）

“十三五”高职高专《行业会计综合实训》工学结合特色教材编写委员会名单

顾问：

张则岭（广西职业技术学院经贸系主任、副教授）

主任、主编：

王广立（广西职业技术学院经贸系副主任、副教授）

主审：

向兆礼（广西职业技术学院经贸系会计专业带头人、教授）

副主任、副主编：

许雪萍（广西南宁才金会计服务有限公司总经理）
梁　斌（广西南宁才金会计服务有限公司总会计师）
郑　普（广西职业技术学院经贸系会计教研室副主任、会计师）
刘军伟（广西职业技术学院经贸系会计教研室副主任、中国注册会计师）
戴晓红（南宁市威宁市场发展有限责任公司财务部副经理、中国注册会计师）

委员：

黄若男　陈瑞生　盘洋华　黄责业　李文兰　黄　宁　陈　渝
蔡少华　王　前　卢启金　陈淑梅　曹　莉　陈家凤　陆丽葵
伍田凤

内容简介

行业会计是为了满足不同行业在组织实施具有本行业特点的生产活动时，为实现对企业生产经营活动的过程和结果进行反映和监督的目的而形成的不同的会计学分支，它侧重于对行业之间会计核算“个性”方面的研究。

本书有针对性地选择了两个行业：商品流通行业和现代旅游服务行业，并结合全面“营改增”后企业真实发生的业务数据、企业的实际运营案例编写而成。本书在编写的过程中，结合了编者十余年教学和企业实践经验，校企合作共同编写，在教学内容的组织与安排上，以岗位能力为核心，以实际岗位工作为主线，形成了特征鲜明的工作岗位教学模式。通过企业实际案例，使学生对行业会计（商品流通行业和现代旅游服务行业）全过程有较系统、全面、综合的认识，引导学生将理论运用于实践，旨在更好地培养学习者处理会计业务的能力，提高其专业素质和会计技能。

本书适合高职高专会计类专业、财务管理类专业、审计类等相关专业的《行业会计综合实训》课程的教材或教学参考书，也可作为在职会计人员培训及自学者学习用书。本书具有较强的实用性和可操作性，是企业财会人员进行业务学习的一本实践指导用书；也适合各类经济管理人员作为参考用书。

前　言

会计是一门实践性较强的学科，为满足会计专业学生实训的需求，在总结会计实训教学及对会计专业学生进行会计实务操作、基本技能培养训练经验的基础上，结合全面“营改增”及目前中小企业工作实际特点，我们开发出了能充分体现校企合作、工学结合理念的行业会计综合实训教材，以确保优质教学进入课堂。

本教材特点：

1. 校企合作共同编写

本教材由广西职业技术学院、广西南宁才金会计服务有限公司共同编写，自2016年下半年至出版历时1年零3个月，教材基本囊括了近年来校企合作中实训企业的所有真实案例。尤其在2016年5月1日国家税务部门全面推行“营改增”政策后，为顺应新税法的变更，我们再次对本教材进行了较大的修订，力求为财务专业学生编制出一本务实、高度仿真的实用教材。

2. 务实、新颖、通用

本教材由高校在职会计专业教师及在岗资深中国注册会计师共同编写完成。教材以模拟实际会计工作为主线，分为两个阶段进行财税实训教学：初级阶段，为学生普及会计人才所需的基础知识及基本技能；递进阶段，引导学生处理各类社会企业在日常运营中经常涉及到的多项税法知识，乃至税法事项处理过程中，如何运用各种关联税法知识去处理好企业账务等内容。且涉及的内容一律按照2016年5月1日国家税务部门全面“营改增”后的新法规为准，为学生提前构筑并展现一个完整、务实的会计工作体系。

3. 素材源自企业、高仿真性

会计专业校企合作的核心是“实账真做”。实训中“教”与“学”如何做到贴近现实、感受真实为首要内容。由此，本教材节选了社会企业日常业务中一些真实票据进行修整，力求在内容上做到高度仿真性与可操作性。这种以“仿真单据”代替传统“文字叙述”的教学内容，由浅至深，为学生展示了会计工作者的账务处理流程。根据本教材又设置了会计实训训练，能让学生基本具备在中小企业直接上岗的能力。

4. 实践性强，让学生“先实践，再亮剑”

会计人才的成长是恒定缓慢的上升直线，虽少了波澜壮阔，却贵在恒久稳定。另外，多年校企合作的历程中，我们总结了一句格言——“先实践，再亮剑”，因为每一名优秀的会计人皆以务实出发、以严谨自律，在实战中不断成长。这是每一名成功会计人的座右铭，也是我们编制本教材的核心理念。

本书由广西职业技术学院经贸系王广立副教授担任主编，广西南宁才金会计服务有限公司总经理许雪萍、总会计师梁斌，广西职业技术学院经贸系会计教研室副主任郑普、刘军伟，南宁市威宁市场发展有限责任公司财务部副经理戴晓红等担任副主编，广西职业技术学院会计教研室教师和广西南宁才金会计服务有限公司有关人员担任编委共同编写，得到了中国商业出版社有关领导和编辑老师的大力支持，得到了广西职业技术学院经贸系张则岭副教授和向兆礼教授的热心指导。在这里，我衷心地向所有支持和帮助本教材编写的公司和出版社的单位和个人表示最真诚的感谢！

本书在编写过程中参考了大量的相关资料，在此特向这些文献资料的原作者致以诚挚的谢意。由于编者水平有限，书中还有很多不尽如人意的地方，它受限于编者的知识和能力，也受限于当前相关学科的分割和相关专业的设置。尽管如此，我仍然感谢所有阅读和使用它的人，你们的阅读和使用就是对编者最大的鞭策和鼓励！本书存在的不足和疏漏之处，敬请广大读者批评指正。

编　者

2017 年 9 月

目 录

第一章

1

总　论

第一节　行业会计的概述

一、什么是行业会计

行业是指从事国民经济中同性质的生产或其他经济社会的经营单位或者个体的组织结构体系。如商业、工业、房地产业、林业、银行业等。行业会计是指国民经济中各行业的细分会计。如商业会计、工业会计、房地产会计等。

二、行业会计的形成

行业会计就是为了满足不同行业在组织实施具有本行业特点的生产活动时，为实现对企业生产经营活动的过程和结果进行反映和监督的目的而形成的不同的会计学分支，它侧重于对行业之间会计核算“个性”方面的研究。

三、行业会计的共性与个性

各行业在国民经济中具有不同的职能，由于会计要反映和监督不同行业的经济活动，于是就形成了各种行业会计。各种行业会计既有共性又有个性。由于不同行业有着不同的生产经营和管理特点，各行业会计所要反映和监督的具体内容也不一样，因此，各行业会计又要结合各行业的特点，对各行业经济活动中的特殊业务采用特殊方法进行核算。行业会计是各行业的特殊性在会计上的反映。

1. 行业会计的共性

财政部颁布的《企业会计准则》对会计核算有统一的要求，各行业会计核算都必须遵守，会计核算过程有着相同的依据和原理，使得各行业会计核算工作表现出如下共同特征。

（1）会计准则中的会计信息质量要求、会计政策乃至会计方法大体相同。

（2）会计核算的基本前提条件一致：会计主体、持续经营、会计分期、货币计量。

（3）财务会计报告目标上的共性：会计报表的名称、格式、内容及其编制方法基本相同。

（4）财务会计报告要素上的共性：对相同的会计要素，给出了大体相同的确认、计量标准。

（5）行业会计核算原则上的共性：真实性、有用性、可比性、一致性、及时性、清晰性、权责发生制、配比原则、谨慎性、全面性与重要性原则、实际成本计价、划分收益性支出和资本性支出原则。

2. 行业会计的个性

在企业会计准则体系下，各行业会计核算已基本一致，但由于各行业生产经营活动的不同特点，使得不同行业在会计核算上仍表现出不同的个性，其个性主要包括以下几个方面：

（1）存货核算上的差异

由于不同行业的企业从事不同的生产经营活动需要有不同类型的存货，因此，存货比较能够反映行业生产经营的特点。从存货种类看，制造业的生产经营活动主要是从事各种产品的生产，存货既有生产过程中耗用的原材料和物料，又有处于生产过程各个阶段的半成品、在产品，还有已完工的产成品。商业企业的存货更多地体现为所购进待销售的各项商品；基建企业如果实行甲方供料，将有大宗材料物资的核算，类似施工企业材料物资的核算，否则核算的存货仅包括低值易耗品、备品备件；服务业其存货实物形态虽然千差万别，但仍可归结到相应的存货中进行核算。

（2）成本费用核算方面的差异

成本费用伴随企业的经营活动而发生，对于成本费用要按照配比原则确定，企业有什么样的业务收入，就相应地会有什么样的成本费用。由于不同类型的企业向社会提供的产品和劳务多种多样，因此，不同行业发生的成本费用内容也不尽相同。例如：制造业的成本费用一般表现为生产产品所耗用的直接材料、直接人工和制造费用，以及与经营活动有关的销售费用、管理费用、财务费用和其他相关税费支出；施工企业由于工程项目的长期性和复杂性，其成本费用一般包括工程施工过程中所耗用的原材料、人工费、机械使用费、其他直接费以及管理费用、财务费用和相关的税费支出。商品流通企业的主要经营活动为商品的购、销、存，其成本费用一般表现为所销售商品的成本，所消耗的物料、折旧、支付的人工费用、经营活动中管理费用、财务费用和其他相关税费支出；旅游服务业的成本费用主要是为了旅客支付的住宿、餐饮、交通、导游服务费用，以及机构人员及其他相关的管理费用和其他相关税费等。可见，不同行业的经济业务不同，基主要成本费用也有所区别，其费用的归集方法、成本的计算和结转方法也具有各自的特点。

（3）收入确认方法的差异

由于企业生产经营活动纷繁复杂，不同行业的经营范围和经营内容千差万别，取得收入的具体形式也就多种多样，不仅不同类别收入的确认、计量方法不尽相同，即使同一类收入，由于不同行业的具体内容不同，其确认、计量方面也存在较大的差异。按照权责发生制的要求，工业企业、商业企业、服务企业是在转移产品的所有权时确认收入的实现；施工企业收入的确认采用完工百分比法，完工程度的确认包括投入法、产出法、技测法；基建企业收入冲减相应投资。

（4）固定资产核算方法的差异

工业企业、商业企业、服务企业的固定资产计提折旧计入相应成本费用或“在建工程”等科目，基建企业的固定资产计提折旧计入所投资的项目，施工企业的固定资产作为单独项目单独核算，设立“机械作业”科目归集固定资产各项收入费用，费用包括折旧、人工费、物料消耗等项目，施工使用固定资产时作为该项固定资产的机械使用收入。

（5）结算业务的核算

从会计处理角度看，各行业结算业务所涉及的货币资金与往来款项的会计处理基本是一致的，没有大的差别。如果结合行业经营管理的特点，不同行业之间还是存在着差异。例如：房地产开发企业的收入主要采用分期收款方式取得；商品零售业、餐饮娱乐服务业主要是现金收入；旅游服务业是先收取款项再提供劳务；另外，由于电子信息技术的发展，电子商务在各行各业得到了广泛的使用，已构成一些行业新的核算管理方式。

第二节　实训目的

行业会计课程的目的是让学生对不同行业的经营业务进行会计实务操作，培养学生对不同行业不同经营业务的综合分析能力，加强学生对不同行业的会计处理基本方法的掌握与运用。在会计处理的基本前提和基本原则条件下，遵循各行业生产技术特点和所从事的经营活动特点，掌握不同行业会计的个性，对各行业经济活动采用适当的会计核算方法，全面、系统地完成各个行业会计账务处理，研究不同行业会计核算的特点。

第三节　实训要求

一、对教师的要求

会计综合实训旨在培养和提高学生专业技能，因此，要求实训指导教师要认真负责，要对整个实训过程做具体指导，每次实训要做到有计划、有控制、有指导、有实训成绩、有实训讲评，让每一位学生均顺利完成实训任务。

二、对学生的要求

对学生的要求包括道德要求和技术性要求两个方面，具体内容如下：

1. 道德要求

（1）会计综合实训的操作过程要符合会计法规。

（2）会计综合实训的账务处理要符合会计核算原理。

（3）学生在进行会计综合实训时，要态度端正、目的明确、作风踏实、操作认真，要以一个会计人员的身份参与实训。

2. 技术性要求

（1）会计凭证、会计账簿、会计报表项目的填制要准确、完整。

（2）会计凭证、会计账簿、会计报表的文字、数字书写要清晰、工整、规范。

（3）会计凭证、会计账簿、会计报表的填制（编制）要及时。

（4）会计凭证、会计账簿、会计报表的填制除按规定必须使用红墨水书写外，所有文字数字都应使用蓝（黑）墨水书写，不准使用铅笔和圆珠笔（除复写凭证外）。

（5）会计凭证、会计账簿、会计报表的操作出现错误，必须按规定方法进行更正，不得涂改、刮擦挖补或用褪色药水消除字迹。

（6）会计凭证、会计账簿、会计报表等会计资料，需及时整理立卷，编制目录，装订成册，归档保管。

第二章 2

商业企业会计综合实训

第一节 概 述

商业企业从事商品流通（买卖）的独立核算企业以商品流转为核心，主要包括商品购进、商品储存和商品销售三个环节，因此，商品流通企业的经济活动主要是流通领域中的购、销、存、活动，所以这类企业的核算主要侧重于采购成本和销售成本的核算及商品流通费用的核算。

一、商业企业核算的特点

1. 核算对象

（1）批发企业

批发企业是指向生产企业或其他企业购进商品，供应其他生产企业或零售企业以及其他批发企业用以转售，或供应给其他企业用以加工后销售的商品流通企业。与零售企业相比，其主要特征是进行大宗商品买卖。

（2）零售企业

零售企业是指向批发企业或生产企业购进商品，销售给消费者，或销售给企事业单位用以生产消费和非生产消费的商品流通企业。零售企业处于商品流转环节的末端，直接担负着为生产和人民生活服务的重要任务。

除上述两种类型外，在实际工作中，还存在着一些混合经营的行为，如批零兼营等。

2. 核算内容

商业企业以商品流转为核心，主要包括商品购进、商品储存和商品销售三个环节。

（1）商品购进

商品购进是指商业企业为了销售或加工后销售，通过货币结算取得商品所有权的交易行为。商品购进环节，也就是货币资金转变为商品资金的过程。

（2）商品储存

商品储存是指商业企业购进的商品在被销售以前在企业的停留状态，它以商品资金的形态存在于企业之中。

(3) 商品销售

商品销售是指商业企业通过货币结算而售出商品的行为，商品销售的过程，也就是商品资金转变为货币资金的过程，凡是不通过货币结算而发出的商品，都不属于商品销售的范围。

无论是批发企业还是零售企业，商品流转的购进、销售、储存三个环节是其主要业务内容，自然也就构成会计核算的核心内容。

3. 核算方法不同

不同类型的商业企业有着各自的经营特点和管理要求，对会计核算方法要求也不相同。总的来说，商业企业的会计计算方法可分为进价核算和售价核算两种。

第二节　企业基本情况

一、企业经营信息

广西营创机电设备有限公司成立于2015年3月，是一家商业企业，主要经营范围为机电设备销售及售后服务。注册资本为250万元。该公司有三位股东，股东持股比例分别为李德宏持股50%，杨丰鸣持股30%，陈锦持股20%。该公司基本情况如下：

注册地址：南宁市明秀路32－11号

电话：0771－3270164

纳税人税务登记号：91451300887608473A

纳税人类别：增值税一般纳税人

基本存款开户银行：工商银行西北支行

银行账号：2102109305118098818

部门设置：行政办公室、销售部、财务部（同时管理仓库）

二、职工名单

部门	姓名	职务	部分	姓名	职务
行政办公室	李德宏	总经理	销售部	陈锦	销售经理
	杨丰鸣	副总经理		林旺民	干事
	张清	行政经理		李军东	干事
	耿丽娜	行政干事		雷华明	干事
	周林勇	司机	技术部	王建利	技术主管
财务部	黄芳丽	会计主管		杨林	干事
	李晶晶	会计	仓库	张大明	仓库管理员
	韦春红	出纳			

三、经营场所

该公司经营场所为租赁得来，总面积200平方米，年租金15万元，按月支付租金。

第三节　核算程序与核算所需的基本资料

一、账务处理程序

（1）根据12月份发生的经济业务，分类整理、粘贴原始凭证，根据原始凭证编制记账凭证。

（2）根据记账凭证编制科目汇总表。

（3）登记总账。

（4）登记现金日记账和银行存款日记账。

（5）登记三栏式明细账。

（6）登记数量金额式明细账。

（7）登记多栏式明细账。

（8）年终总账、日记账和各明细账进行对账。

（9）根据总账和各明细账编制会计报表，包括资产负债表、利润表和现金流量表。

（10）填写12月份纳税申报表。

（11）装订会计凭证

二、企业财务会计制度摘录

（1）存货核算：按照实际成本法核算，发出存货采用月末一次加权平均法计价。

（2）工资管理：福利费按实际发生额入账，并且不超过工资总额的14%，职工教育经费按实际发生额入账，并且不超过工资总额的2.5%。

（3）固定资产：按平均年限法（直线法）计提固定资产折旧。

（4）税金及附加税：城市维护建设税、教育费附加、地方教育费附加的税率分别为：7%、3%、2%。

（5）其他：年末按税后净利润的10%提取法定盈余公积。

（6）公司各项费用开支均由总经理审批，报销程序为：当事人填写报销单，会计进行真实性、合法性和完整性审批，总经理签字批准，财务部方可办理报销手续。

（7）会计制度：采用小企业会计制度。

（8）公司按本地现行政策规定为职工缴纳和代扣五险：养老保险公司缴纳20%，个人缴纳8%；医疗保险公司缴纳8%，个人缴纳2%；失业保险公司缴纳2%，个人缴纳1%；工伤保险公司缴纳1%；生育保险公司缴纳1%；缴费基数为个人基本工资与岗位工资之和。

三、相关税收政策

(1) 国家税务总局公告2014年第57号，增值税小规模纳税人，月销售额或营业额不超过3万元，季度不超过9万元，免征增值税。若季度超过9万元的，则全额征收增值税。

(2) 财税［2016］12号，决定从2016年2月1日起，将免征教育费附加、地方教育附加、水利建设基金的范围：月销售额或营业额不超过10万元，季度不超过30万元的缴纳义务人。

(3) 财税［2015］34号：自2015年1月1日至2017年12月31日，对年应纳税所得额低于20万元（含20万元）的小型微利企业，其所得减按50%计入应纳税所得额，按20%的税率缴纳企业所得税。

财税［2015］99：自2015年10月1日起至2017年12月31日，对年应纳税所得额在20万元到30万元（含30万元）之间的小型微利企业，其所得减按50%计入应纳税所得额，按20%的税率缴纳企业所得税。

财税［2017］43号：自2017年1月1日至2019年12月31日，将小型微利企业的年应纳税所得额上限由30万元提高至50万元，对年应纳税所得额低于50万元（含50万元）的小型微利企业，其所得减按50%计入应纳税所得额，按20%的税率缴纳企业所得税。

备注：小型微利企业标准

《中华人民共和国企业所得税法实施条例》（中华人民共和国国务院令第512号）第九十二条规定，企业所得税法第二十八条第一款所称符合条件的小型微利企业，是指从事国家非限制和禁止行业，并符合下列条件的企业：

（一）工业企业，年度应纳税所得额不超过30万元，从业人数不超过100人，资产总额不超过3000万元；

（二）其他企业，年度应纳税所得额不超过30万元，从业人数不超过80人，资产总额不超过1000万元。

四、实训需要准备会计用品

(1) 总分类账1本。

(2) 现金日记账和银行存款日记账各1本。

(3) 三栏式明细账、多栏式明细账、库存商品明细账各1本。

(4) 资产负债表、利润表、现金流量表各2张。

(5) 一般纳税人增值税申报表、个人所得税申报表、企业所得税申报表、通用申报表、印花税申报表各1份。

表 2－1　库存商品

品名	型号	单位	期初借方余额			1－11 月借方发生额			1－11 月贷方发生额			期末借方余额		
			数量	单价	金额	数量	单价	金额	数量	单价	金额	数量	单价	金额
变压器S11系	500KVA	台	5	26 000	130 000	22	26 000	572 000	23	26 000	598 000	4	26 000	104 000
	1000KVA	台	3	50 000	150 000	18	50 000	900 000	18	50 000	900 000	3	50 000	150 000
	2000KVA	台	2	88 000	176 000	17	88 000	1 496 000	17	88 000	1 496 000	2	88 000	176 000
变压器S13系	500KVA	台	5	37 000	185 000	16	37 000	592 000	18	37 000	666 000	3	37 000	111 000
	1000KVA	台	3	66 000	198 000	22	66 000	1 452 000	22	66 000	1 452 000	3	66 000	198 000
	2000KVA	台	3	120 000	360 000	13	120 000	1 560 000	14	120 000	1 680 000	2	120 000	240 000
合计			21		1 199 000	108		6 572 000	112		6 792 000	17	387 000	979 000

表2-2 原材料

品名	型号	单位	期初借方余额			1-11月借方发生额			1-11月贷方发生额			期末借方余额		
			数量	单价	金额	数量	单价	金额	数量	单价	金额	数量	单价	金额
轴承	SCS50UU	个	100	20	2 000	70	20	1 400	80	20	1 600	90	20	1 800
轴承	SCS60UU	个	100	25	2 500	60	25	1 500	60	25	1 500	100	25	2 500
垫片	304不锈钢	片	1 000	0.50	500	500	0.50	250	600	0.50	300	900	0.50	450
螺栓	6角	个	200	4	800	150	4	600	120	4	480	230	4	920
螺母	6角	个	200	1.50	300	180	1.50	270	190	1.50	285	190	1.50	285
电线	2*2.5	米	200	10	2 000	150	10	1 500	140	10	1 400	210	10	2 100
进线开关	4000A	个	12	450	5 400	20	450	9 000	17	450	7 650	15	450	6 750
进线开关	5000A	个	15	600	9 000	20	600	12 000	15	600	9 000	20	600	12 000
机柜铜排	19英寸	个	15	300	4 500	30	300	9 000	25	300	7 500	20	300	6 000
合计					27 000			35 520			29 715			32 805

表 2－3　应交税费

科目名称	期初借方余额	期初贷方余额	1－11 月借方发生额	1－11 月贷方发生额	期末借方余额	期末贷方余额
应交增值税			4 379 540	4 379 540		
销项税额			1 526 260	1 526 260		
进项税额			1 327 020	1 327 020		
转出未交增值税			1 526 260	1 526 260		
未交增值税		15 000	196 240	199 240		18 000
城市建设维护税		1 050	13 736.8	13 946.8		1 260
教育费附加		450	5887.2	5 977.2		540
地方教育费附加		300	3 924.8	3 984.8		360
个人所得税		75.49	1 876.97	1 891.93		90.45
企业所得税		5 000	73 500	68 500		
水利建设基金		473.56	8 671.56	8 978		780
印花税		420	4 805	5 045		660
合计		22 769.05	4 688 182.33	4 687 103.73		21 690.45

表 2－4　固定资产折旧表

资产名称	原值	购买时间	使用年限	残值率	月折旧额	截止 2016 年 11 月累计折旧额
五菱宏光	55 800	2015 年 4 月	6	5%	736.25	13 988.75
江淮小货车	123 900	2015 年 7 月	6	5%	1 634.79	26 156.64
台式电脑(10 台)	35 000	2015 年 3 月	3	3%	943.06	18 861.20
打印复印一体机	15 000	2015 年 3 月	5	3%	242.50	4 850.00
佳能激光黑白打印机	1 680	2015 年 5 月	3	3%	45.27	814.86
空调(4 台)	16 000	2015 年 6 月	5	3%	258.67	4 397.34
戴尔笔记本电脑	5 200	2015 年 8 月	3	3%	140.11	2 101.65
华硕笔记本电脑	4 100	2016 年 5 月	3	3%	110.47	662.82
爱普生超高清投影机	6 000	2016 年 5 月	3	3%	161.67	970.02
合计	262 680				4 272.79	72 803.28

表2-5　2016年11月工资表

单位：

编号	部门	姓名	基本工资	岗位工资	绩效考核	请假扣款	其他扣款	应发工资	应扣款项						实发工资	签字
									养老保险	医疗保险	失业保险	公积金	个税	扣款合计		
1	行政办公室	李德宏	4 000.00	1 500.00				5 500.00	440.00	110.00	55.00	550.00	25.35	1 180.35	4 319.65	
2		杨丰鸣	4 000.00	1 500.00				5 500.00	440.00	110.00	55.00	550.00	25.35	1 180.35	4 319.65	
3		张清	3 500.00	500.00	500.00			4 500.00	320.00	80.00	40.00	400.00	4.80	844.80	3 655.20	
4		耿丽娜	2 500.00	500.00	300.00			3 300.00	240.00	60.00	30.00	300.00		630.00	2 670.00	
5		周林勇	2 500.00	500.00	300.00			3 300.00	240.00	60.00	30.00	300.00		630.00	2 670.00	
6	销售部	陈锦	4 000.00	1 500.00				5 500.00	440.00	110.00	55.00	550.00	25.35	1 180.35	4 319.65	
7		林旺民	3 000.00	500.00	500.00			4 000.00	280.00	70.00	35.00	350.00		735.00	3 265.00	
8		李军东	3 000.00	500.00	500.00			4 000.00	280.00	70.00	35.00	350.00		735.00	3 265.00	
9		雷华明	3 000.00	500.00	500.00			4 000.00	280.00	70.00	35.00	350.00		735.00	3 265.00	
10	技术部	王建利	3 500.00	500.00	500.00			4 500.00	320.00	80.00	40.00	400.00	4.80	844.80	3 655.20	
11		杨林	3 000.00	500.00	500.00			4 000.00	280.00	70.00	35.00	350.00		735.00	3 265.00	
12	财务部	黄芳丽	3 500.00	500.00	500.00			4 500.00	320.00	80.00	40.00	400.00	4.80	844.80	3 655.20	
13		李晶晶	2 800.00	500.00	300.00			3 600.00	264.00	66.00	33.00	330.00		693.00	2 907.00	
14		韦春红	2 800.00	500.00	300.00			3 600.00	264.00	66.00	33.00	330.00		693.00	2 907.00	
15		张大明	2 800.00	500.00	300.00			3 600.00	264.00	66.00	33.00	330.00		693.00	2 907.00	
合计			47 900.00	10 500.00	5 000.00	0.00	0.00	63 400.00	4 672.00	1 168.00	584.00	5 840.00	90.45	12 354.45	51 045.55	

单位领导：李德宏　　会计：　　复核：　　出纳：

表2-6　2016年12月工资表

单位：

编号	部门	姓名	基本工资	岗位工资	绩效考核	请假扣款	其他扣款	应发工资	应扣款项						实发工资	签字
									养老保险	医疗保险	失业保险	公积金	个税	扣款合计		
1	行政办公室	李德宏	4 000.00	1 500.00				5 500.00	440.00	110.00	55.00	550.00	25.35	1 180.35	4 319.65	
2		杨丰鸣	4 000.00	1 500.00				5 500.00	440.00	110.00	55.00	550.00	25.35	1 180.35	4 319.65	
3		张清	3 500.00	500.00	500.00			4 500.00	320.00	80.00	40.00	400.00	4.80	844.80	3 655.20	
4		耿丽娜	2 500.00	500.00	300.00			3 300.00	240.00	60.00	30.00	300.00		630.00	2 670.00	
5		周林勇	2 500.00	500.00	300.00			3 300.00	240.00	60.00	30.00	300.00		630.00	2 670.00	
6	销售部	陈锦	4 000.00	1 500.00				5 500.00	440.00	110.00	55.00	550.00	25.35	1 180.35	4 319.65	
7		林旺民	3 000.00	500.00	500.00	150.00		3 850.00	280.00	70.00	35.00	350.00		735.00	3 115.00	
8		李军东	3 000.00	500.00	500.00			4 000.00	280.00	70.00	35.00	350.00		735.00	3 265.00	
9		雷华明	3 000.00	500.00	500.00			4 000.00	280.00	70.00	35.00	350.00		735.00	3 265.00	
10	技术部	王建利	3 500.00	500.00	500.00			4 500.00	320.00	80.00	40.00	400.00	4.80	844.80	3 655.20	
11		杨林	3 000.00	500.00	500.00			4 000.00	280.00	70.00	35.00	350.00		735.00	3 265.00	
12	财务部	黄芳丽	3 500.00	500.00	500.00			4 500.00	320.00	80.00	40.00	400.00	4.80	844.80	3 655.20	
13		李晶晶	2 800.00	500.00	300.00			3 600.00	264.00	66.00	33.00	330.00		693.00	2 907.00	
14		韦春红	2 800.00	500.00	300.00			3 600.00	264.00	66.00	33.00	330.00		693.00	2 907.00	
15		张大明	2 800.00	500.00	300.00			3 600.00	264.00	66.00	33.00	330.00		693.00	2 907.00	
合计			47 900.00	10 500.00	5 000.00	150.00	0.00	63 250.00	4 672.00	1 168.00	584.00	5 840.00	90.45	12 354.45	50 895.55	

单位领导：李德宏　　　会计：　　　复核：　　　出纳：

表2-7 期初余额

科目名称		年初余额		1-11月累计发生额		12月期初余额	
总账科目	明细科目	借方	贷方	借方	贷方	借方	贷方
库存现金		5 718.57		829 725.10	830 666.80	4 776.87	
银行存款		2 102 180.00		9 319 075.66	9 095 095.55	2 326 160.11	
	基本户	2 102 180.00		9 319 075.66	9 095 095.55	2 326 160.11	
应收账款		1 046 000.00		3 367 000.00	2 987 000.00	1 426 000.00	
	广西恒顺通房地产股份有限公司	220 500		340 000	298 000	262 500.00	
	广西渤戴房地产开发有限公司	304 000		450 000	534 000	220 000.00	
	桂林市新铭创机电设备有限公司	147 000		600 000	600 000	147 000.00	
	梧州市安泽昌茂物业物业管理有限公司	124 000		580 000	408 000	296 000.00	
	南宁市金桂花物业管理有限公司	250 500		677 000	501 500	426 000.00	
	广西开雷房地产开发有限公司			400 000	381 500	18 500.00	
	广西盛起物业管理有限公司			320 000	264 000	56 000.00	
预付账款		235 000.00		255 000.00	454 000.00	36 000.00	
	广州市昌铃机械科技有限公司	79 300.00			79 300.00		
	南宁市康建大机电设备有限公司	64 700.00		54 200.00	118 900.00		
	广西远波机电制造有限公司	91 000.00		200 800.00	255 800.00	36 000.00	
其他应收款		55 920.00		118 356.00	117 012.00	57 264.00	
	广西和泰兴物业租赁有限公司	45 000.00				45 000.00	
	基本养老保险	4 160.00		45 088.00	44 576.00	4 672.00	
	基本医疗保险	1 040.00		11 272.00	11 144.00	1 168.00	
	失业保险	520.00		5 636.00	5 572.00	584.00	
	公积金	5 200.00		56 360.00	55 720.00	5 840.00	
库存商品	（详见明细表）	1 199 000.00		6 572 000.00	6 792 000.00	979 000.00	
原材料	（详见明细表）	27 000.00		35 520.00	29 715.00	32 805.00	
固定资产		252 580.00		10 100.00		262 680.00	
	五菱宏光	55 800.00				55 800.00	

续 表

科目名称		年初余额		1－11 月累计发生额		12 月期初余额	
总账科目	明细科目	借方	贷方	借方	贷方	借方	贷方
	江淮小货车	123 900.00				123 900.00	
	台式电脑(8 台)	35 000.00				35 000.00	
	打印复印一体机	15 000.00				15 000.00	
	佳能激光黑白打印机	1 680.00				1 680.00	
	空调(4 台)	16 000.00				16 000.00	
	戴尔笔记本电脑	5 200.00				5 200.00	
	华硕笔记本电脑			4 100.00		4 100.00	
	爱普生超高清投影机			6 000.00		6 000.00	
累计折旧			27 163.29		45 639.99		72 803.28
	五菱宏光		5 890.00		8 098.75		13 988.75
	江淮小货车		8 173.95		17 982.69		26 156.64
	台式电脑(8 台)		8 487.54		10 373.66		18 861.20
	打印复印一体机		2 182.50		2 667.5		4 850.00
	佳能激光黑白打印机		316.89		497.97		814.86
	空调(4 台)		1 551.97		2 845.37		4 397.34
	戴尔笔记本电脑		560.44		1541.21		2101.65
	华硕笔记本电脑				662.82		662.82
	爱普生超高清投影机				970.02		970.02
应付账款			956 000.00	1 554 000.00	1 160 000.00		562 000.00
	佛山市四方机电设备有限公司		532 490	732 490	210000		10 000.00
	东莞市明壮机电制造有限公司		131 000	423 510	292510		
	长沙市科升机械五金厂		292 510	398 000	317 490		212 000.00
	广州洪穗机械设备有限公司				340 000		340 000.00
预收账款			54 000.00	450 000.00	735 700.00		339 700.00
	柳州市红桂宇物业管理有限公司		30 000	247 800	271 550		53 750.00
	广西德科进高机电设备有限公司		24 000	54 000	98 000		68 000.00

续 表

科目名称		年初余额		1－11 月累计发生额		12 月期初余额	
总账科目	明细科目	借方	贷方	借方	贷方	借方	贷方
	广西琼伟高辉房地产开发有限公司			87 450	87 450		0.00
	南宁市嘉业兆康物业管理有限公司			60 750	90 000		29 250.00
	广西富贵糖业有限公司				97 200		97 200.00
	广西有机食品有限公司				91 500		91 500.00
应付职工薪酬			52 000	552 200	563 600		63 400.00
应交税费	（详见明细表）		22 769.05	4 688 182.33	4 687 103.73		21 690.45
长期借款			1 000 000.00				1 000 000.00
	广西钱钱小额贷款有限公司		1 000 000.00				1 000 000.00
实收资本			2 500 000.00				2 500 000.00
	李德宏		1 250 000.00				1 250 000.00
	杨丰鸣		750 000.00				750 000.00
	陈锦		500 000.00				500 000.00
资本公积							
盈余公积			93 016.00				93 016.00
	法定盈余公积		93 016.00				93 016.00
本年利润				8 724 373.98	8 978 000.00		253 626.02
利润分配			218 450.23				218 450.23
	未分配利润		218 450.23				218 450.23
主营业务收入				8 978 000.00	8 978 000.00		
	销售收入			8 828 000.00	8 828 000.00		
	维修收入			150 000.00	150 000.00		
主营业务成本				7 841 000.00	7 841 000.00		
	销售成本			7 806 000.00	7 806 000.00		
	维修成本			35 000.00	35 000.00		
税金及附加				37 931.80	37 931.80		
销售费用				257 840.49	257 840.49		

续 表

科目名称		年初余额		1－11 月累计发生额		12 月期初余额	
总账科目	明细科目	借方	贷方	借方	贷方	借方	贷方
	工资			152 000.00	152 000.00		
	广告费			55 000.00	55 000.00		
	运杂费			32 081.09	32 081.09		
	燃油费			6 543.00	6 543.00		
	业务招待费			3 500.00	3 500.00		
	差旅费			8 716.40	8 716.40		
管理费用				526 601.69	526 601.69		
	工资			308 000.00	308 000.00		
	办公费			2 975.00	2 975.00		
	差旅费			6 618.00	6 618.00		
	业务招待费			5 307.00	5 307.00		
	燃油费			7 706.00	7 706.00		
	租金			137 500.00	137 500.00		
	车辆使用费			7 816.50	7 816.50		
	折旧费			45 639.99	45 639.99		
	其他			5 039.20	5 039.20		
财务费用				60 880.00	60 880.00		
	手续费			3 560.00	3 560.00		
	存款利息			－2 680.00	－2 680.00		
	贷款利息			60 000.00	60 000.00		
所得税费用				9 507.60	9 507.60		
营业外支出				120.00	120.00		
	税收滞纳金			120.00	120.00		
合计		4 923 398.57	4 923 398.57	54 187 414.65	54 187 414.65	5 124 685.98	5 124 685.98

广西营创机电设备有限公司 2016 年 12 月份发生的经济业务

1. 1 日，销售经理陈锦向财务部门借款 2 000 元出差采购。

2. 1 日，李德宏、杨丰鸣、陈锦追加投资款人民币 50 万、30 万、20 万元。

3. 1 日，从远波机电购入变压器 S13 系 1000KVA 1 台，由保管员登记入库。

4. 3 日，从佛山市四方机电设备有限公司购入变压器 S11 系 2000KVA 1 台。设备由佛山市运输公司运输，运输费用由佛山市四方机电设备有限公司垫付，并取得运输专用发票和抵扣联。

5. 4 日，从长沙市科升五金厂购入变压器 S11 系 500KVA 2 台。设备由长沙市运输公司运输，运输费用由长沙市科升五金厂垫付，并取得运输专用发票和抵扣联。

6. 5 日，取得房租增值税专用发票和增值税抵扣联，款项当天通过银行存款支付。

7. 5 日，购买写字楼。业务流程：取得增值税专用发票和增值税抵扣联，款项通过银行存款支付。

8. 5 日，从世海机电设备公司购入变压器 S11 系 1000KVA 3 台，由保管员登记入库，款项当天通过银行存款支付。

9. 5 日，发生财务咨询费用，款项以银行存款支付。业务流程：取得专用发票，并取得增值税抵扣联。

10. 5 日，发生律师咨询费用，款项以银行存款支付。业务流程：取得专用发票，并取得增值税抵扣联。

11. 6 日，陈锦出差回来报销差旅费。业务流程：该专用发票系小规模企业自行开具的增值税专用发票。

12. 6 日，对盛起物业公司提供维修服务，此设备属于保修期，开具记账联，并通过银行收取款项。

13. 7 日，向长沙市科升五金厂汇款，并支付电汇手续费。

14. 7 日，向佛山四方机电设备有限公司购入变压器 S11 系 2000KVA 1 台，经验收入库。

15. 8 日，向长沙市科升五金厂购入变压器 S11 系 500KVA 2 台，经验收入库。

16. 8 日，取得增值税、附加税、水利建设基金电子缴税付款凭证。

17. 8 日，销售变压器 S13 系 2000KVA 2 台给富贵糖业公司，开具增值税专用发票。

18. 8 日，从广东欧欧机械公司购入变压器 S13 系 2000KVA 3 台，设备由深圳市运输公司运输，运输费用由广东欧欧机械公司垫付，并取得运输专用发票和抵扣联。

19. 8 日，现金支付通信服务费。

20. 8 日，银行转账支付职工意外伤害和意外医疗保险。

21. 9 日，销售部林旺民报销业务招待费。

22. 10 日，司机周林勇报销卡车油费。

23. 10 日，从东莞市明壮机电购入变压器 S13 系 500KVA 5 台，设备由东莞市运输公司运输，运输费用由东莞市明壮机电垫付，并取得运输专用发票和抵扣联。

24. 10 日，购入小轿车一辆。

25. 10 日，行政部耿丽娜购买打印纸。

26. 10 日，银行转账支付职工宿舍第四季度房租。业务流程：取得增值税专用发票发票联和增值税抵扣联。（根据《增值税暂行条例》第十条的规定，用于集体福利的进项税额不得从销项税额中抵扣。）

27. 10 日，向有机食品有限公司销售设备 S11 系 1000KVA 2 台，S13 系 500KVA 3 台，对方于当日余款转进对公户。

28. 11 日，向广东欧欧机械公司购入变压器 S13 系 2000KVA 3 台，经验收入库。

29. 11 日，向红桂宇公司销售设备 S11 系 500KVA 2 台，对方已于当日付尾款。

30. 11 日，付佛山四方机电设备有限公司货款并支付转账手续费。

31. 12 日，销售变压器 S11 系 1000KVA 1 台给恒顺通公司。

32. 12 日，收到恒顺通转来的款项。

33. 12 日，取得印花税、个人所得税电子缴税付款凭证。

34. 13 日，向东莞市明壮机电购入变压器 S13 系 500KVA 5 台，经验收入库。

35. 15 日，向收到广西富贵糖业有限公司款项。

36. 15 日，提取现金用于支付写字楼的契税。

37. 15 日，缴纳写字楼的契税并取得完税凭证。

38. 15 日，销售变压器 S13 系 500KVA 1 台给渤戴房地产公司。

39. 15 日，现金支付物业费、电费并取得普通发票。

40. 15 日，取得社保、公积金电子缴款凭证。

41. 15 日，开具转账支票用于发放 11 月份工资。

42. 16 日，司机周林勇报销卡车油费。

43. 16 日，转账给中石油南宁分公司充值油卡（此油卡主要用于行政汽车），并取得专用发票。

44. 17 日，销售变压器 S13 系 1000KVA 2 台给金威公司。

45. 18 日，缴纳残疾人就业保障金，并取得完税证明。

46. 20 日，收到渤戴房地产公司款项。

47. 20 日，耿丽娜报销文件快递费。

48. 20 日，通过对公户支付给广州洪穗机械设备公司购买机电设备款，并支付手续费。

49. 22 日，收到存款利息并取得存款利息凭证。

50. 23 日，对公户收到金桂花物业管理公司支付的款项。

51. 23 日，银行转账支付车辆维修费，取得专用发票和增值税抵扣联。

52. 25 日，银行转账支付贷款利息，并取得小额贷款公司开具的利息发票。

53. 25 日，收到桂林市新铭创机电设备有限公司的货款。

54. 26 日，银行转账支付东莞市明壮机电货款及电汇手续费。

55. 26 日，司机周林勇报销卡车的油费。

56. 28 日，销售变压器 S13 系 200KVA 1 台给德科进高公司，开具增值税专用发票

57. 29 日，销售变压器 S13 系 500KVA 2 台给渤戴房地产公司，开具增值税专用发票。

58. 29 日，销售 2015 年购进的车辆五菱宏光，开具增值税专用发票，款项于当日进入公司对公户。

59. 29 日，向红桂宇公司提供维修服务，设备属于保修期外，开具记账联，未收到款项。

60. 29 日，11 月 30 日开给恒顺通公司的发票税证号码有误，退回发票，重新开具。

61. 29 日，购买花生油及大米用于发放元旦员工福利。(根据《增值税暂行条例》第十条的规定，用于集体福利的进项税额不得从销项税额中抵扣。)

62. 30 日，15 日销售给恒顺通公司的变压器 S11 系 1000KVA，已完成安装并开出发票。

63. 30 日，15 日销售给渤戴房地产公司的变压器 S13 系 500KVA，已完成安装并开出发票。

64. 31 日，17 日销售给金威公司的变压器 S13 系 1000KVA，已完成安装并开出发票。

65. 31 日，开具销售单，取得无票收入，款项当日通过银行收款。

66. 31 号，向梧州市安泽昌茂物业物业管理有限公司提供维修服务，该变压器属于保修期内。(不做账务处理，计算成本时入销售费用)

67. 计算已销售商品成本。

68. 计算保修期外的维修成本。

69. 计算保修期内的维修成本。

70. 计提 12 月份的工资。

71. 计提固定资产折旧。

72. 经股东会决议自本年起按年末应收账款余额的 2% 计提坏账准备。

73. 计算并结转本月应交纳的增值税、城建税、教育费用附加及其他本月应缴纳的相关税费。

74. 将本月损益类账户发生额全部结转“本年利润”账户。

75. 根据本月利润总额计算并结转当期企业所得税费用。

76. 将“本年利润”结转到“利润分配”。进行利润分配，按本年净利润 10% 计提法定盈余公积，按累计可供分配净利润的 30% 向投资者分配利润。

77. 将“利润分配”各明细账户的余额全部结转到“利润分配——未分配利润”明细账户。

78. 附有对账单。

79. 完成当期国、地税纳税申报工作（后附申报表）。

80. 附有购销合同及运输合同。

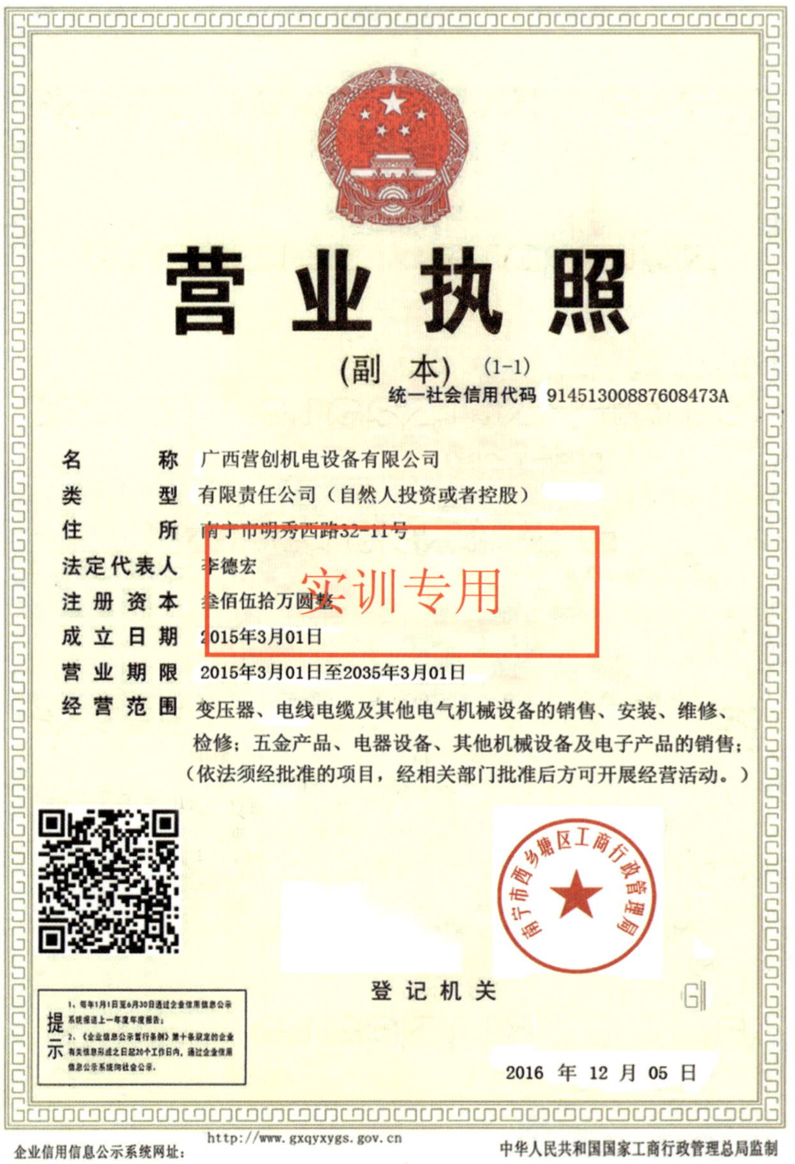

营业执照

(副本) (1-1)

统一社会信用代码 91451300887608473A

名　　称　广西营创机电设备有限公司

类　　型　有限责任公司（自然人投资或者控股）

住　　所　南宁市明秀西路32-11号

法定代表人　李德宏

注册资本　叁佰伍拾万圆整

成立日期　2015年3月01日

营业期限　2015年3月01日至2035年3月01日

经营范围　变压器、电线电缆及其他电气机械设备的销售、安装、维修、检修；五金产品、电器设备、其他机械设备及电子产品的销售；（依法须经批准的项目，经相关部门批准后方可开展经营活动。）

实训专用

提示
1、每年1月1日至6月30日通过企业信用信息公示系统报送上一年度年度报告；
2、《企业信息公示暂行条例》第十条规定的企业有关信息形成之日起20个工作日内，通过企业信用信息公示系统向社会公示。

南宁市西乡塘区工商行政管理局

登记机关

2016 年 12 月 05 日

企业信用信息公示系统网址：http://www.gxqyxygs.gov.cn

中华人民共和国国家工商行政管理总局监制

附　原始凭证

1－1

借 款 单

2016 年 12 月 01 日

因去长沙、广州采购商品，今向广西营创机电设备有限公司财务部借到	
人民币（大写）贰仟元整	¥2 000.00

负责人：李德宏　部门主管：杨丰鸣　财务主管：李晶晶　借款人（签章）：陈锦

2－1

中国工商银行 进 账 单（收账通知）

2016 年 12 月 1 日

付款人	全　称	李德宏	收款人	全　称	广西营创机电设备有限公司
	账　号	6856457839991453		账　号	2102109305118098818
	开户银行	交行南宁市五一东支行		开户银行	工商银行西北支行

人民币（大写）伍拾万元整	千	百	十	万	千	百	十	元	角	分
		¥	5	0	0	0	0	0	0	0

票据种类		备注：投资款
票据张数		中国工商银行 南宁市西北支行 2016.12.01
单位主管　会计　复核　记账		收款人开户银行盖章

（此联是银行给收款人的收账通知）

2－2

中国工商银行 进 账 单（收账通知）

2016 年 12 月 1 日

付款人	全　称	杨丰鸣	收款人	全　称	广西营创机电设备有限公司
	账　号	4501009854715462581		账　号	2102109305118098818
	开户银行	建行高新区支行		开户银行	工商银行西北支行

人民币（大写）叁拾万元整	千	百	十	万	千	百	十	元	角	分
		¥	3	0	0	0	0	0	0	0

票据种类		备注：投资款
票据张数		中国工商银行 南宁市西北支行 2016.12.01
单位主管　会计　复核　记账		收款人开户银行盖章

（此联是银行给收款人的收账通知）

2－3

中国工商银行 进 账 单（收账通知）

2016 年 12 月 2 日

付款人	全　称	陈锦	收款人	全　称	广西营创机电设备有限公司
	账　号	20-012016500726578		账　号	210210930511 8098818
	开户银行	农行南宁市凤凰路支行		开户银行	工商银行西北支行

人民币（大写）贰拾万元整	千	百	十	万	千	百	十	元	角	分
		¥	2	0	0	0	0	0	0	0

票据种类		备注：投资款
票据张数		中国工商银行 南宁市西北支行 2016.12.02 收款人开户银行盖章
单位主管　　会计　　复核　　记账		

（此联是银行给收款人的收账通知）

3－1

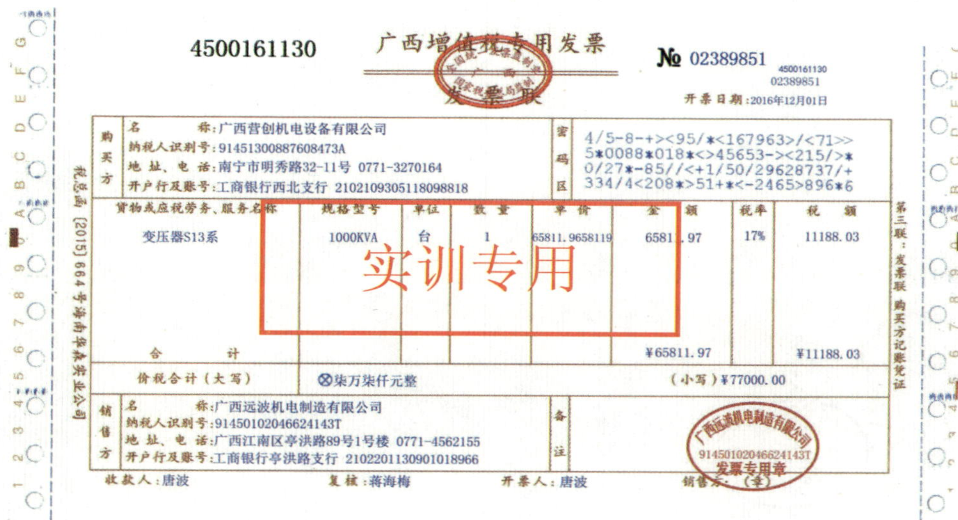

4500161130　　广西增值税专用发票　　№ 02389851

4500161130 02389851

发票联　　开票日期：2016年12月01日

购买方	名称：广西营创机电设备有限公司 纳税人识别号：914513008876084734A 地址、电话：南宁市明秀路32-11号 0771-3270164 开户行及账号：工商银行西北支行 2102109305118098818	密码区	4/5-8-+><95/*<167963>/<71>> 5*0088*018*<>45653-><215/>* 0/27*-85//<+1/50/29628737/+ 334/4<208*>51+*<-2465>896*6

货物或应税劳务、服务名称	规格型号	单位	数量	单价	金额	税率	税额
变压器S13系	1000KVA	台	1	65811.9658119	6581 .97	17%	11188.03
合　计					¥65811.97		¥11188.03
价税合计（大写）	⊗柒万柒仟元整				（小写）¥77000.00		

销售方	名称：广西远波机电制造有限公司 纳税人识别号：91450102046624143T 地址、电话：广西江南区亭洪路89号1号楼 0771-4562155 开户行及账号：工商银行亭洪路支行 2102201130901018966	备注	广西远波机电制造有限公司 91450102046624143T 发票专用章

收款人：唐波　　复核：蒋海梅　　开票人：唐波　　销售方：（章）

第三联：发票联 购买方记账凭证

税总函〔2015〕664号海南华森实业公司

实训专用

3－2

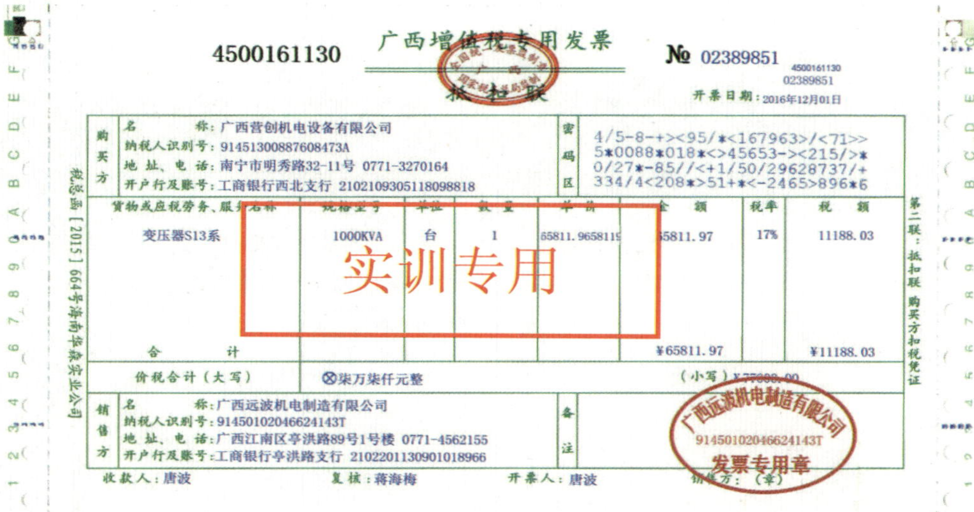

4500161130　　广西增值税专用发票　　№ 02389851

4500161130 02389851

抵扣联　　开票日期：2016年12月01日

购买方	名称：广西营创机电设备有限公司 纳税人识别号：914513008876084734A 地址、电话：南宁市明秀路32-11号 0771-3270164 开户行及账号：工商银行西北支行 2102109305118098818	密码区	4/5-8-+><95/*<167963>/<71>> 5*0088*018*<>45653-><215/>* 0/27*-85//<+1/50/29628737/+ 334/4<208*>51+*<-2465>896*6

货物或应税劳务、服务名称	规格型号	单位	数量	单价	金额	税率	税额
变压器S13系	1000KVA	台	1	65811.9658119	65811.97	17%	11188.03
合　计					¥65811.97		¥11188.03
价税合计（大写）	⊗柒万柒仟元整				（小写）¥77000.00		

销售方	名称：广西远波机电制造有限公司 纳税人识别号：91450102046624143T 地址、电话：广西江南区亭洪路89号1号楼 0771-4562155 开户行及账号：工商银行亭洪路支行 2102201130901018966	备注	广西远波机电制造有限公司 91450102046624143T 发票专用章

收款人：唐波　　复核：蒋海梅　　开票人：唐波　　销售方：（章）

第二联：抵扣联 购买方扣税凭证

税总函〔2015〕664号海南华森实业公司

实训专用

3－3

商品入库单

商品来源：广西远波机电制造有限公司　　　2016年12月1日

商品名称	规格型号	计量单位	购买数量	入库数量	备注
变压器 S13 系	1000KVA	台	1	1	

保管员：张大明

4－1

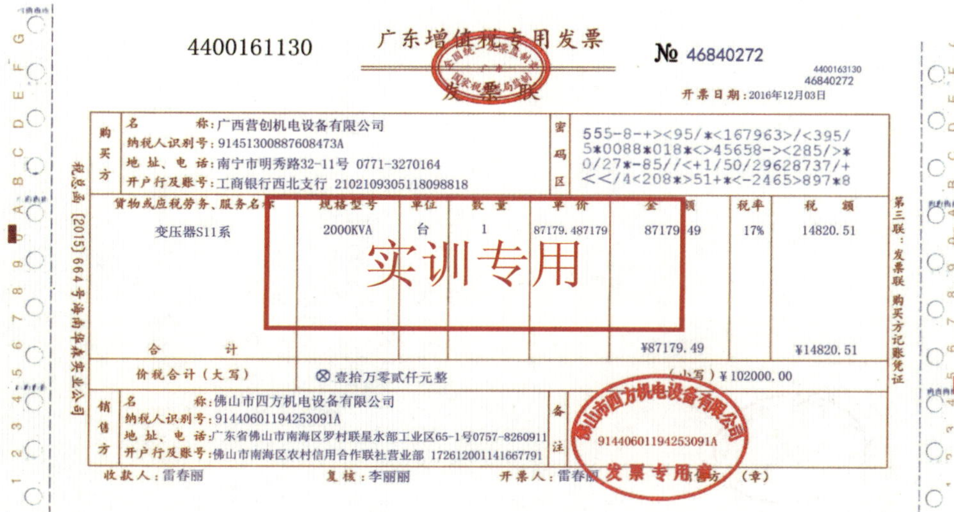

4400161130　广东增值税专用发票　№ 46840272

发票联

4400163130
46840272

开票日期：2016年12月03日

购买方	名称：广西营创机电设备有限公司 纳税人识别号：91451300887608473A 地址、电话：南宁市明秀路32-11号 0771-3270164 开户行及账号：工商银行西北支行 2102109305118098818	密码区	555-8-+><95/*<167963>/<395/ 5*0088*018*<>45658-><285/>* 0/27*-85//<+1/50/29628737/+ <</4<208*>51+*<-2465>897*8	

货物或应税劳务、服务名称	规格型号	单位	数量	单价	金额	税率	税额
变压器S11系	2000KVA	台	1	87179.487179	87179.49	17%	14820.51
合计					¥87179.49		¥14820.51
价税合计（大写）	⊗壹拾万零贰仟元整				（小写）¥102000.00		

销售方	名称：佛山市四方机电设备有限公司 纳税人识别号：91440601194253091A 地址、电话：广东省佛山市南海区罗村联星水部工业区65-1号0757-8260911 开户行及账号：佛山市南海区农村信用合作联社营业部 172612001141667791	备注	

收款人：雷春丽　　复核：李丽丽　　开票人：雷春丽　　销售方：（章）

第三联：发票联 购买方记账凭证

税总函[2015]664号海南华森实业公司

实训专用

4－2

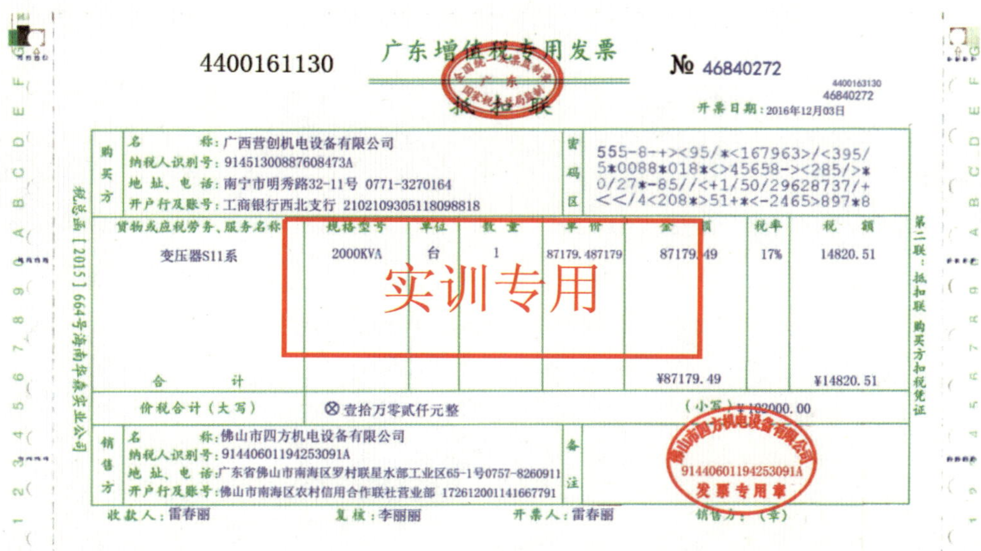

4400161130　广东增值税专用发票　№ 46840272

抵扣联

4400163130
46840272

开票日期：2016年12月03日

购买方	名称：广西营创机电设备有限公司 纳税人识别号：91451300887608473A 地址、电话：南宁市明秀路32-11号 0771-3270164 开户行及账号：工商银行西北支行 2102109305118098818	密码区	555-8-+><95/*<167963>/<395/ 5*0088*018*<>45658-><285/>* 0/27*-85//<+1/50/29628737/+ <</4<208*>51+*<-2465>897*8	

货物或应税劳务、服务名称	规格型号	单位	数量	单价	金额	税率	税额
变压器S11系	2000KVA	台	1	87179.487179	87179.49	17%	14820.51
合计					¥87179.49		¥14820.51
价税合计（大写）	⊗壹拾万零贰仟元整				（小写）¥102000.00		

销售方	名称：佛山市四方机电设备有限公司 纳税人识别号：91440601194253091A 地址、电话：广东省佛山市南海区罗村联星水部工业区65-1号0757-8260911 开户行及账号：佛山市南海区农村信用合作联社营业部 172612001141667791	备注	

收款人：雷春丽　　复核：李丽丽　　开票人：雷春丽　　销售方：（章）

第二联：抵扣联 购买方扣税凭证

税总函[2015]664号海南华森实业公司

实训专用

4－3

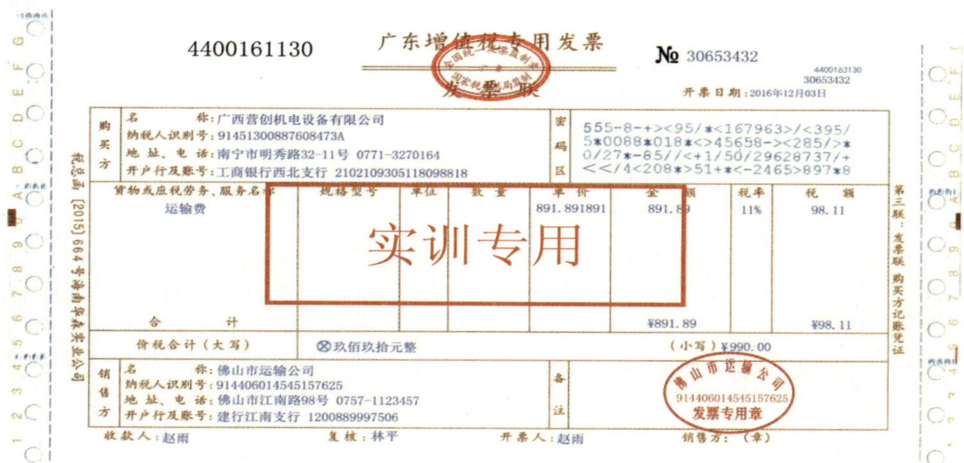

4400161130　广东增值税专用发票　№ 30653432

发票联

4400161130
30653432

开票日期：2016年12月03日

购买方	名称：广西营创机电设备有限公司 纳税人识别号：91451300887608473A 地址、电话：南宁市明秀路32-11号 0771-3270164 开户行及账号：工商银行西北支行 2102109305118098818					密码区	555-8-+><95/*<167963>/<395/ 5*0088*018*<>45658-><285/>* 0/27*-85//<+1/50/29628737/+ <</4<208*>51+*<-2465>897*8
货物或应税劳务、服务名称	规格型号	单位	数量	单价	金额	税率	税额
运输费				891.891891	891.89	11%	98.11
合计					¥891.89		¥98.11
价税合计（大写）	⊗玖佰玖拾元整				（小写）¥990.00		
销售方	名称：佛山市运输公司 纳税人识别号：914406014545157625 地址、电话：佛山市江南路98号 0757-1123457 开户行及账号：建行江南支行 1200889997506					备注	

收款人：赵雨　复核：林平　开票人：赵雨　销售方：（章）

实训专用

第三联：发票联　购买方记账凭证

税总函［2015］664号海南华森实业公司

4－4

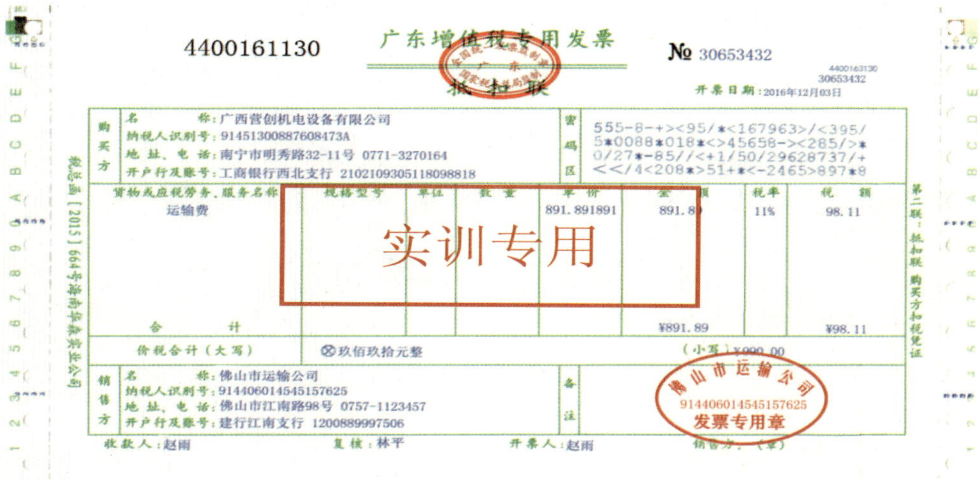

4400161130　广东增值税专用发票　№ 30653432

抵扣联

4400161130
30653432

开票日期：2016年12月03日

购买方	名称：广西营创机电设备有限公司 纳税人识别号：91451300887608473A 地址、电话：南宁市明秀路32-11号 0771-3270164 开户行及账号：工商银行西北支行 2102109305118098818					密码区	555-8-+><95/*<167963>/<395/ 5*0088*018*<>45658-><285/>* 0/27*-85//<+1/50/29628737/+ <</4<208*>51+*<-2465>897*8
货物或应税劳务、服务名称	规格型号	单位	数量	单价	金额	税率	税额
运输费				891.891891	891.89	11%	98.11
合计					¥891.89		¥98.11
价税合计（大写）	⊗玖佰玖拾元整				（小写）¥990.00		
销售方	名称：佛山市运输公司 纳税人识别号：914406014545157625 地址、电话：佛山市江南路98号 0757-1123457 开户行及账号：建行江南支行 1200889997506					备注	

收款人：赵雨　复核：林平　开票人：赵雨　销售方：（章）

实训专用

第二联：抵扣联　购买方扣税凭证

税总函［2015］664号海南华森实业公司

5－1

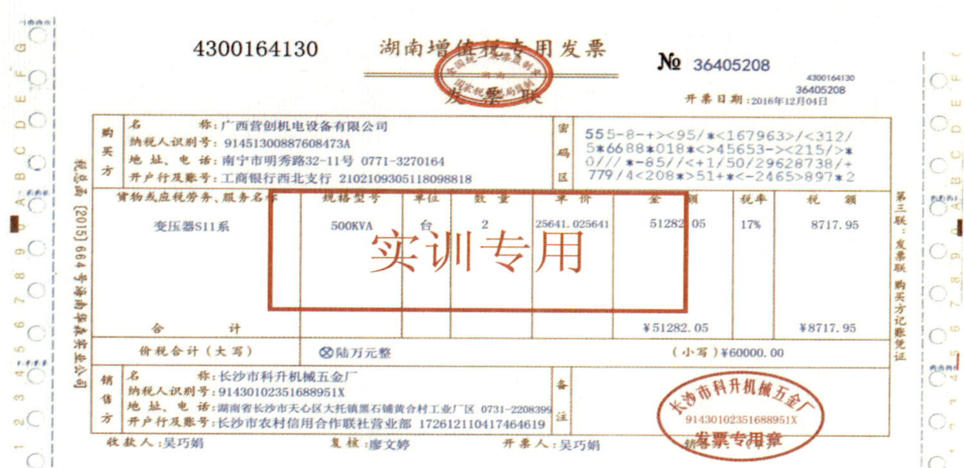

4300164130　湖南增值税专用发票　№ 36405208

发票联

4300164130
36405208

开票日期：2016年12月04日

购买方	名称：广西营创机电设备有限公司 纳税人识别号：91451300887608473A 地址、电话：南宁市明秀路32-11号 0771-3270164 开户行及账号：工商银行西北支行 2102109305118098818					密码区	555-8-+><95/*<167963>/<312/ 5*6688*018*<>45653-><215/>* 0///*-85//<+1/50/29628738/+ 779/4<208*>51+*<-2465>897*2
货物或应税劳务、服务名称	规格型号	单位	数量	单价	金额	税率	税额
变压器S11系	500KVA	台	2	25641.025641	51282.05	17%	8717.95
合计					¥51282.05		¥8717.95
价税合计（大写）	⊗陆万元整				（小写）¥60000.00		
销售方	名称：长沙市科升机械五金厂 纳税人识别号：91430102351688951X 地址、电话：湖南省长沙市天心区大托镇黑石铺黄合村工业厂区 0731-2208399 开户行及账号：长沙市农村信用合作联社营业部 172612110417464619					备注	

收款人：吴巧娟　复核：廖文婷　开票人：吴巧娟　销售方：（章）

实训专用

第三联：发票联　购买方记账凭证

税总函［2015］664号海南华森实业公司

5－2

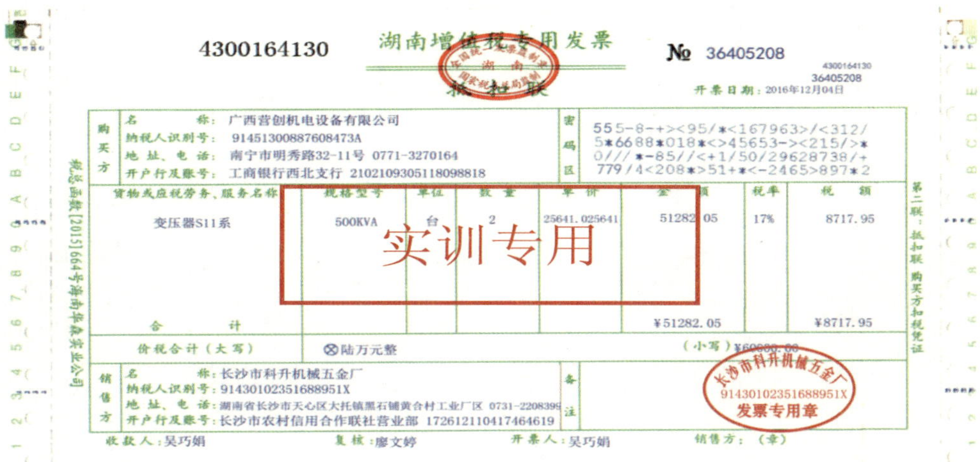

4300164130　湖南增值税专用发票　№ 36405208

抵扣联

4300164130
36405208

开票日期：2016年12月04日

购买方	名称：广西营创机电设备有限公司 纳税人识别号：91451300887608473A 地址、电话：南宁市明秀路32-11号 0771-3270164 开户行及账号：工商银行西北支行 2102109305118098818	密码区	555-8-+><95/*<167963>/<312/ 5*6688*018*<>45653-><215/>* 0///*-85//<+1/50/29628738/+ 779/4<208*>51+*<-2465>897*2

货物或应税劳务、服务名称	规格型号	单位	数量	单价	金额	税率	税额
变压器S11系	500KVA	台	2	25641.025641	51282.05	17%	8717.95
合计					¥51282.05		¥8717.95
价税合计（大写）	⊗陆万元整				（小写）¥60000.00		

销售方	名称：长沙市科升机械五金厂 纳税人识别号：91430102351688951X 地址、电话：湖南省长沙市天心区大托镇黑石铺黄合村工业厂区 0731-2208399 开户行及账号：长沙市农村信用合作联社营业部 172612110417464619	备注	

收款人：吴巧娟　复核：廖文婷　开票人：吴巧娟　销售方：（章）

第二联：抵扣联　购买方扣税凭证

税总函[2015]664号湖南华鑫实业公司

实训专用

长沙市科升机械五金厂 91430102351688951X 发票专用章

5－3

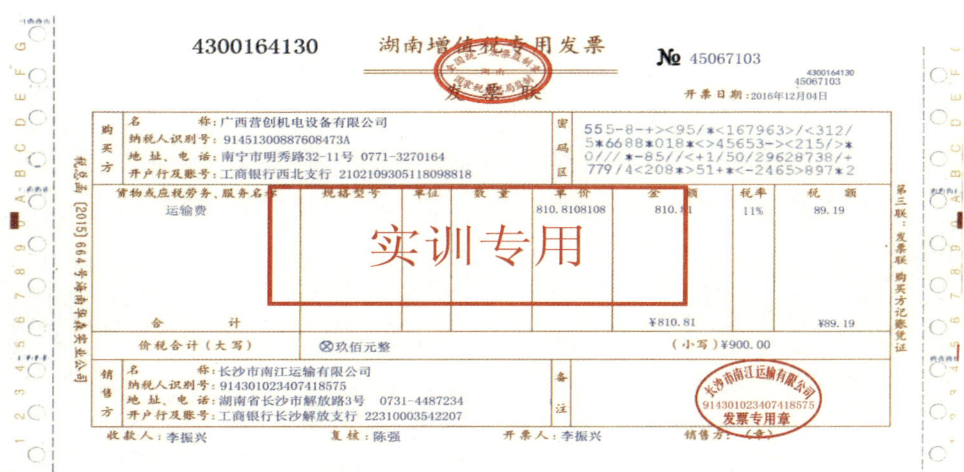

4300164130　湖南增值税专用发票　№ 45067103

发票联

4300164130
45067103

开票日期：2016年12月04日

购买方	名称：广西营创机电设备有限公司 纳税人识别号：91451300887608473A 地址、电话：南宁市明秀路32-11号 0771-3270164 开户行及账号：工商银行西北支行 2102109305118098818	密码区	555-8-+><95/*<167963>/<312/ 5*6688*018*<>45653-><215/>* 0///*-85//<+1/50/29628738/+ 779/4<208*>51+*<-2465>897*2

货物或应税劳务、服务名称	规格型号	单位	数量	单价	金额	税率	税额
运输费				810.8108108	810.81	11%	89.19
合计					¥810.81		¥89.19
价税合计（大写）	⊗玖佰元整				（小写）¥900.00		

销售方	名称：长沙市南江运输有限公司 纳税人识别号：914301023407418575 地址、电话：湖南省长沙市解放路3号 0731-4487234 开户行及账号：工商银行长沙解放支行 22310003542207	备注	

收款人：李振兴　复核：陈强　开票人：李振兴　销售方：（章）

第三联：发票联　购买方记账凭证

税总函[2015]664号湖南华鑫实业公司

实训专用

长沙市南江运输有限公司 914301023407418575 发票专用章

5－4

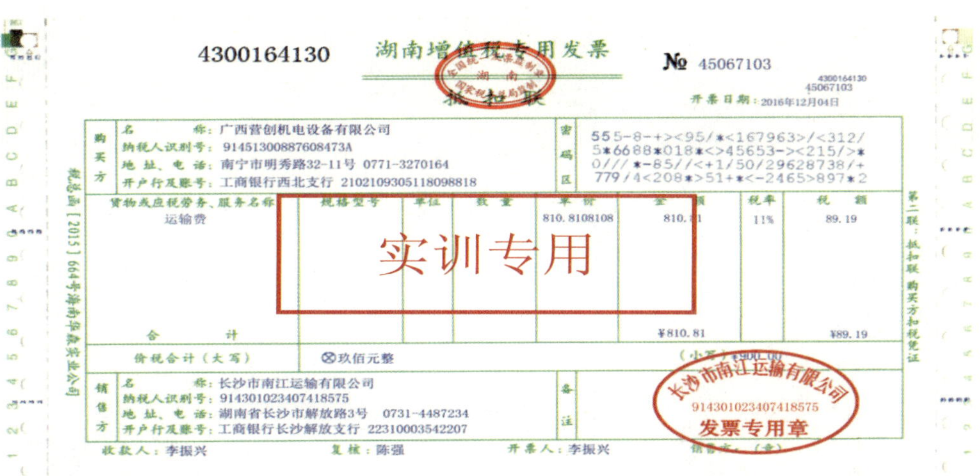

4300164130　湖南增值税专用发票　№ 45067103

抵扣联

4300164130
45067103

开票日期：2016年12月04日

购买方	名称：广西营创机电设备有限公司 纳税人识别号：91451300887608473A 地址、电话：南宁市明秀路32-11号 0771-3270164 开户行及账号：工商银行西北支行 2102109305118098818	密码区	555-8-+><95/*<167963>/<312/ 5*6688*018*<>45653-><215/>* 0///*-85//<+1/50/29628738/+ 779/4<208*>51+*<-2465>897*2

货物或应税劳务、服务名称	规格型号	单位	数量	单价	金额	税率	税额
运输费				810.8108108	810.81	11%	89.19
合计					¥810.81		¥89.19
价税合计（大写）	⊗玖佰元整				（小写）¥900.00		

销售方	名称：长沙市南江运输有限公司 纳税人识别号：914301023407418575 地址、电话：湖南省长沙市解放路3号 0731-4487234 开户行及账号：工商银行长沙解放支行 22310003542207	备注	

收款人：李振兴　复核：陈强　开票人：李振兴　销售方：（章）

第二联：抵扣联　购买方扣税凭证

税总函[2015]664号湖南华鑫实业公司

实训专用

长沙市南江运输有限公司 914301023407418575 发票专用章

6－1

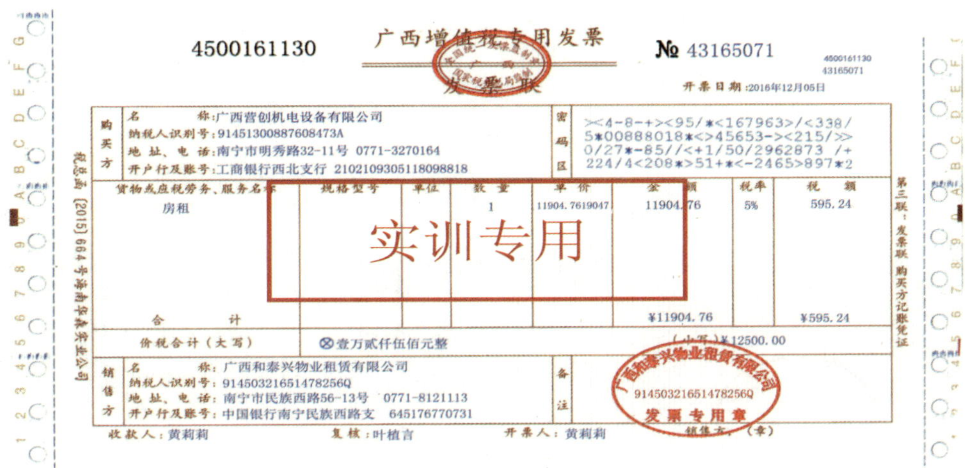

4500161130　广西增值税专用发票　№ 43165071

发票联

开票日期：2016年12月05日

购买方	名称：广西营创机电设备有限公司 纳税人识别号：91451300887608473A 地址、电话：南宁市明秀路32-11号 0771-3270164 开户行及账号：工商银行西北支行 2102109305118098818	密码区	><4-8-+><95/*<167963>/<338/ 5*00888018*<>45653-><215/>> 0/27*-85//<+1/50/2962873 /+ 224/4<208*>51+*<-2465>897*2

货物或应税劳务、服务名称	规格型号	单位	数量	单价	金额	税率	税额
房租			1	11904.7619047	11904.76	5%	595.24
合计					¥11904.76		¥595.24
价税合计（大写）	⊗壹万贰仟伍佰元整				（小写）¥12500.00		

销售方	名称：广西和泰兴物业租赁有限公司 纳税人识别号：91450321651478256Q 地址、电话：南宁市民族西路56-13号 0771-8121113 开户行及账号：中国银行南宁民族西路支 645176770731	备注	广西和泰兴物业租赁有限公司 91450321651478256Q 发票专用章

收款人：黄莉莉　复核：叶植言　开票人：黄莉莉　销售方：（章）

实训专用

第三联：发票联　购买方记账凭证

税总函[2015]664号海南华森实业公司

6－2

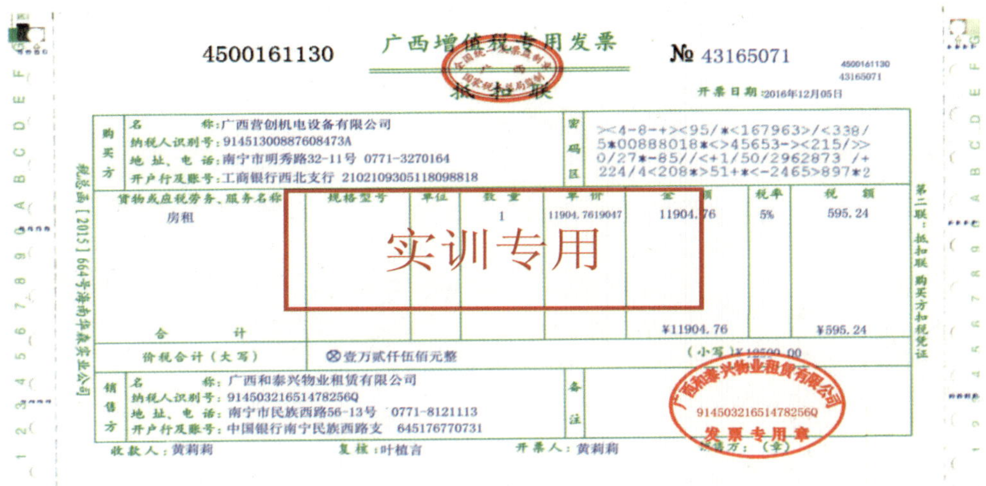

4500161130　广西增值税专用发票　№ 43165071

抵扣联

开票日期：2016年12月05日

购买方	名称：广西营创机电设备有限公司 纳税人识别号：91451300887608473A 地址、电话：南宁市明秀路32-11号 0771-3270164 开户行及账号：工商银行西北支行 2102109305118098818	密码区	><4-8-+><95/*<167963>/<338/ 5*00888018*<>45653-><215/>> 0/27*-85//<+1/50/2962873 /+ 224/4<208*>51+*<-2465>897*2

货物或应税劳务、服务名称	规格型号	单位	数量	单价	金额	税率	税额
房租			1	11904.7619047	11904.76	5%	595.24
合计					¥11904.76		¥595.24
价税合计（大写）	⊗壹万贰仟伍佰元整				（小写）¥12500.00		

销售方	名称：广西和泰兴物业租赁有限公司 纳税人识别号：91450321651478256Q 地址、电话：南宁市民族西路56-13号 0771-8121113 开户行及账号：中国银行南宁民族西路支 645176770731	备注	广西和泰兴物业租赁有限公司 91450321651478256Q 发票专用章

收款人：黄莉莉　复核：叶植言　开票人：黄莉莉　销售方：（章）

实训专用

第二联：抵扣联　购买方扣税凭证

税总函[2015]664号海南华森实业公司

6－3

中国工商银行
转账支票存根（桂）

VI II　50117705

附加信息 ______________________

出票日期　2016 年 12 月 05 日

收款人	广西和泰兴物业租赁有限公司
金　额	￥12 500.00
用　途	付办公室房租
备　注	

单位主管：李德宏　　会计：李晶晶

6－4

中国工商银行 广西区分行 进 账 单（回 单）

2016 年 12 月 05 日

出票人			收款人		
	全　称	广西营创机电设备有限公司		全　称	广西和泰兴物业租赁有限公司
	账　号	2102109305118098818		账　号	2102203130901217769
	开户银行	工商银行西北支行		开户银行	中国农业银行南宁南沙大道支行

人民币（大写）壹万贰仟伍佰元整	千	百	十	万	千	百	十	元	角	分
			¥	1	2	5	0	0	0	0

票据种类	转账	收款人开户银行盖章
票据张数	1 张	
单位主管　会计　复核　记账		

中国工商银行
南宁市西北支行
2016.12.05

（此联是开户银行交给持票人的回单）

7－1

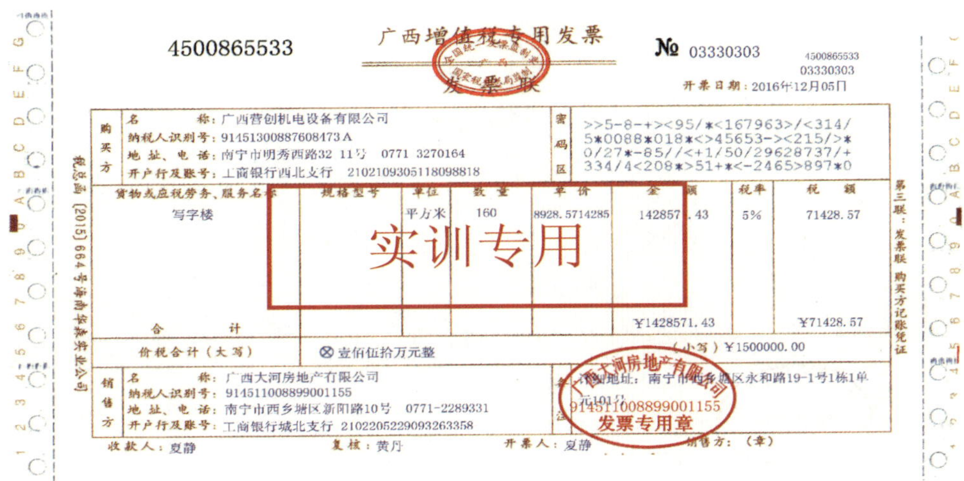

4500865533　**广西增值税专用发票**　№ 03330303　4500865533 03330303

发票联　开票日期：2016年12月05日

购买方　名　　称：广西营创机电设备有限公司
纳税人识别号：91451300887608473A
地 址、电 话：南宁市明秀西路32 11号　0771 3270164
开户行及账号：工商银行西北支行　2102109305118098818

密码区：>>5-8-+><95/*<167963>/<314/ 5*0088*018*<>45653-><215/>* 0/27*-85//<+1/50/29628737/+ 334/4<208*>51+*<-2465>897*0

货物或应税劳务、服务名称	规格型号	单位	数量	单价	金额	税率	税额
写字楼		平方米	160	8928.5714285	1428571.43	5%	71428.57
合　计					¥1428571.43		¥71428.57

价税合计（大写）⊗壹佰伍拾万元整　（小写）¥1500000.00

销售方　名　　称：广西大河房地产有限公司
纳税人识别号：914511008899001155
地 址、电 话：南宁市西乡塘区新阳路10号　0771-2289331
开户行及账号：工商银行城北支行　2102205229093263358

备注：详细地址：南宁市西乡塘区永和路19-1号1栋1单元101号

广西大河房地产有限公司　914511008899001155　发票专用章

收款人：夏静　复核：黄丹　开票人：夏静　销售方：（章）

实训专用

第三联：发票联　购买方记账凭证

税总函〔2015〕664号海南华森实业公司

7－2

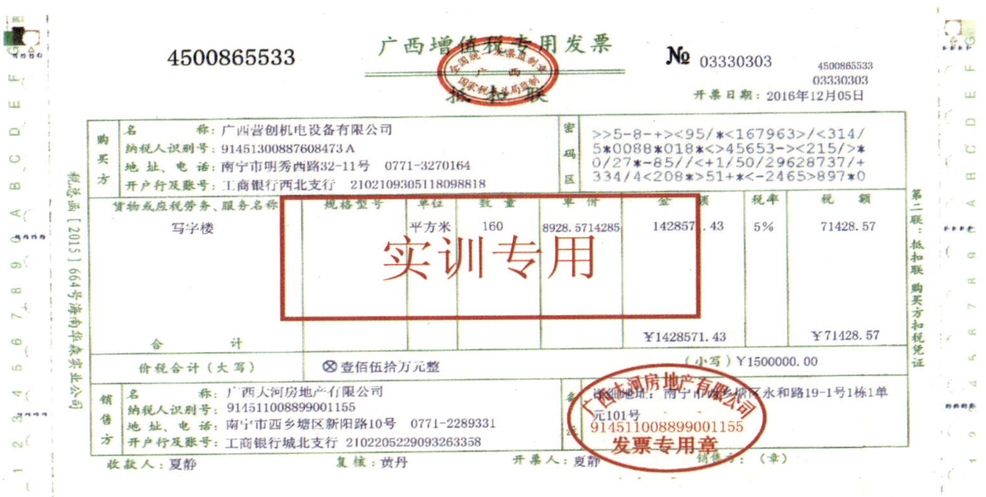

4500865533　**广西增值税专用发票**　№ 03330303　4500865533 03330303

抵扣联　开票日期：2016年12月05日

购买方　名　　称：广西营创机电设备有限公司
纳税人识别号：91451300887608473A
地 址、电 话：南宁市明秀西路32-11号　0771-3270164
开户行及账号：工商银行西北支行　2102109305118098818

密码区：>>5-8-+><95/*<167963>/<314/ 5*0088*018*<>45653-><215/>* 0/27*-85//<+1/50/29628737/+ 334/4<208*>51+*<-2465>897*0

货物或应税劳务、服务名称	规格型号	单位	数量	单价	金额	税率	税额
写字楼		平方米	160	8928.5714285	1428571.43	5%	71428.57
合　计					¥1428571.43		¥71428.57

价税合计（大写）⊗壹佰伍拾万元整　（小写）¥1500000.00

销售方　名　　称：广西大河房地产有限公司
纳税人识别号：914511008899001155
地 址、电 话：南宁市西乡塘区新阳路10号　0771-2289331
开户行及账号：工商银行城北支行　2102205229093263358

备注：详细地址：南宁市西乡塘区永和路19-1号1栋1单元101号

广西大河房地产有限公司　914511008899001155　发票专用章

收款人：夏静　复核：黄丹　开票人：夏静　销售方：（章）

实训专用

第二联：抵扣联　购买方扣税凭证

税总函〔2015〕664号海南华森实业公司

7－3

中国工商银行
转账支票存根（桂）

VI II 50117706

附加信息 ____________________

出票日期　2016 年 12 月 05 日

收款人	广西大河房地产有限公司
金　额	¥1 500 000.00
用　途	付写字楼购房款
备　注	

单位主管：李德宏　　会计：李晶晶

7－4

中国工商银行 广西区分行 进 账 单（回 单）

2016 年 12 月 05 日

出票人			收款人		
出票人	全　称	广西营创机电设备有限公司	收款人	全　称	广西大河房地产有限公司
出票人	账　号	2102109305118098818	收款人	账　号	2102205229093263358
出票人	开户银行	工商银行西北支行	收款人	开户银行	工商银行城北支行

人民币（大写）壹佰伍拾万元整

千	百	十	万	千	百	十	元	角	分
¥	1	5	0	0	0	0	0	0	0

票据种类	转账	收款人开户银行盖章
票据张数	1 张	
单位主管　会计　复核　记账		

中国工商银行 南宁市西北支行 2016.12.05

（此联是开户银行交给持票人的回单）

8－1

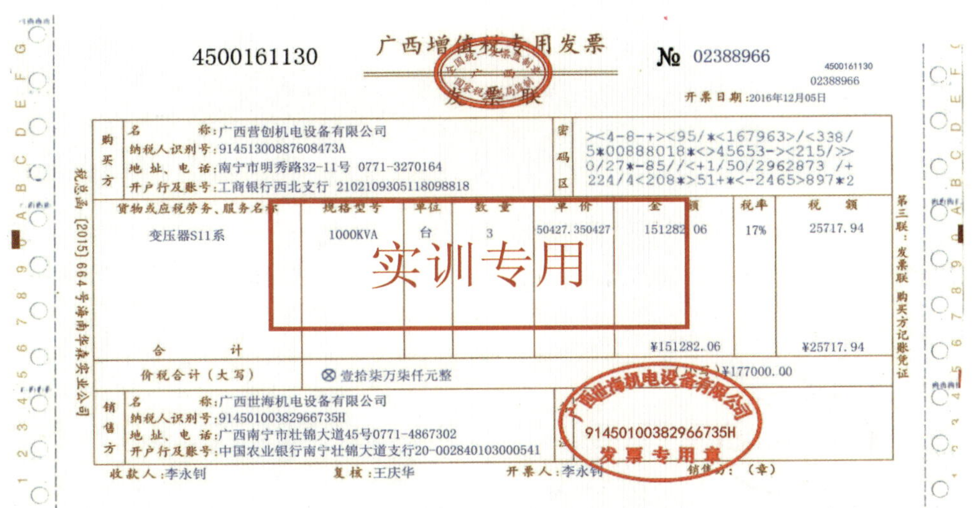

4500161130　　**广西增值税专用发票**　　№ 02388966

发票联

4500161130
02388966
开票日期：2016年12月05日

购买方	名　称：广西营创机电设备有限公司 纳税人识别号：91451300887608473A 地 址、电 话：南宁市明秀路32-11号 0771-3270164 开户行及账号：工商银行西北支行 2102109305118098818	密码区	><4-8-+><95/*<167963>/<338/ 5*00888018*<>45653-><215/>> 0/27*-85//<+1/50/2962873 /+ 224/4<208*>51+*<-2465>897*2

货物或应税劳务、服务名称	规格型号	单位	数量	单价	金额	税率	税额
变压器S11系	1000KVA	台	3	50427.350427	151282.06	17%	25717.94
合　计					¥151282.06		¥25717.94
价税合计（大写）	⊗壹拾柒万柒仟元整				（小写）¥177000.00		

销售方	名　称：广西世海机电设备有限公司 纳税人识别号：91450100382966735H 地 址、电 话：广西南宁市壮锦大道45号0771-4867302 开户行及账号：中国农业银行南宁壮锦大道支行20-002840103000541	备注	

收款人：李永钊　　复核：王庆华　　开票人：李永钊　　销售方：（章）

第三联：发票联 购买方记账凭证

税总函［2015］664号海南华森实业公司

广西世海机电设备有限公司 91450100382966735H 发票专用章

实训专用

8－2

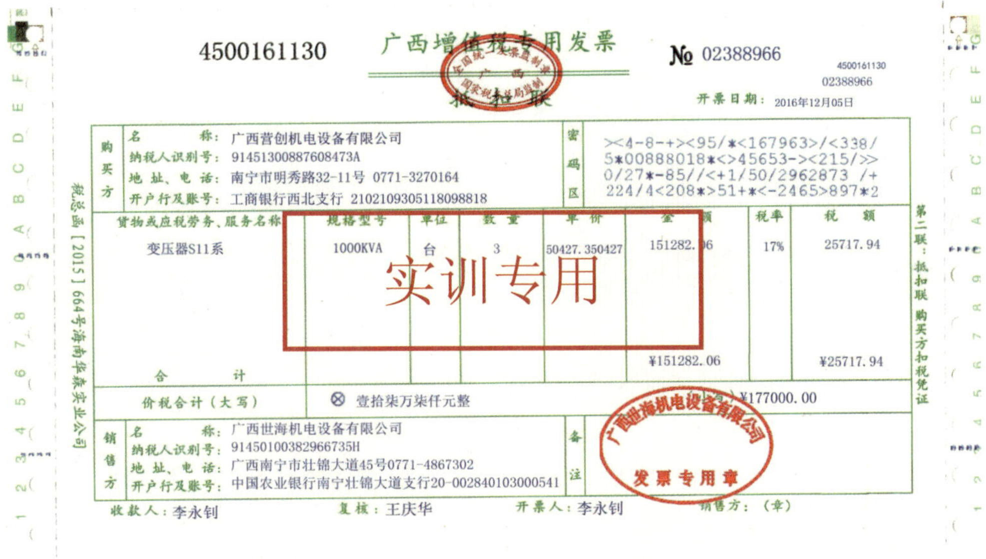

4500161130　广西增值税专用发票　№ 02388966

抵扣联

4500161130
02388966

开票日期：2016年12月05日

购买方
名　　称：广西营创机电设备有限公司
纳税人识别号：914513008876084 73A
地 址、电 话：南宁市明秀路32-11号 0771-3270164
开户行及账号：工商银行西北支行 2102109305118098818

密码区：
><4-8-+><95/*<167963>/<338/
5*00888018*<>45653-><215/>>
0/27*-85//<+1/50/2962873 /+
224/4<208*>51+*<-2465>897*2

货物或应税劳务、服务名称	规格型号	单位	数量	单价	金额	税率	税额
变压器S11系	1000KVA	台	3	50427.350427	151282.06	17%	25717.94
合　　计					¥151282.06		¥25717.94
价税合计（大写）	⊗ 壹拾柒万柒仟元整				（小写）¥177000.00		

实训专用

销售方
名　　称：广西世海机电设备有限公司
纳税人识别号：91450100382966735H
地 址、电 话：广西南宁市壮锦大道45号0771-4867302
开户行及账号：中国农业银行南宁壮锦大道支行20-002840103000541

备注：广西世海机电设备有限公司 发票专用章

收款人：李永钊　复核：王庆华　开票人：李永钊　销售方：（章）

税总函［2015］664号海南华森实业公司

第二联：抵扣联　购买方扣税凭证

8－3

商品入库单

2016 年 12 月 5 日

商品来源：广西世海机电设备有限公司

商品名称	规格型号	计量单位	购买数量	入库数量	备注
变压器 S11 系	1000KVA	台	3	3	

保管员：张大明

8－4

中国工商银行
转账支票存根（桂）

VI II 50117707

附加信息 ________________

出票日期　2016 年 12 月 5 日

收款人 广西世海机电设备有限公司
金　额　¥177 000.00
用　途　付机电货款
备　注

单位主管：李德宏　　会计：李晶晶

8 –5

中国工商银行 广西区分行 进 账 单（回 单）

2016 年 12 月 5 日

出票人			收款人		
出票人	全称	广西营创机电设备有限公司	收款人	全称	广西世海机电设备有限公司
出票人	账号	2102109305118098818	收款人	账号	20-002840103000541
出票人	开户银行	工商银行西北支行	收款人	开户银行	中国农业银行南宁壮锦大道支行

人民币（大写）壹拾柒万柒仟元整	千	百	十	万	千	百	十	元	角	分
		¥	1	7	7	0	0	0	0	0

票据种类	转账	收款人开户银行盖章
票据张数	1 张	
单位主管　会计　复核　记账		

中国工商银行 南宁市西北支行 2016.12.05

（此联是开户银行交给持票人的回单）

9 –1

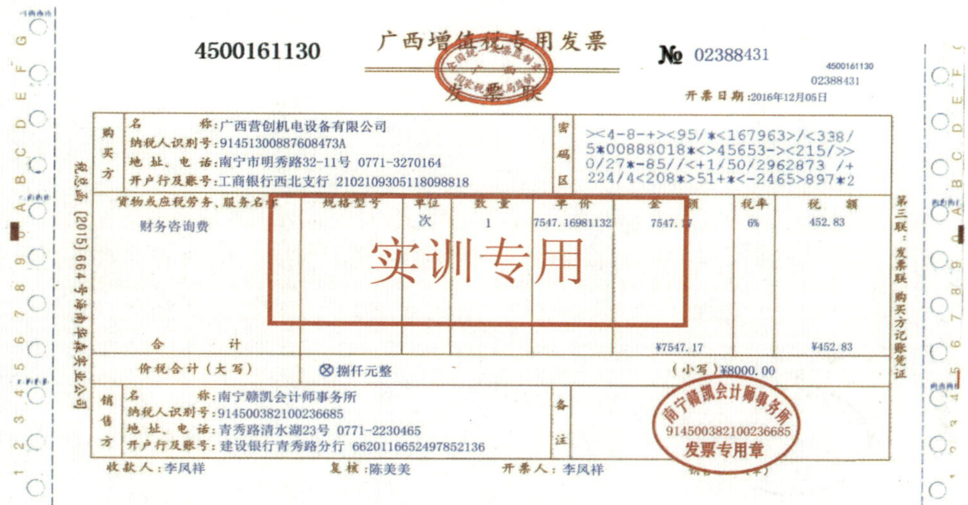

4500161130　广西增值税专用发票　№ 02388431

发票联

4500161130
02388431
开票日期：2016年12月05日

购买方　名称：广西营创机电设备有限公司
纳税人识别号：91451300887608473A
地址、电话：南宁市明秀路32-11号 0771-3270164
开户行及账号：工商银行西北支行 2102109305118098818

密码区：><4-8-+><95/*<167963>/<338/ 5*00888018*<>45653-><215/>> 0/27*-85//<+1/50/2962873 /+ 224/4<208*>51+*<-2465>897*2

货物或应税劳务、服务名称	规格型号	单位	数量	单价	金额	税率	税额
财务咨询费		次	1	7547.16981132	7547.17	6%	452.83
合计					¥7547.17		¥452.83

价税合计（大写）⊗捌仟元整　（小写）¥8000.00

销售方　名称：南宁赣凯会计师事务所
纳税人识别号：914500382100236685
地址、电话：青秀路清水湖23号 0771-2230465
开户行及账号：建设银行青秀路分行 6620116652497852136

收款人：李凤祥　复核：陈美美　开票人：李凤祥　销售方：（章）

实训专用

南宁赣凯会计师事务所 914500382100236685 发票专用章

第三联：发票联 购买方记账凭证

税总函［2015］664号海南华森实业公司

9 –2

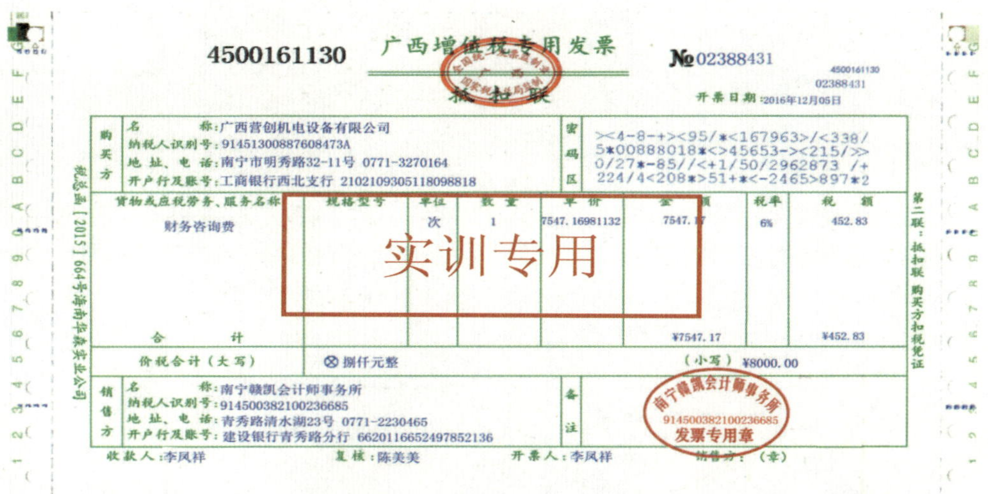

4500161130　广西增值税专用发票　№02388431

抵扣联

4500161130
02388431
开票日期：2016年12月05日

购买方　名称：广西营创机电设备有限公司
纳税人识别号：91451300887608473A
地址、电话：南宁市明秀路32-11号 0771-3270164
开户行及账号：工商银行西北支行 2102109305118098818

密码区：><4-8-+><95/*<167963>/<338/ 5*00888018*<>45653-><215/>> 0/27*-85//<+1/50/2962873 /+ 224/4<208*>51+*<-2465>897*2

货物或应税劳务、服务名称	规格型号	单位	数量	单价	金额	税率	税额
财务咨询费		次	1	7547.16981132	7547.17	6%	452.83
合计					¥7547.17		¥452.83

价税合计（大写）⊗捌仟元整　（小写）¥8000.00

销售方　名称：南宁赣凯会计师事务所
纳税人识别号：914500382100236685
地址、电话：青秀路清水湖23号 0771-2230465
开户行及账号：建设银行青秀路分行 6620116652497852136

收款人：李凤祥　复核：陈美美　开票人：李凤祥　销售方：（章）

实训专用

南宁赣凯会计师事务所 914500382100236685 发票专用章

第二联：抵扣联 购买方扣税凭证

税总函［2015］664号海南华森实业公司

9－3

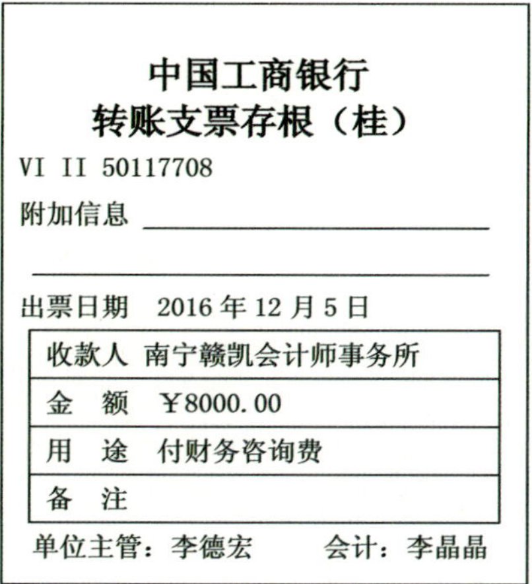

中国工商银行
转账支票存根（桂）

VI II 50117708

附加信息 ____________

出票日期　2016 年 12 月 5 日

收款人	南宁赣凯会计师事务所
金　额	¥8000.00
用　途	付财务咨询费
备　注	

单位主管：李德宏　　会计：李晶晶

9－4

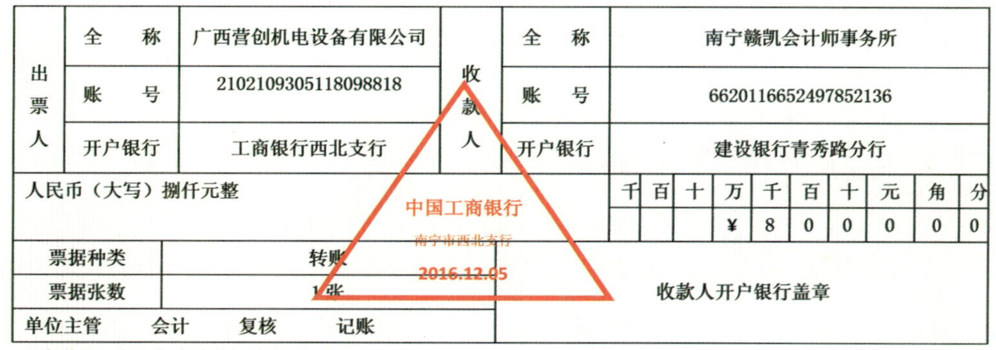

中国工商银行 广西区分行 进 账 单（回 单）

2016 年 12 月 05 日

			收款人		
出票人	全　称	广西营创机电设备有限公司	收款人	全　称	南宁赣凯会计师事务所
出票人	账　号	2102109305118098818	收款人	账　号	6620116652497852136
出票人	开户银行	工商银行西北支行	收款人	开户银行	建设银行青秀路分行

人民币（大写）捌仟元整

千	百	十	万	千	百	十	元	角	分
			¥	8	0	0	0	0	0

票据种类	转账	收款人开户银行盖章
票据张数	1 张	
单位主管　会计　复核　记账		

中国工商银行 南宁市西北支行 2016.12.05

（此联是开户银行交给持票人的回单）

10－1

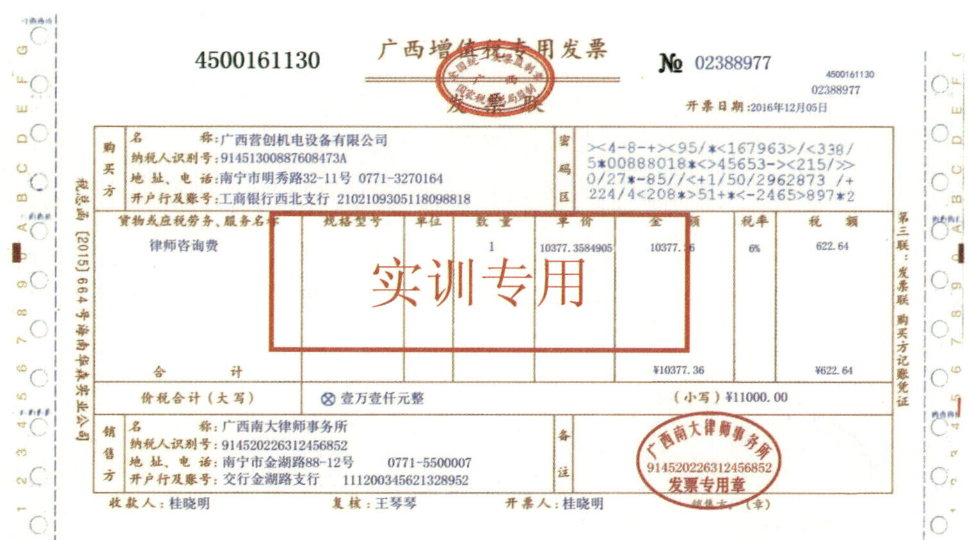

4500161130　　广西增值税专用发票　　№ 02388977

全国统一发票监制章 广西 国家税务局监制

发票联

4500161130
02388977
开票日期：2016年12月05日

购买方	名　　称：广西营创机电设备有限公司 纳税人识别号：91451300887608473A 地址、电话：南宁市明秀路32-11号 0771-3270164 开户行及账号：工商银行西北支行 2102109305118098818	密码区	><4-8-+><95/*<167963>/<338/ 5*00888018*<>45653-><215/>> 0/27*-85//<+1/50/2962873 /+ 224/4<208*>51+*<-2465>897*2

货物或应税劳务、服务名称	规格型号	单位	数量	单价	金额	税率	税额
律师咨询费			1	10377.3584905	10377.[illegible]6	6%	622.64
合　计					¥10377.36		¥622.64
价税合计（大写）	⊗壹万壹仟元整				（小写）¥11000.00		

实训专用

销售方	名　　称：广西南大律师事务所 纳税人识别号：914520226312456852 地址、电话：南宁市金湖路88-12号　0771-5500007 开户行及账号：交行金湖路支行　111200345621328952	备注	广西南大律师事务所 914520226312456852 发票专用章

收款人：桂晓明　　复核：王琴琴　　开票人：桂晓明　　销售方：（章）

税总函［2015］664号海南华森实业公司

第三联：发票联 购买方记账凭证

10－2

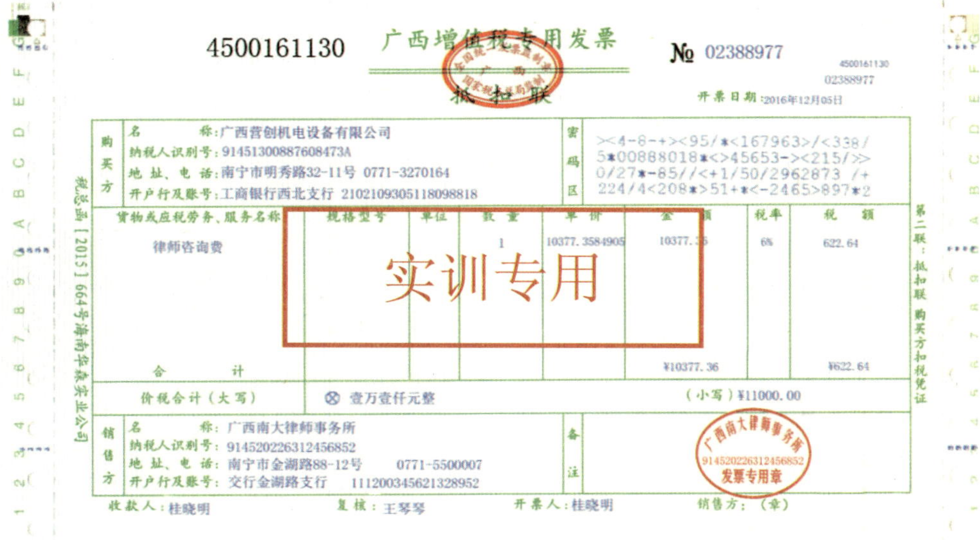

4500161130　　广西增值税专用发票　　№ 02388977

抵扣联

4500161130
02388977

开票日期：2016年12月05日

购买方	名称：广西营创机电设备有限公司 纳税人识别号：91451300887608473A 地址、电话：南宁市明秀路32-11号 0771-3270164 开户行及账号：工商银行西北支行 2102109305118098818	密码区	><4-8-+><95/*<167963>/<338/ 5*00888018*<>45653-><215/>> 0/27*-85//<+1/50/2962873 /+ 224/4<208*>51+*<-2465>897*2

货物或应税劳务、服务名称	规格型号	单位	数量	单价	金额	税率	税额
律师咨询费			1	10377.3584905	10377.36	6%	622.64
合计					¥10377.36		¥622.64
价税合计（大写）	⊗ 壹万壹仟元整				（小写）¥11000.00		

销售方	名称：广西南大律师事务所 纳税人识别号：914520226312456852 地址、电话：南宁市金湖路88-12号 0771-5500007 开户行及账号：交行金湖路支行 111200345621328952	备注	广西南大律师事务所 914520226312456852 发票专用章

收款人：桂晓明　　复核：王琴琴　　开票人：桂晓明　　销售方：（章）

实训专用

税总函［2015］664号海南华森实业公司

第二联：抵扣联 购买方扣税凭证

10－3

中国工商银行
转账支票存根（桂）

VI II 50117709

附加信息 ＿＿＿＿＿＿＿＿

出票日期　2016 年 12 月 5 日

收款人	广西南大律师事务所
金　额	¥11 000.00
用　途	付律师咨询费
备　注	

单位主管：李德宏　　会计：李晶晶

10－4

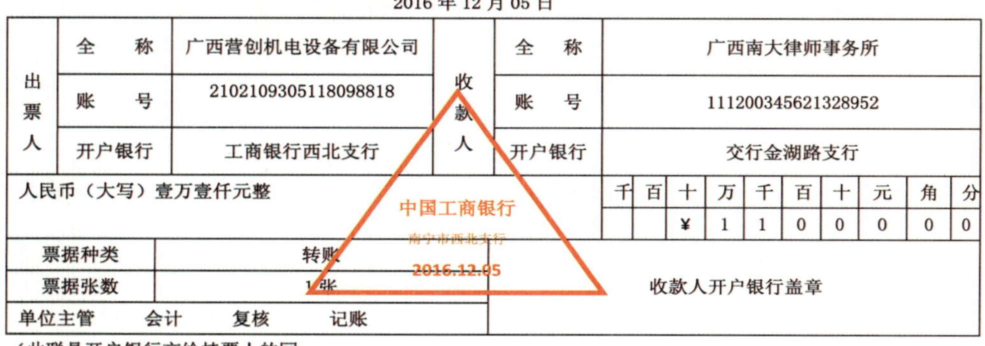

中国工商银行 广西区分行 进 账 单（回 单）

2016 年 12 月 05 日

出票人	全　称	广西营创机电设备有限公司	收款人	全　称	广西南大律师事务所
	账　号	2102109305118098818		账　号	111200345621328952
	开户银行	工商银行西北支行		开户银行	交行金湖路支行

人民币（大写）壹万壹仟元整	千	百	十	万	千	百	十	元	角	分
			¥	1	1	0	0	0	0	0

票据种类	转账	收款人开户银行盖章
票据张数	1张	
单位主管　会计　复核　记账		

中国工商银行 南宁市西北支行 2016.12.05

（此联是开户银行交给持票人的回

11－1

差旅费报销单

部门：　销售部　　　　姓名：陈锦　　　　2016 年 12 月 6 日　　　　单位：元

项目	火车票	飞机票	船票	长途汽车票	市内交通费	住宿费	公出补助			其他	合计金额
							天数	标准	金额		
金额	579					600	3	200	600		1779
报销金额：人民币（大写）壹仟柒佰柒拾玖元整							所属部门		销售部		
							原借款额		2000		
							应补（退）金额		-221		
部门负责人签字		陈锦		财务负责人签字		黄芳丽	单位领导签字		李德宏		

附件　3　张

11－2

湖南增值税专用发票

4500130170　　发票联　　№ 00337821

4500130170
00337821
开票日期：2016年12月05日

购买方	名称：广西营创机电设备有限公司 纳税人识别号：914513008876O8473A 地址、电话：南宁市明秀路32-11号0771-3270164 开户行及账号：工商银行西北支行 2102109305118098818	密码区	>>5-8-+><95/*<167963>/<314/ 5*0088*018*<>45653-><215/>* 0/27*-85//<+1/50/29628737/+ 334/4<208*>51+*<-2465>897*0

货物或应税劳务、服务名称	规格型号	单位	数量	单价	金额	税率	税额
住宿费		天	3	194.17475728	582. 5	3%	17.48
合计					¥582.52		¥17.48
价税合计（大写）	⊗陆佰元整				（小写）¥600.00		

销售方	名称：湖南长沙如家宾馆 纳税人识别号：914300234562258913 地址、电话：长沙市科苑路21号 0731-2255000 开户行及账号：农村信用合作联社科苑分理处 210000362598731431	备注	湖南长沙如家宾馆 914300234562258913 发票专用章

收款人：王海明　　复核：张莹莹　　开票人：王海明　　销售方：（章）

税总函[2015]664号海南华森实业公司

第三联：发票联　购买方记账凭证

实训专用

11－3

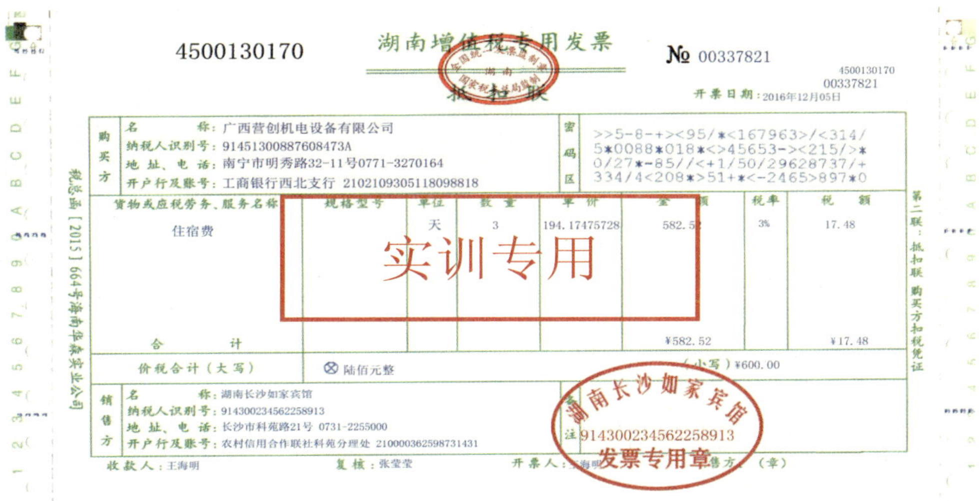

湖南增值税专用发票

4500130170　　抵扣联　　№ 00337821

4500130170
00337821
开票日期：2016年12月05日

购买方	名称：广西营创机电设备有限公司 纳税人识别号：914513008876O8473A 地址、电话：南宁市明秀路32-11号0771-3270164 开户行及账号：工商银行西北支行 2102109305118098818	密码区	>>5-8-+><95/*<167963>/<314/ 5*0088*018*<>45653-><215/>* 0/27*-85//<+1/50/29628737/+ 334/4<208*>51+*<-2465>897*0

货物或应税劳务、服务名称	规格型号	单位	数量	单价	金额	税率	税额
住宿费		天	3	194.17475728	582. 5	3%	17.48
合计					¥582.52		¥17.48
价税合计（大写）	⊗陆佰元整				（小写）¥600.00		

销售方	名称：湖南长沙如家宾馆 纳税人识别号：914300234562258913 地址、电话：长沙市科苑路21号 0731-2255000 开户行及账号：农村信用合作联社科苑分理处 210000362598731431	备注	湖南长沙如家宾馆 914300234562258913 发票专用章

收款人：王海明　　复核：张莹莹　　开票人：王海明　　销售方：（章）

税总函[2015]664号海南华森实业公司

第二联：抵扣联　购买方扣税凭证

实训专用

11－4

T010292 检票:B13
南宁东站 G2344 长沙南站
Nanningdong Changshanan
2016年12月2日 08:30开 05车14D号
¥289.50元 折 二等座
限乘当日当次车
4501031977****1515 陈锦
买票请到12306 发货请到95306
中国铁路祝您旅途愉快
36452300271111W087405 南宁东售

11－5

W088406 检票:B13
长沙南站 G1545 南宁东站
Changshanan Nanningdong
2016年12月5日 13:29开 05车12F号
¥289.50元 折 二等座
限乘当日当次车
4501031977****1515 陈锦
买票请到12306 发货请到95306
中国铁路祝您旅途愉快
36452300271111W087405 长沙售

12－1

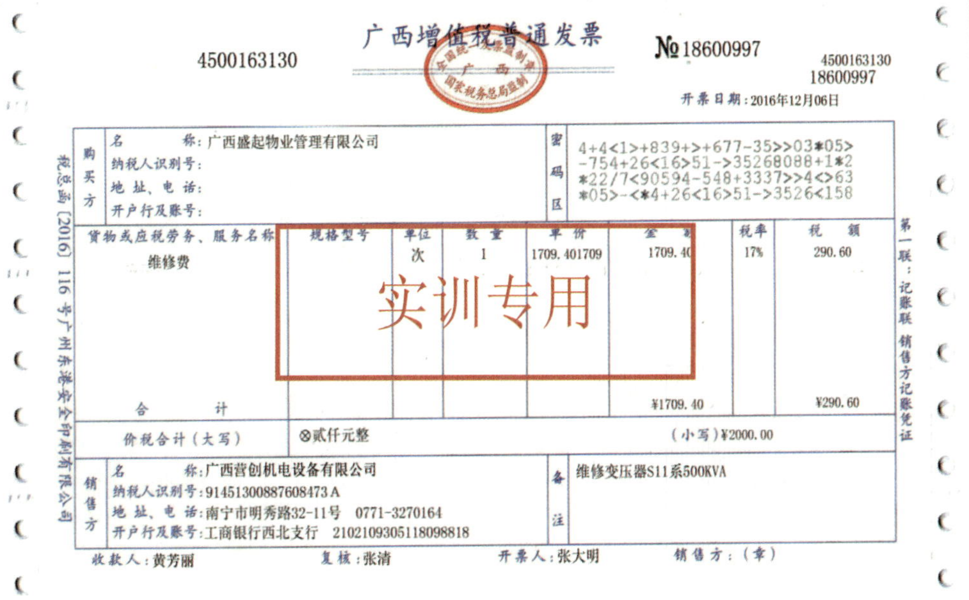
广西增值税普通发票

4500163130　　№18600997　　4500163130 18600997

开票日期：2016年12月06日

购买方	名称：广西盛起物业管理有限公司 纳税人识别号： 地址、电话： 开户行及账号：	密码区	4+4<1>+839+>+677-35>>03*05> -754+26<16>51->35268088+1*2 *22/7<90594-548+3337>>4<>63 *05>-<*4+26<16>51->3526<158

货物或应税劳务、服务名称	规格型号	单位	数量	单价	金额	税率	税额
维修费		次	1	1709.401709	1709.40	17%	290.60
合计					¥1709.40		¥290.60
价税合计（大写）	⊗贰仟元整				（小写）¥2000.00		

销售方	名称：广西营创机电设备有限公司 纳税人识别号：91451300887608473A 地址、电话：南宁市明秀路32-11号 0771-3270164 开户行及账号：工商银行西北支行 2102109305118098818	备注	维修变压器S11系500KVA

收款人：黄芳丽　　复核：张清　　开票人：张大明　　销售方：（章）

第一联：记账联 销售方记账凭证

税总函〔2016〕116号广州东港安全印刷有限公司

实训专用

12－2

中国工商银行 进 账 单（收账通知）

2016年12月6日

付款人	全称	广西盛起物业管理有限公司	收款人	全称	广西营创机电设备有限公司
	账号	2102001101800337679		账号	2102109305118098818
	开户银行	工行南宁江南路支行		开户银行	工商银行西北支行

人民币（大写）贰仟元整	千	百	十	万	千	百	十	元	角	分
				¥	2	0	0	0	0	0

票据种类		维修费 中国工商银行 南宁市西北支行 2016.12.6 收款人开户银行盖章
票据张数		
单位主管　会计　复核　记账		

（此联是银行给收款人的收账通知）

12－3

原材料领用单

2016 年 12 月 6 日

领用部门：技术部

序号	材料名称	规格型号	计量单位	领用数量	备注
1	轴承	SCS50UU	个	5	用于维修广西盛起物业管理有限公司变压器 S11 系 500KVA。该变压器属于保修期外。
2	垫片	304 不锈钢	片	5	
3	螺栓	六角	个	5	
4	螺母	六角	个	5	
5	电线	2*2.5	米	10	

保管员：张大明

13－1

中国工商银行 电汇凭证（回 单）

委托日期：　2016 年 12 月 7 日

（此联汇出行给汇款人的回单）

<table>
<tr><td rowspan="3">汇款人</td><td>全 称</td><td colspan="3">广西营创机电设备有限公司</td><td rowspan="3">收款人</td><td>全 称</td><td colspan="3">长沙市科升机械五金厂</td></tr>
<tr><td>账 号</td><td colspan="3">2102109305118098818</td><td>账 号</td><td colspan="3">172612110417464619</td></tr>
<tr><td>汇 出 地 点</td><td>南宁</td><td>汇出行 名 称</td><td>西北支行</td><td>汇 入 地 点</td><td>长沙</td><td>汇入行名称</td><td>农村信用合作联社营业部</td></tr>
<tr><td rowspan="2">汇 入 金额</td><td colspan="5" rowspan="2">人民币（大写）叁拾捌万陆仟元整</td><td colspan="4">千 | 百 | 十 | 万 | 千 | 百 | 十 | 元 | 角 | 分</td></tr>
<tr><td colspan="4"> | ¥ | 3 | 8 | 6 | 0 | 0 | 0 | 0 | 0</td></tr>
<tr><td colspan="6">汇款用途：购买机电设备</td><td colspan="4" rowspan="2">汇出银行盖章</td></tr>
<tr><td colspan="6">单位主管　　会计　　复核　　记账</td></tr>
</table>

中国工商银行
南宁市西北支行
2016.12.7

（此联汇出行给汇款人的回单）

13－2

中国工商银行　收费凭证

2016 年 12 月 7 日

<table>
<tr><td>单位名称</td><td>广西营创机电设备有限公司</td><td>账号</td><td colspan="2">2102109305118098818</td></tr>
<tr><td>项目名称</td><td>工本费/转账汇款手续费/手续费</td><td>数量</td><td>单价</td><td>金额／元</td></tr>
<tr><td>收费</td><td>电汇手续费</td><td></td><td></td><td>50.00</td></tr>
<tr><td></td><td></td><td></td><td></td><td></td></tr>
<tr><td></td><td colspan="4"></td></tr>
<tr><td colspan="5">合计人民币（小写）：50.00</td></tr>
<tr><td colspan="5">合计人民币（大写）：伍拾元整</td></tr>
</table>

中国工商银行
南宁市西北支行
2016.12.7

填票人：　　　　单位名称(盖章有效)

14－1

商品入库单

2016 年 12 月 7 日

商品来源:佛山市四方机电设备有限公司

商品名称	规格型号	计量单位	购买数量	入库数量	备注
变压器 S11 系	2000KVA	台	1	1	

保管员：张大明

15－1

商品入库单

2016 年 12 月 8 日

商品来源:长沙市科升机械五金厂

商品名称	规格型号	计量单位	购买数量	入库数量	备注
变压器 S11 系	500KVA	台	2	2	

保管员：张大明

16－1

中国工商银行股份有限公司电子缴税付款凭证

转账日期：2016 年 12 月 08 日　　　　凭证字号：2016120800

纳税人全称及纳税人识别号：广西营创机电设备有限公司 91451300887608473A

付款人全称：广西营创机电设备有限公司

付款人账号：2102109305118098818　　　　征收机关名称：南宁市西乡塘区地方税务局

付款人开户银行：工商银行西北支行　　　　收款国库（银行）名称：国家金库南宁市西乡塘支库

金额合计（小写）：¥18000.00　　　　缴款书交易流水号：1572078657

金额合计（大写）：壹万捌仟元整　　　　税票号码：ZWBNN0000000658492

税（费）种名称	日期（起）—日期（止）		实缴金额（单位：元）
增值税	20161101	20161130	18000.00

中国工商银行
南宁市西北支行
2016.12.08

第一次打印　　　　打印时间：2016 年 12 月 13 日

16－2

中国工商银行股份有限公司电子缴税付款凭证

转账日期：2016 年 12 月 08 日　　　　凭证字号：2016120801

纳税人全称及纳税人识别号：广西营创机电设备有限公司 91451300887608473A

付款人全称：广西营创机电设备有限公司

付款人账号：2102109305118098818　　　　征收机关名称：南宁市西乡塘区地方税务局

付款人开户银行：工商银行西北支行　　　　收款国库（银行）名称：国家金库南宁市西乡塘支库

金额合计（小写）：￥2160.00　　　　缴款书交易流水号：5632021246

金额合计（大写）：贰仟壹佰陆拾元整　　　　税票号码：ZWBNN0000000272569

税（费）种名称	日期（起）—日期（止）		实缴金额（单位：元）
城市维护建设税	20161101	20161130	1260.00
教育费附加税	20161101	20161130	540.00
城市维护建设税	20161101	20161130	360.00

中国工商银行 南宁市西北支行 2016.12.08

第一次打印　　　　打印时间：2016 年 12 月 13 日

16－3

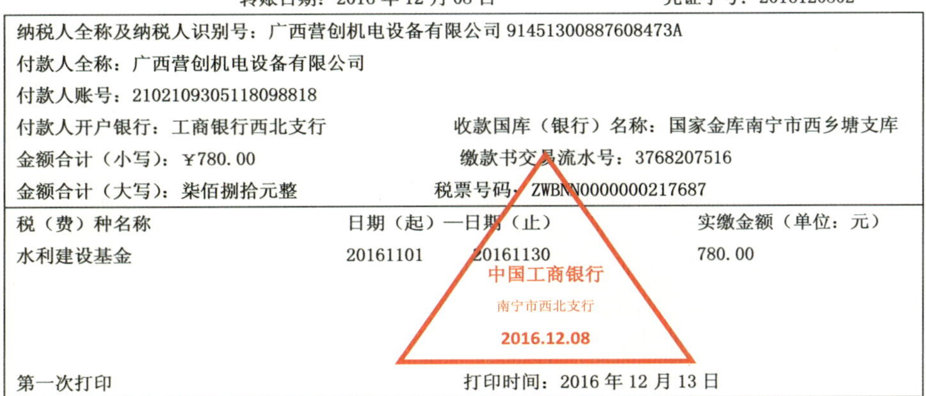

中国工商银行股份有限公司电子缴税付款凭证

转账日期：2016 年 12 月 08 日　　　　凭证字号：2016120802

纳税人全称及纳税人识别号：广西营创机电设备有限公司 91451300887608473A

付款人全称：广西营创机电设备有限公司

付款人账号：2102109305118098818

付款人开户银行：工商银行西北支行　　　　收款国库（银行）名称：国家金库南宁市西乡塘支库

金额合计（小写）：￥780.00　　　　缴款书交易流水号：3768207516

金额合计（大写）：柒佰捌拾元整　　　　税票号码：ZWBNN0000000217687

税（费）种名称	日期（起）—日期（止）		实缴金额（单位：元）
水利建设基金	20161101	20161130	780.00

中国工商银行 南宁市西北支行 2016.12.08

第一次打印　　　　打印时间：2016 年 12 月 13 日

17－1

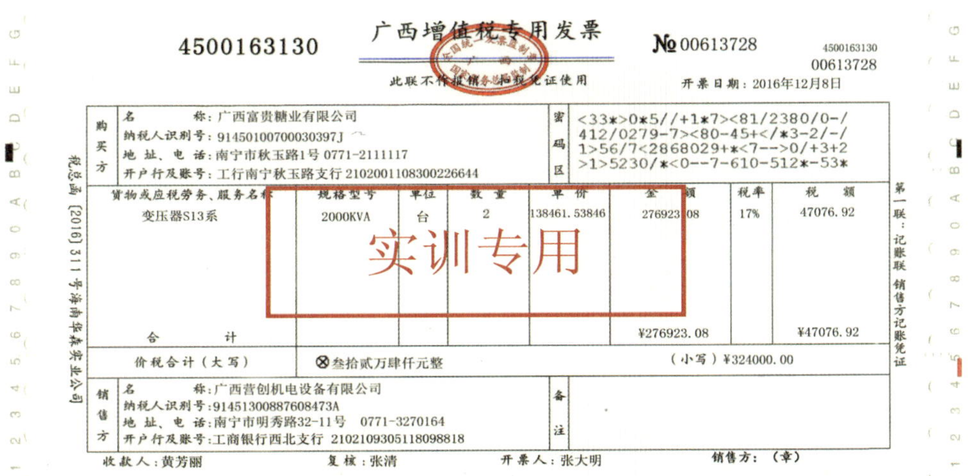

4500163130　　**广西增值税专用发票**　　№00613728　　4500163130 00613728

此联不作报销、扣税凭证使用　　　　开票日期：2016年12月8日

购买方　名　　称：广西富贵糖业有限公司
纳税人识别号：91450100700030397J
地 址、电 话：南宁市秋玉路1号 0771-2111117
开户行及账号：工行南宁秋玉路支行 2102001108300226644

密码区：
<33*>0*5//+1*7><81/2380/0-/
412/0279-7><80-45+</*3-2/-/
1>56/7<2868029+*<7-->0/+3+2
>1>5230/*<0--7-610-512*-53*

货物或应税劳务、服务名称	规格型号	单位	数量	单价	金额	税率	税额
变压器S13系	2000KVA	台	2	138461.53846	276923.08	17%	47076.92
合计					¥276923.08		¥47076.92
价税合计（大写）	⊗叁拾贰万肆仟元整				（小写）¥324000.00		

实训专用

销售方　名　　称：广西营创机电设备有限公司
纳税人识别号：91451300887608473A
地 址、电 话：南宁市明秀路32-11号　0771-3270164
开户行及账号：工商银行西北支行　2102109305118098818

备注：

收款人：黄芳丽　　复核：张清　　开票人：张大明　　销售方：（章）

第一联：记账联 销售方记账凭证

税总函［2016］311号海南华森实业公司

17－2

商品出库单

2016 年 12 月 8 日

购买单位：广西富贵糖业有限公司

商品名称	规格型号	计量单位	数量	单位售价	备注
变压器 S13 系	2000KVA	台	2		

保管员：张大明

18－1

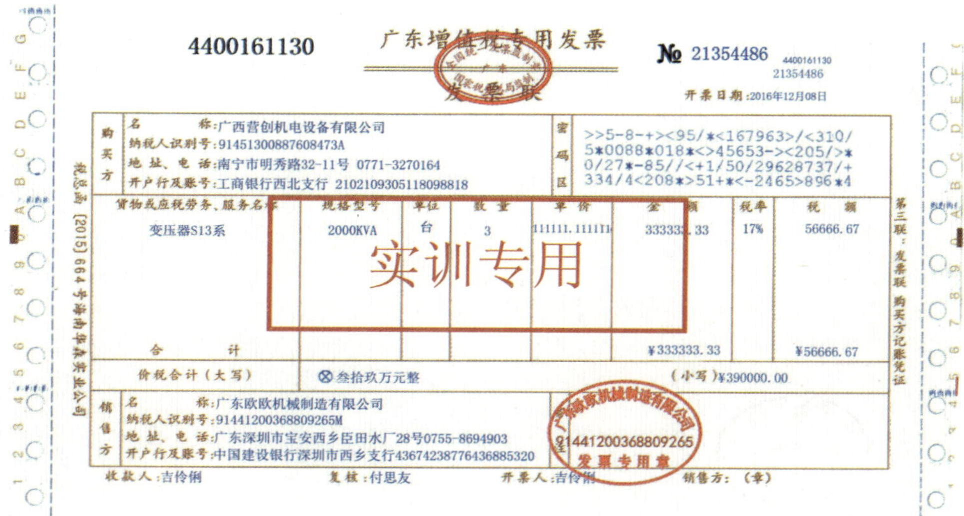

4400161130　广东增值税专用发票　№ 21354486　4400161130 21354486

发票联　开票日期：2016年12月08日

购买方	名　　称：广西营创机电设备有限公司 纳税人识别号：91451300887608473A 地 址、电 话：南宁市明秀路32-11号 0771-3270164 开户行及账号：工商银行西北支行 2102109305118098818	密码区	>>5-8-+><95/*<167963>/<310/ 5*0088*018*<>45653-><205/>* 0/27*-85//<+1/50/29628737/+ 334/4<208*>51+*<-2465>896*4

货物或应税劳务、服务名称	规格型号	单位	数量	单价	金额	税率	税额
变压器S13系	2000KVA	台	3	111111.111111	333333.33	17%	56666.67
合　　计					¥333333.33		¥56666.67
价税合计（大写）	⊗叁拾玖万元整				（小写）¥390000.00		

销售方	名　　称：广东欧欧机械制造有限公司 纳税人识别号：91441200368809265M 地 址、电 话：广东深圳市宝安西乡臣田水厂28号0755-8694903 开户行及账号：中国建设银行深圳市西乡支行43674238776436885320	备注	

收款人：吉伶俐　复核：付思友　开票人：吉伶俐　销售方：（章）

第三联：发票联　购买方记账凭证

税总函〔2015〕664号海南华森实业公司

实训专用

18－2

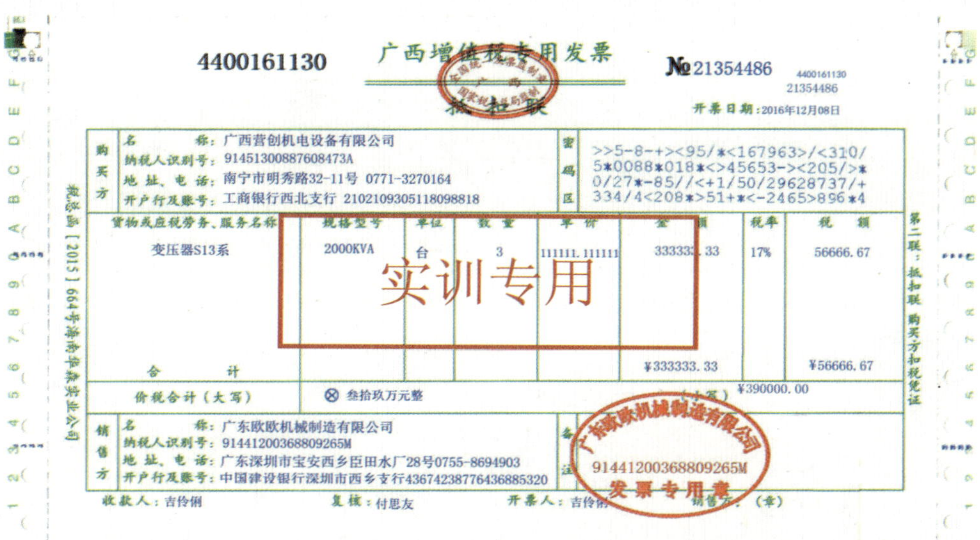

4400161130　广西增值税专用发票　№21354486　4400161130 21354486

抵扣联　开票日期：2016年12月08日

购买方	名　　称：广西营创机电设备有限公司 纳税人识别号：91451300887608473A 地 址、电 话：南宁市明秀路32-11号 0771-3270164 开户行及账号：工商银行西北支行 2102109305118098818	密码区	>>5-8-+><95/*<167963>/<310/ 5*0088*018*<>45653-><205/>* 0/27*-85//<+1/50/29628737/+ 334/4<208*>51+*<-2465>896*4

货物或应税劳务、服务名称	规格型号	单位	数量	单价	金额	税率	税额
变压器S13系	2000KVA	台	3	111111.111111	333333.33	17%	56666.67
合　　计					¥333333.33		¥56666.67
价税合计（大写）	⊗叁拾玖万元整				（小写）¥390000.00		

销售方	名　　称：广东欧欧机械制造有限公司 纳税人识别号：91441200368809265M 地 址、电 话：广东深圳市宝安西乡臣田水厂28号0755-8694903 开户行及账号：中国建设银行深圳市西乡支行43674238776436885320	备注	

收款人：吉伶俐　复核：付思友　开票人：吉伶俐　销售方：（章）

第二联：抵扣联　购买方扣税凭证

税总函〔2015〕664号海南华森实业公司

实训专用

18－3

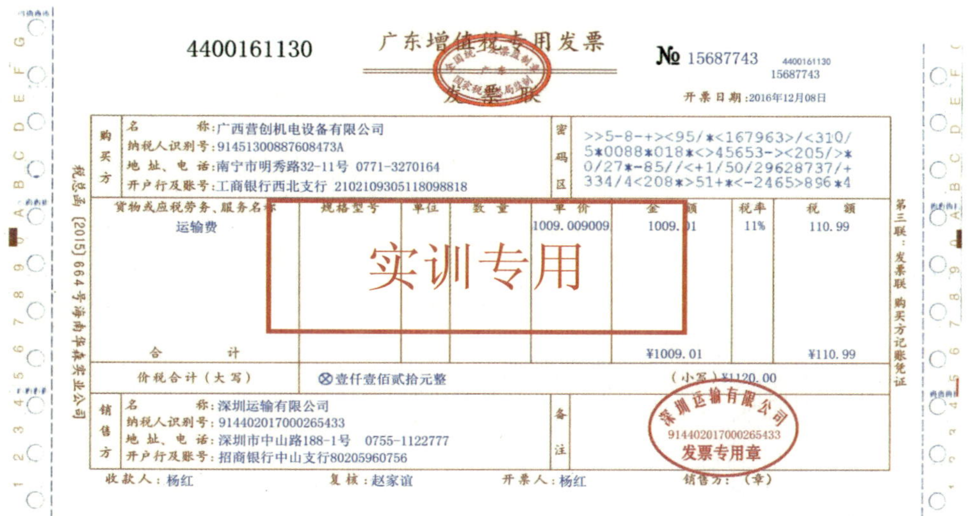

4400161130　　广东增值税专用发票　　№ 15687743　　4400161130 15687743

发票联　　开票日期：2016年12月08日

购买方	名　　称：广西营创机电设备有限公司 纳税人识别号：91451300887608473A 地 址、电 话：南宁市明秀路32-11号 0771-3270164 开户行及账号：工商银行西北支行 2102109305118098818	密码区	>>5-8-+><95/*<167963>/<310/ 5*0088*018*<>45653-><205/>* 0/27*-85//<+1/50/29628737/+ 334/4<208*>51+*<-2465>896*4

货物或应税劳务、服务名称	规格型号	单位	数量	单价	金额	税率	税额
运输费				1009.009009	1009.01	11%	110.99
合　　计					¥1009.01		¥110.99
价税合计（大写）	⊗壹仟壹佰贰拾元整				（小写）¥1120.00		

销售方	名　　称：深圳运输有限公司 纳税人识别号：914402017000265433 地 址、电 话：深圳市中山路188-1号 0755-1122777 开户行及账号：招商银行中山支行80205960756	备注	深圳运输有限公司 914402017000265433 发票专用章

收款人：杨红　　复核：赵家谊　　开票人：杨红　　销售方：（章）

实训专用

税总函［2015］664号海南华森实业公司

第三联：发票联　购买方记账凭证

18－4

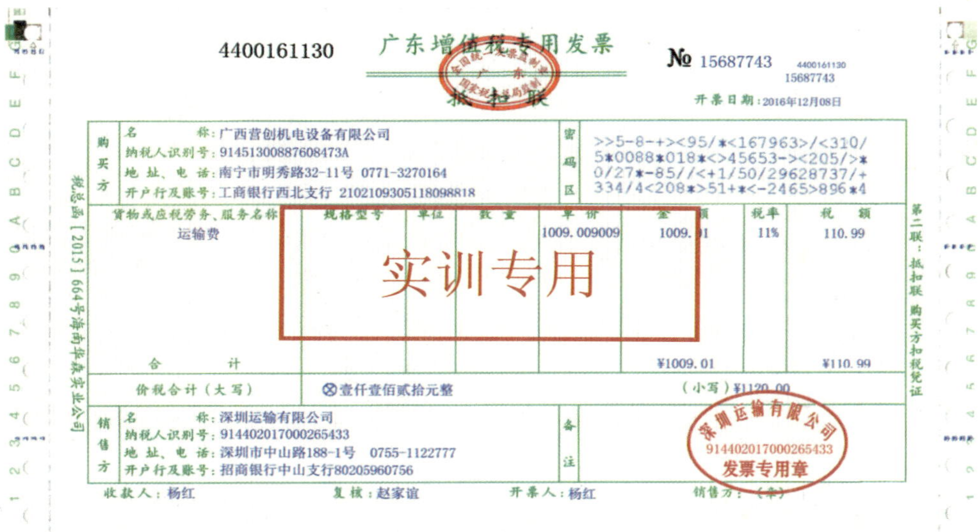

4400161130　　广东增值税专用发票　　№ 15687743　　4400161130 15687743

抵扣联　　开票日期：2016年12月08日

购买方	名　　称：广西营创机电设备有限公司 纳税人识别号：91451300887608473A 地 址、电 话：南宁市明秀路32-11号 0771-3270164 开户行及账号：工商银行西北支行 2102109305118098818	密码区	>>5-8-+><95/*<167963>/<310/ 5*0088*018*<>45653-><205/>* 0/27*-85//<+1/50/29628737/+ 334/4<208*>51+*<-2465>896*4

货物或应税劳务、服务名称	规格型号	单位	数量	单价	金额	税率	税额
运输费				1009.009009	1009.01	11%	110.99
合　　计					¥1009.01		¥110.99
价税合计（大写）	⊗壹仟壹佰贰拾元整				（小写）¥1120.00		

销售方	名　　称：深圳运输有限公司 纳税人识别号：914402017000265433 地 址、电 话：深圳市中山路188-1号 0755-1122777 开户行及账号：招商银行中山支行80205960756	备注	深圳运输有限公司 914402017000265433 发票专用章

收款人：杨红　　复核：赵家谊　　开票人：杨红　　销售方：（章）

实训专用

税总函［2015］664号海南华森实业公司

第二联：抵扣联　购买方扣税凭证

19－1

费用报销单单

2016 年 12 月 8 日　　　　单位：元

部门	行政办公室		姓名	耿丽娜	
报销事由	办公室固定电话费				
报销单据 壹 张 合计金额(大写)：陆拾贰元贰角整				小写：¥62.20 元	
单位领导	李德宏	部门领导	张清	填报人	耿丽娜

审核会计：黄芳丽　　　　出纳：韦春红

19－2

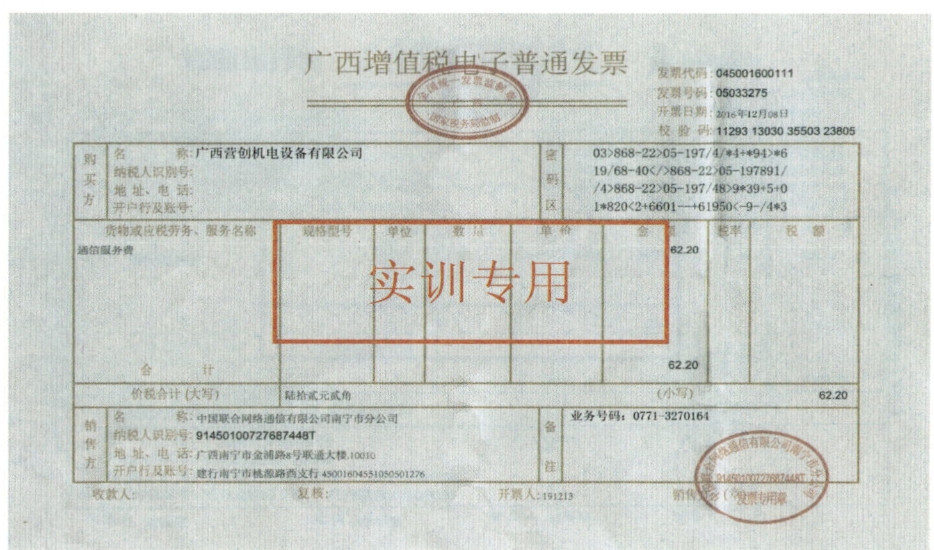

广西增值税电子普通发票

发票代码：045001600111
发票号码：05033275
开票日期：2016年12月08日
校 验 码：11293 13030 35503 23805

购买方		密码区
名　　称：广西营创机电设备有限公司 纳税人识别号： 地 址、电 话： 开户行及账号：		03>868-22>05-197/4/*4+*94>*6 19/68-40</>868-22>05-197891/ /4>868-22>05-197/48>9*39+5+0 1*820<2+6601—+61950<-9-/4*3

货物或应税劳务、服务名称	规格型号	单位	数量	单价	金额	税率	税额
通信服务费					62.20		
合　计					62.20		
价税合计（大写）	陆拾贰元贰角				（小写）		62.20

实训专用

销售方	备注
名　　称：中国联合网络通信有限公司南宁市分公司 纳税人识别号：91450100727687448T 地 址、电 话：广西南宁市金浦路8号联通大楼,10010 开户行及账号：建行南宁市桃源路西支行45001604551050501276	业务号码：0771-3270164

收款人：　复核：　开票人：191213　销售方：（章）

20－1

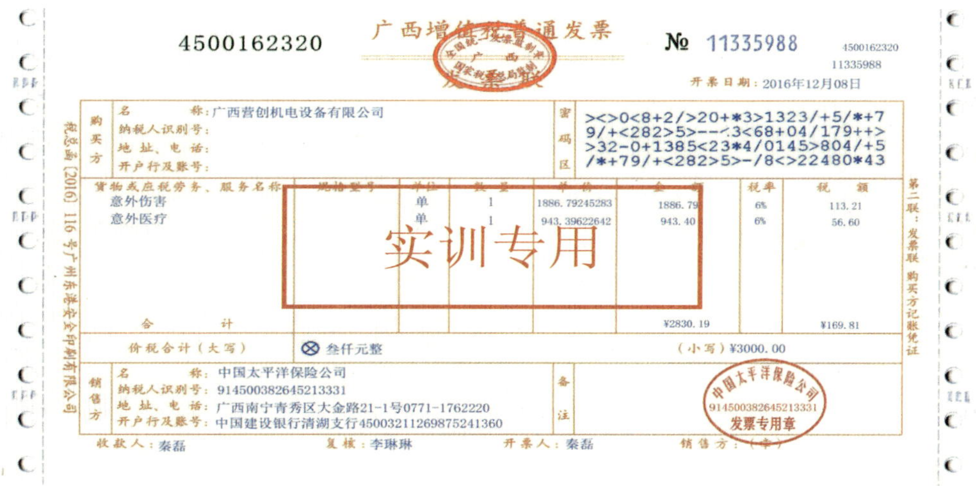

4500162320　广西增值税普通发票　№ 11335988　4500162320　11335988

发票联

开票日期：2016年12月08日

购买方	密码区
名　　称：广西营创机电设备有限公司 纳税人识别号： 地 址、电 话： 开户行及账号：	><>0<8+2/>20+*3>1323/+5/*+7 9/+<282>5>--.3<68+04/179++> >32-0+1385<23*4/0145>804/+5 /*+79/+<282>5>-/8<>22480*43

货物或应税劳务、服务名称	规格型号	单位	数量	单价	金额	税率	税额
意外伤害		单	1	1886.79245283	1886.79	6%	113.21
意外医疗		单	1	943.39622642	943.40	6%	56.60
合　计					¥2830.19		¥169.81
价税合计（大写）	⊗叁仟元整				（小写）¥3000.00		

实训专用

销售方	备注
名　　称：中国太平洋保险公司 纳税人识别号：914500382645213331 地 址、电 话：广西南宁青秀区大金路21-1号0771-1762220 开户行及账号：中国建设银行清湖支行45003211269875241360	

收款人：秦磊　复核：李琳琳　开票人：秦磊　销售方：（章）

税总函〔2016〕116号广州东港安全印刷有限公司

第二联：发票联　购买方记账凭证

20－2

中国工商银行
转账支票存根（桂）

VI II 50117710

附加信息 ____________________

出票日期　2016 年 12 月 8 日

收款人	中国太平洋保险公司
金　额	¥3 000.00
用　途	付商业保险费
备　注	

单位主管：李德宏　　会计：李晶晶

20 －3

中国工商银行 广西区分行 进 账 单（回 单）

2016 年 12 月 08 日

出票人			收款人		
出票人	全　称	广西营创机电设备有限公司	收款人	全　称	中国大平洋保险公司
	账　号	2102109305118098818		账　号	45003211269875241360
	开户银行	工商银行西北支行		开户银行	中国建设银行青湖支行

人民币（大写）叁仟元整	千	百	十	万	千	百	十	元	角	分
				¥	3	0	0	0	0	0

票据种类	转账 保险费	收款人开户银行盖章
票据张数	1 张	
单位主管　会计　复核　记账		

（中国工商银行 南宁市西北支行 2016.12.08）

（此联是开户银行交给持票人的回

21 －1

费用报销单单

2016 年 12 月 9 日　　单位：元

部门	销售部		姓名	林旺民	
报销事由	招待广西富贵糖业有限公司的张总				
报销单据 壹 张 合计金额(大写):肆佰玖拾元整				小写:¥490.00 元	
单位领导	李德宏	部门领导	陈锦	填报人	林旺民

审核会计：　黄芳丽　　出纳:韦春红

21 －2

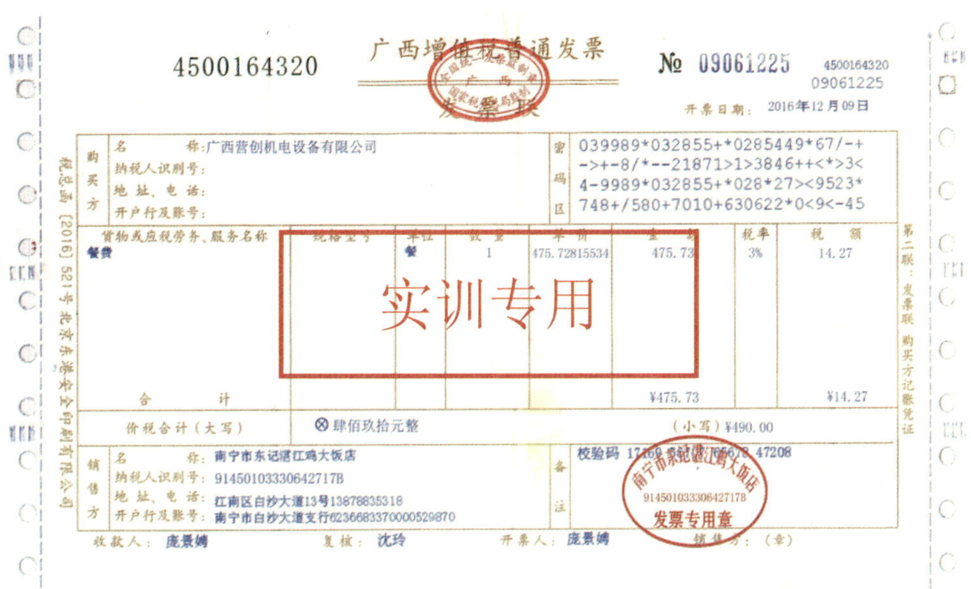

4500164320　广西增值税普通发票　№ 09061225　4500164320 09061225

发票联

开票日期：2016年12月09日

购买方	名称：广西营创机电设备有限公司 纳税人识别号： 地址、电话： 开户行及账号：	密码区	039989*032855+*0285449*67/-+ ->+-8/*--21871>1>3846++<*>3< 4-9989*032855+*028*27><9523* 748+/580+7010+630622*0<9<-45

货物或应税劳务、服务名称	规格型号	单位	数量	单价	金额	税率	税额
餐费		餐	1	475.72815534	475.73	3%	14.27
合　计					¥475.73		¥14.27
价税合计（大写）	⊗肆佰玖拾元整				（小写）¥490.00		

销售方	名称：南宁市东记湛江鸡大饭店 纳税人识别号：91450103330642717B 地址、电话：江南区白沙大道13号13878835318 开户行及账号：南宁市白沙大道支行6236683370000529870	备注	校验码 17169 [illegible] 47208

收款人：庞景娴　复核：沈玲　开票人：庞景娴　销售方：（章）

实训专用

22－1

费用报销单单

2016 年 12 月 10 日　　　　单位：元

部门	销售部	姓名	周林勇
报销事由	卡车油费		
报销单据 壹 张 合计金额(大写)：肆佰贰拾伍元整		小写：¥425.00 元	

单位领导	李德宏	部门领导	陈锦	填报人	周林勇

审核会计：黄芳丽　　　　出纳：韦春红

22－2

广西壮族自治区国家税务局通用机打发票

发票联

中国石油天然气股份有限公司广西来宾销售分公司

发票代码：145001512522

发票号码：01513322

开票日期：2016/12/10

付款单位：广西营创机电设备有限公司

项目	数量	单价	金额
97号 车用汽油（IV）	67.25 升		425.00

应收金额：¥425.00

优惠金额：¥0.00

大写合计：肆佰贰拾伍元整

金额合计超仟元位无效 报销凭证

桂国税 发印字（2015）第219号，2015年4月

23－1

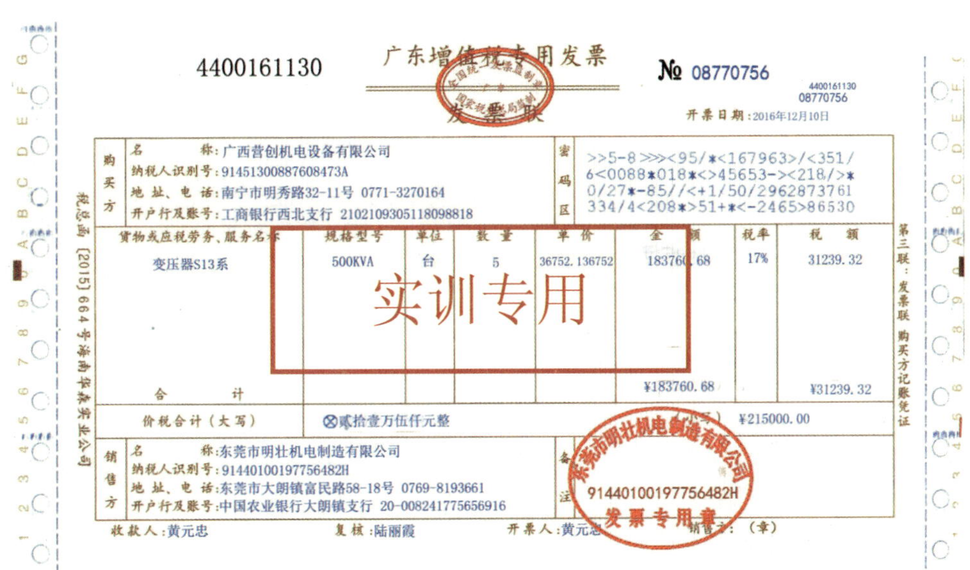

4400161130　　广东增值税专用发票　　№ 08770756

发票联

开票日期：2016年12月10日

购买方	名称：广西营创机电设备有限公司 纳税人识别号：91451300887608473A 地址、电话：南宁市明秀路32-11号 0771-3270164 开户行及账号：工商银行西北支行 2102109305118098818	密码区	>>5-8>>><95/*<167963>/<351/ 6<0088*018*<>45653-><218/>* 0/27*-85//<+1/50/2962873761 334/4<208*>51+*<-2465>86530

货物或应税劳务、服务名称	规格型号	单位	数量	单价	金额	税率	税额
变压器S13系	500KVA	台	5	36752.136752	183760.68	17%	31239.32
合计					¥183760.68		¥31239.32
价税合计（大写）	⊗贰拾壹万伍仟元整				（小写）¥215000.00		

销售方	名称：东莞市明壮机电制造有限公司 纳税人识别号：91440100197756482H 地址、电话：东莞市大朗镇富民路58-18号 0769-8193661 开户行及账号：中国农业银行大朗镇支行 20-008241775656916	备注	

收款人：黄元忠　　复核：陆丽霞　　开票人：黄元忠　　销售方：（章）

第三联：发票联 购买方记账凭证

23 - 2

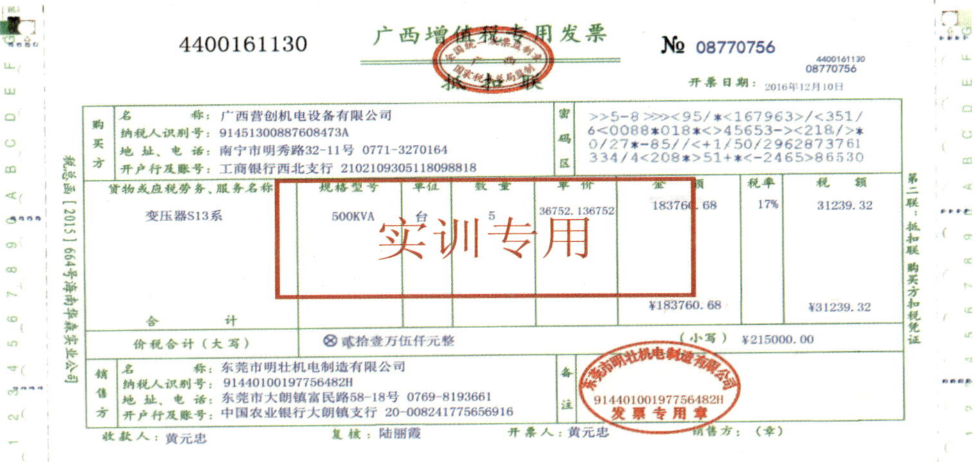

4400161130　　广西增值税专用发票　　№ 08770756

抵扣联　　4400161130 08770756

开票日期：2016年12月10日

购买方　名　　称：广西营创机电设备有限公司
纳税人识别号：91451300887608473A
地 址、电 话：南宁市明秀路32-11号 0771-3270164
开户行及账号：工商银行西北支行 2102109305118098818

密码区：>>5-8>>><95/*<167963>/<351/ 6<0088*018*<>45653-><218/>* 0/27*-85//<+1/50/296287376l 334/4<208*>51+*<-2465>86530

货物或应税劳务、服务名称	规格型号	单位	数量	单价	金额	税率	税额
变压器S13系	500KVA	台	5	36752.136752	183760.68	17%	31239.32
合计					¥183760.68		¥31239.32
价税合计（大写）	⊗贰拾壹万伍仟元整				（小写）¥215000.00		

实训专用

销售方　名　　称：东莞市明壮机电制造有限公司
纳税人识别号：91440100197756482H
地 址、电 话：东莞市大朗镇富民路58-18号 0769-8193661
开户行及账号：中国农业银行大朗镇支行 20-008241775656916

备注：东莞市明壮机电制造有限公司 91440100197756482H 发票专用章

收款人：黄元忠　复核：陆丽霞　开票人：黄元忠　销售方：（章）

第二联：抵扣联 购买方扣税凭证

税总函[2015]664号海南华森实业公司

23 - 4

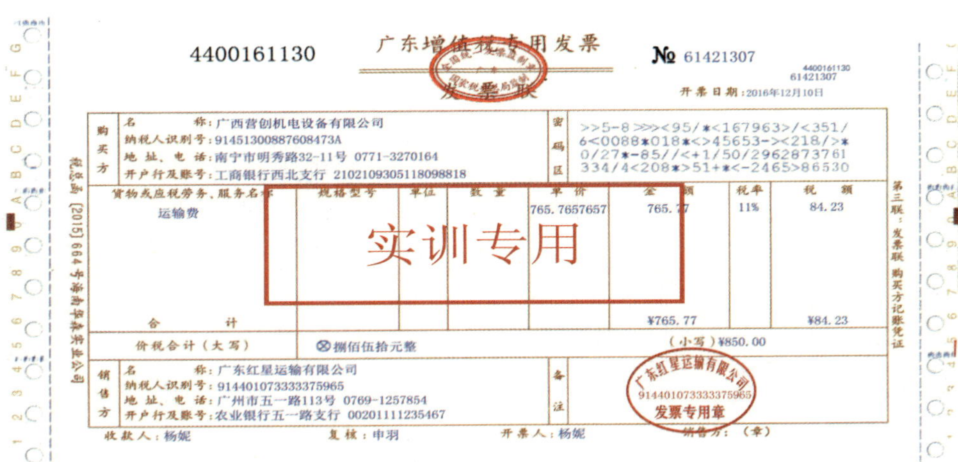

4400161130　　广东增值税专用发票　　№ 61421307

发票联　　4400161130 61421307

开票日期：2016年12月10日

购买方　名　　称：广西营创机电设备有限公司
纳税人识别号：91451300887608473A
地 址、电 话：南宁市明秀路32-11号 0771-3270164
开户行及账号：工商银行西北支行 2102109305118098818

密码区：>>5-8>>><95/*<167963>/<351/ 6<0088*018*<>45653-><218/>* 0/27*-85//<+1/50/296287376l 334/4<208*>51+*<-2465>86530

货物或应税劳务、服务名称	规格型号	单位	数量	单价	金额	税率	税额
运输费				765.7657657	765.77	11%	84.23
合计					¥765.77		¥84.23
价税合计（大写）	⊗捌佰伍拾元整				（小写）¥850.00		

实训专用

销售方　名　　称：广东红星运输有限公司
纳税人识别号：914401073333375965
地 址、电 话：广州市五一路113号 0769-1257854
开户行及账号：农业银行五一路支行 00201111235467

备注：广东红星运输有限公司 914401073333375965 发票专用章

收款人：杨妮　复核：申羽　开票人：杨妮　销售方：（章）

第三联：发票联 购买方记账凭证

税总函[2015]664号海南华森实业公司

23 - 5

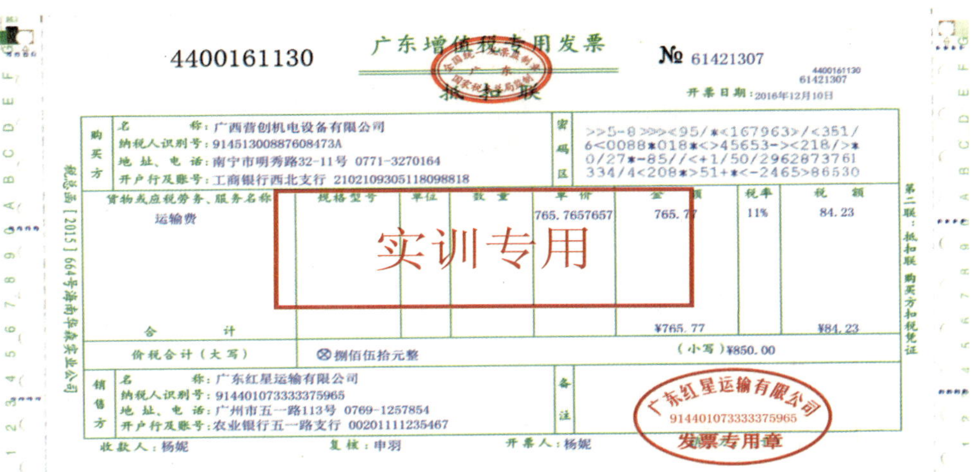

4400161130　　广东增值税专用发票　　№ 61421307

抵扣联　　4400161130 61421307

开票日期：2016年12月10日

购买方　名　　称：广西营创机电设备有限公司
纳税人识别号：91451300887608473A
地 址、电 话：南宁市明秀路32-11号 0771-3270164
开户行及账号：工商银行西北支行 2102109305118098818

密码区：>>5-8>>><95/*<167963>/<351/ 6<0088*018*<>45653-><218/>* 0/27*-85//<+1/50/296287376l 334/4<208*>51+*<-2465>86530

货物或应税劳务、服务名称	规格型号	单位	数量	单价	金额	税率	税额
运输费				765.7657657	765.77	11%	84.23
合计					¥765.77		¥84.23
价税合计（大写）	⊗捌佰伍拾元整				（小写）¥850.00		

实训专用

销售方　名　　称：广东红星运输有限公司
纳税人识别号：914401073333375965
地 址、电 话：广州市五一路113号 0769-1257854
开户行及账号：农业银行五一路支行 00201111235467

备注：广东红星运输有限公司 914401073333375965 发票专用章

收款人：杨妮　复核：申羽　开票人：杨妮　销售方：（章）

第二联：抵扣联 购买方扣税凭证

税总函[2015]664号海南华森实业公司

24－1

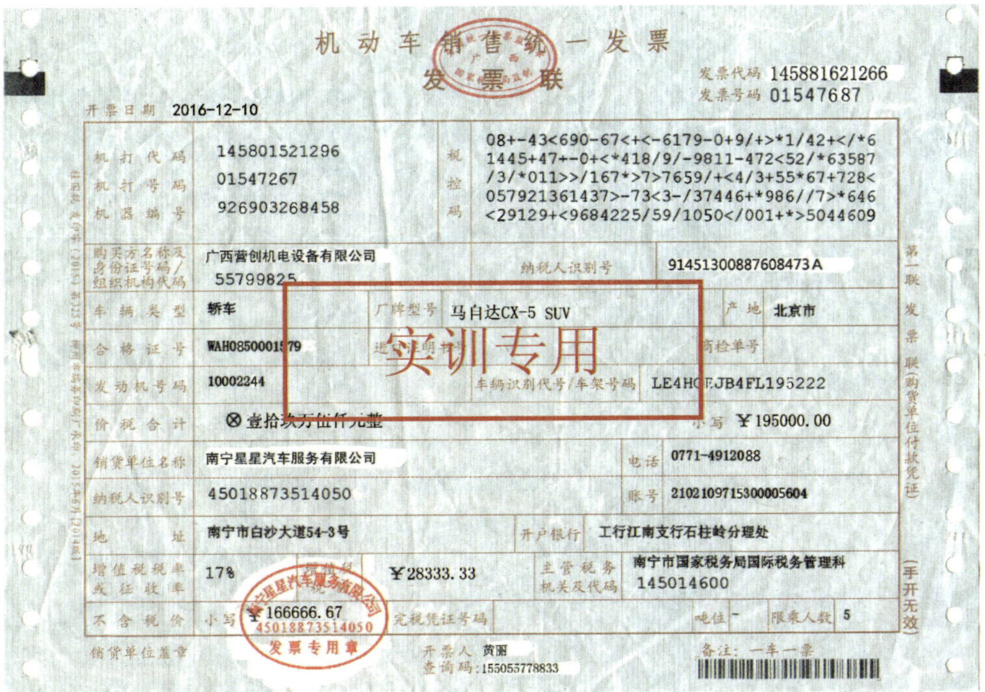

机动车销售统一发票
发票联

发票代码 145881621266
发票号码 01547687

开票日期 2016-12-10

机打代码	145801521296	税控码	08+-43<690-67<+<-6179-0+9/+>*1/42+</*6 1445+47+-0+<*418/9/-9811-472<52/*63587 /3/*011>>/167*>7>7659/+<4/3+55*67+728< 057921361437>-73<3-/37446+*986//7>*646 <29129+<9684225/59/1050</001+*>5044609
机打号码	01547267		
机器编号	926903268458		
购买方名称及身份证号码/组织机构代码	广西营创机电设备有限公司 55799825	纳税人识别号	91451300887608473A
车辆类型	轿车	厂牌型号	马自达CX-5 SUV　产地 北京市
合格证号	WAH0850001579	进口证明书号	商检单号
发动机号码	10002244	车辆识别代号/车架号码	LE4HCFJB4FL195222
价税合计	⊗壹拾玖万伍仟元整	小写	¥195000.00
销货单位名称	南宁星星汽车服务有限公司	电话	0771-4912088
纳税人识别号	45018873514050	账号	2102109715300005604
地址	南宁市白沙大道54-3号	开户银行	工行江南支行石柱岭分理处
增值税税率或征收率	17% 增值税税额 ¥28333.33	主管税务机关及代码	南宁市国家税务局国际税务管理科 145014600
不含税价	小写 ¥166666.67	完税凭证号码	吨位 -　限乘人数 5

销货单位盖章　　开票人 黄丽　　备注：一车一票
查询码：155055778833

第一联 发票联（购货单位付款凭证）
（手开无效）

实训专用

24－2

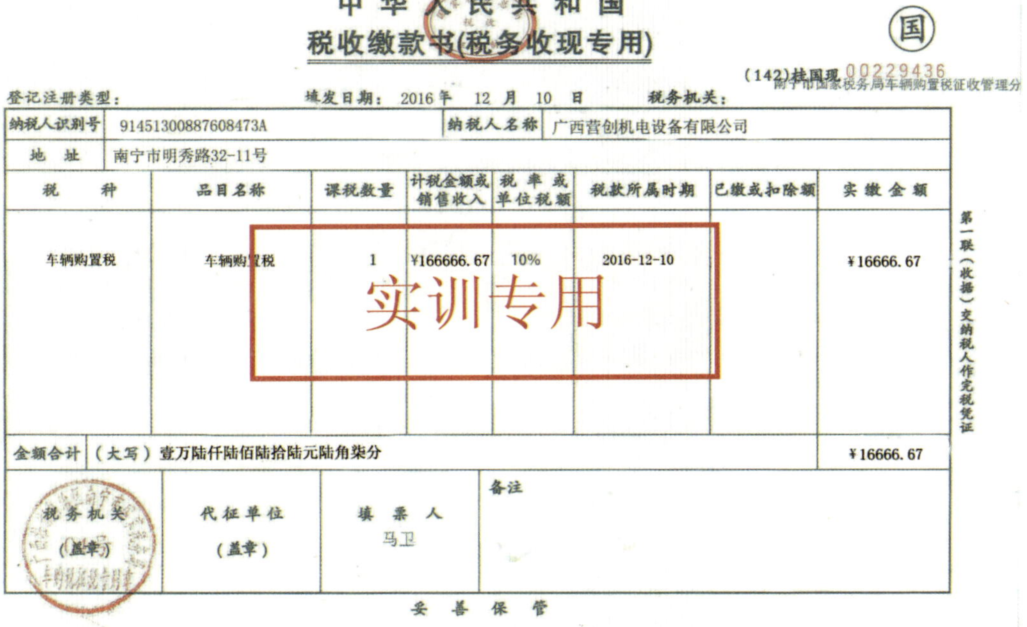

中华人民共和国
税收缴款书(税务收现专用)

国

(142)桂国现 00229436

登记注册类型：　　填发日期：2016年 12 月 10 日　　税务机关：南宁市国家税务局车辆购置税征收管理分

纳税人识别号	91451300887608473A	纳税人名称	广西营创机电设备有限公司			
地址	南宁市明秀路32-11号					

税种	品目名称	课税数量	计税金额或销售收入	税率或单位税额	税款所属时期	已缴或扣除额	实缴金额
车辆购置税	车辆购置税	1	¥166666.67	10%	2016-12-10		¥16666.67
金额合计	（大写）壹万陆仟陆佰陆拾陆元陆角柒分						¥16666.67

税务机关（盖章）	代征单位（盖章）	填票人 马卫	备注

妥善保管

第一联（收据）交纳税人作完税凭证

实训专用

24－3

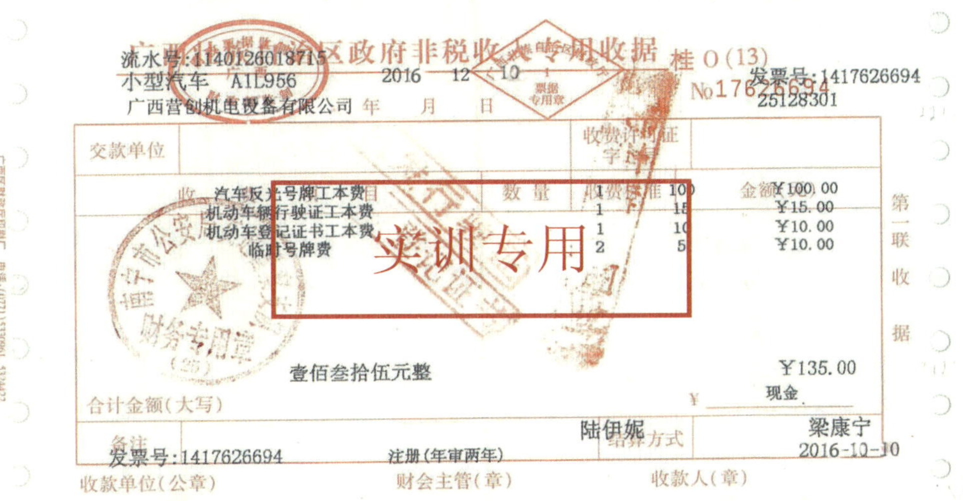

广西……区政府非税收入专用收据　桂 O(13)

流水号:114012601871５
小型汽车　A1L956　2016　12　10
广西营创机电设备有限公司　年　月　日

发票号:1417626694
No17626694
25128301

交款单位　　收费许可证字号

收费项目	数量	收费标准	金额
汽车反光号牌工本费	1	100	¥100.00
机动车辆行驶证工本费	1	15	¥15.00
机动车登记证书工本费	1	10	¥10.00
临时号牌费	2	5	¥10.00

实训专用

合计金额（大写）壹佰叁拾伍元整　¥135.00

结算方式　现金

备注　发票号:1417626694　注册(年审两年)

收款单位(公章)　财会主管(章) 陆伊妮　收款人(章) 梁康宁 2016-10-10

第一联　收据

24－4

中国工商银行
转账支票存根（桂）

VI II 50117711

附加信息 ______________________

出票日期　2016 年 12 月 10 日

收款人南宁星星汽车服务有限公司
金　额　¥211 801.67
用　途　付购车款
备　注

单位主管：李德宏　　会计：李晶晶

24－5

中国工商银行 广西区分行 进 账 单（回 单）

2016 年 12 月 10 日

<table>
<tr><td rowspan="3">出票人</td><td>全　称</td><td>广西营创机电设备有限公司</td><td rowspan="3">收款人</td><td>全　称</td><td colspan="10">南宁星星汽车服务有限公司</td></tr>
<tr><td>账　号</td><td>2102109305118098818</td><td>账　号</td><td colspan="10">2102109715300005604</td></tr>
<tr><td>开户银行</td><td>工商银行西北支行</td><td>开户银行</td><td colspan="10">工行江南支行石柱岭分理处</td></tr>
<tr><td colspan="5" rowspan="2">人民币（大写）贰拾壹万壹仟捌佰零壹元陆角柒分</td><td>千</td><td>百</td><td>十</td><td>万</td><td>千</td><td>百</td><td>十</td><td>元</td><td>角</td><td>分</td></tr>
<tr><td></td><td>¥</td><td>2</td><td>1</td><td>1</td><td>8</td><td>0</td><td>1</td><td>6</td><td>7</td></tr>
<tr><td colspan="2">票据种类</td><td colspan="2">转账</td><td colspan="11" rowspan="3">中国工商银行
南宁市西北支行
2016.12.10
收款人开户银行盖章</td></tr>
<tr><td colspan="2">票据张数</td><td colspan="2">1 张</td></tr>
<tr><td colspan="4">单位主管　会计　复核　记账</td></tr>
</table>

（此联是开户银行交给持票人的回单）

25－1

费用报销单单

2016 年 12 月 10 日　　　　单位：元

部门	行政部		姓名	耿丽娜	
报销事由	购买打印纸				
报销单据 壹 张 合计金额(大写):捌佰元整				小写:¥800.00 元	
单位领导	李德宏	部门领导	张清	填报人	耿丽娜

审核会计：黄芳丽　　　　出纳：韦春红

25－2

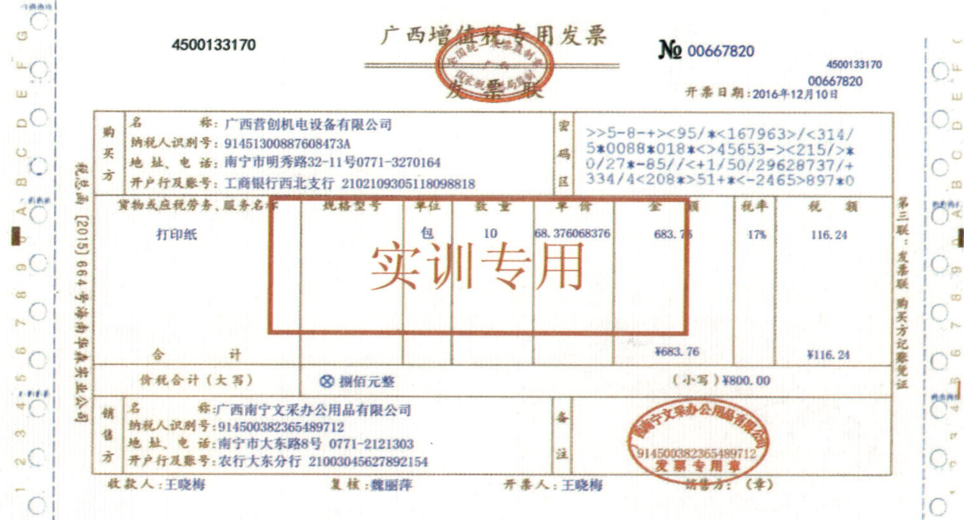

4500133170　　广西增值税专用发票　　№ 00667820

4500133170
00667820

发票联

开票日期：2016年12月10日

购买方	名称：广西营创机电设备有限公司 纳税人识别号：91451300887608473A 地址、电话：南宁市明秀路32-11号0771-3270164 开户行及账号：工商银行西北支行 2102109305118098818	密码区	>>5-8-+><95/*<167963>/<314/ 5*0088*018*<>45653-><215/>* 0/27*-85//<+1/50/29628737/+ 334/4<208*>51+*<-2465>897*0

货物或应税劳务、服务名称	规格型号	单位	数量	单价	金额	税率	税额
打印纸		包	10	68.376068376	683.76	17%	116.24
合计					¥683.76		¥116.24
价税合计（大写）	⊗捌佰元整				（小写）¥800.00		

销售方	名称：广西南宁文采办公用品有限公司 纳税人识别号：914500382365489712 地址、电话：南宁市大东路8号 0771-2121303 开户行及账号：农行大东分行 21003045627892154	备注	广西南宁文采办公用品有限公司 914500382365489712 发票专用章

收款人：王晓梅　复核：魏丽萍　开票人：王晓梅　销售方：（章）

第三联：发票联 购买方记账凭证

税总函[2015]664号海南华森实业公司

实训专用

25－3

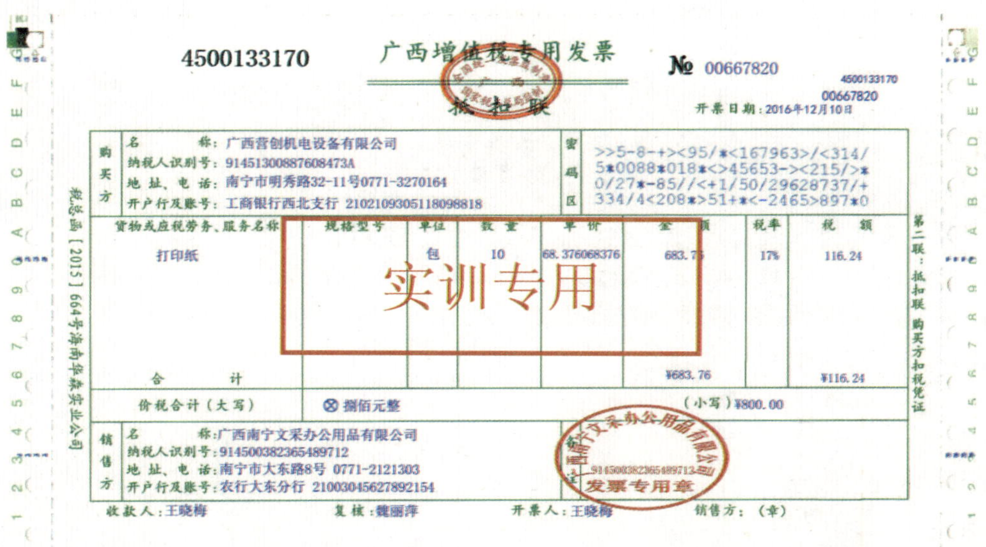

4500133170　　广西增值税专用发票　　№ 00667820

4500133170
00667820

抵扣联

开票日期：2016年12月10日

购买方	名称：广西营创机电设备有限公司 纳税人识别号：91451300887608473A 地址、电话：南宁市明秀路32-11号0771-3270164 开户行及账号：工商银行西北支行 2102109305118098818	密码区	>>5-8-+><95/*<167963>/<314/ 5*0088*018*<>45653-><215/>* 0/27*-85//<+1/50/29628737/+ 334/4<208*>51+*<-2465>897*0

货物或应税劳务、服务名称	规格型号	单位	数量	单价	金额	税率	税额
打印纸		包	10	68.376068376	683.76	17%	116.24
合计					¥683.76		¥116.24
价税合计（大写）	⊗捌佰元整				（小写）¥800.00		

销售方	名称：广西南宁文采办公用品有限公司 纳税人识别号：914500382365489712 地址、电话：南宁市大东路8号 0771-2121303 开户行及账号：农行大东分行 21003045627892154	备注	广西南宁文采办公用品有限公司 914500382365489712 发票专用章

收款人：王晓梅　复核：魏丽萍　开票人：王晓梅　销售方：（章）

第二联：抵扣联 购买方扣税凭证

税总函[2015]664号海南华森实业公司

实训专用

26－1

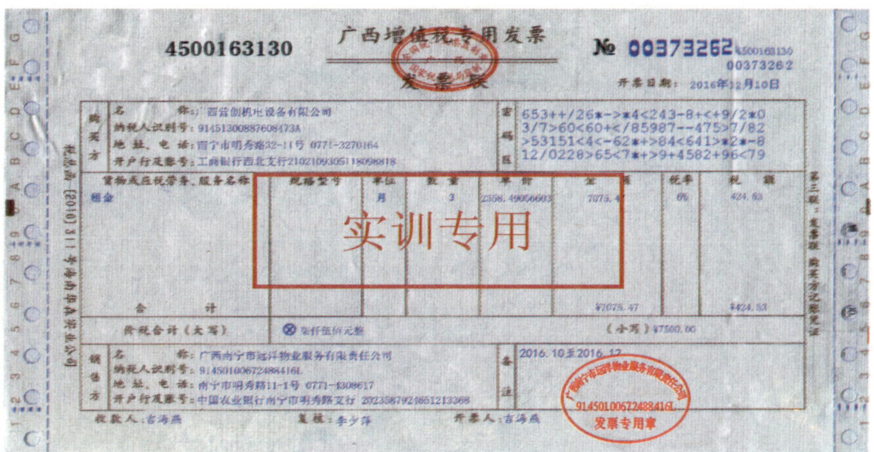

4500163130　　广西增值税专用发票　　№ 00373262　4500163130　00373262

发票联　　开票日期：2016年12月10日

购买方	名　　称：广西营创机电设备有限公司 纳税人识别号：91451300887608473A 地 址、电 话：南宁市明秀路32-11号 0771-3270164 开户行及账号：工商银行西北支行2102109305118098818	密码区	653++/26*->*4<243-8+<+9/2*0 3/7>60<60+</85987--475>7/82 >53151<4<-62*+>84<641>*2*-8 12/0228>65<7*+>9+4582+96<79

货物或应税劳务、服务名称	规格型号	单位	数量	单价	金额	税率	税额
租金		月	3	2358.49056603	7075.47	6%	424.53
合　　计					¥7075.47		¥424.53
价税合计（大写）	⊗柒仟伍佰元整				（小写）¥7500.00		

销售方	名　　称：广西南宁市远洋物业服务有限责任公司 纳税人识别号：91450100672488416L 地 址、电 话：南宁市明秀路11-1号 0771-4308617 开户行及账号：中国农业银行南宁市明秀路支行 2023587924651213368	备注	2016.10至2016.12

收款人：吉海燕　　复核：李少萍　　开票人：吉海燕

实训专用

第三联：发票联　购买方记账凭证

税总函[2010]311号海南华森实业公司

26－2

4500163130　　广西增值税专用发票　　№ 00373262　4500163130　00373262

抵扣联　　开票日期：2016年12月10

购买方	名　　称：广西营创机电设备有限公司 纳税人识别号：91451300887608473A 地 址、电 话：南宁市明秀路32-11号0771-3270164 开户行及账号：工商银行西北支行 2102109305118098818	密码区	>>5-8-+><95/*<167963>/<314/ 5*0088*018*<>45653-><215/>* 0/27*-85//<+1/50/29628737/+ 334/4<208*>51+*<-2465>897*0

货物或应税劳务、服务名称	规格型号	单位	数量	单价	金额	税率	税额
租金		月	3	2358.49056603	7075.47	6%	421.53
合　　计					¥7075.47		¥424.53
价税合计（大写）	⊗柒仟伍佰元整				（小写）¥7500.00		

销售方	名　　称：广西南宁市远洋物业服务有限责任公司 纳税人识别号：91450100672488416L 地 址、电 话：南宁市明秀路11-1号　0771-4308617 开户行及账号：中国农业银行南宁市明秀路支行2023587924651213368	备注	2016.10至2016.12

收款人：吉海燕　　复核：李少萍　　开票人：吉海燕　　销售方：（章）

实训专用

第二联：抵扣联　购买方扣税凭证

税总函[2015]664号海南华森实业公司

26－3

中国工商银行

转账支票存根（桂）

VI II 50117712

附加信息 ________________

____

出票日期　2016 年 12 月 10 日

收款人	广西南宁市远洋物业服务有限责任公司
金　额	¥7 500.00
用　途	付员工宿舍房租
备　注	

单位主管：李德宏　　会计：李晶晶

26－4

中国工商银行 广西区分行 进 账 单（回 单）

2016 年 12 月 10 日

出票人	全　　称	广西营创机电设备有限公司	收款人	全　　称	广西南宁市远洋物业服务有限责任公司
	账　　号	2102109305118098818		账　　号	2023587924651213368
	开户银行	工商银行西北支行		开户银行	农行明秀路支行

人民币（大写）柒仟伍佰元整	千	百	十	万	千	百	十	元	角	分
				¥	7	5	0	0	0	0

票据种类	转账	收款人开户银行盖章
票据张数	1 张	
单位主管　　会计　　复核　　记账		

中国工商银行 南宁市西北支行 2016.12.10

（此联是开户银行交给持票人的回单）

27－1

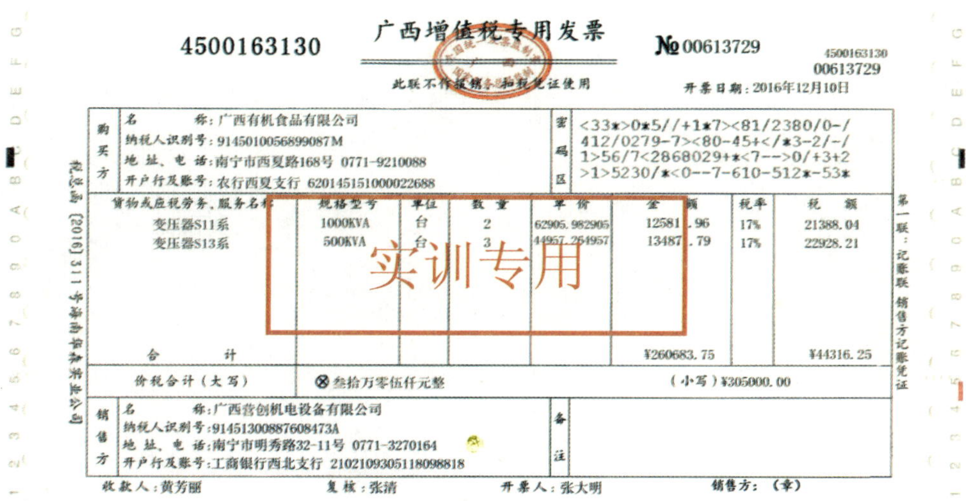

4500163130　　**广西增值税专用发票**　　№ 00613729

4500163130
00613729

此联不作报销、扣税凭证使用　　开票日期：2016年12月10日

购买方	名　　称：广西有机食品有限公司 纳税人识别号：914501005689908７M 地 址、电 话：南宁市西夏路168号 0771-9210088 开户行及账号：农行西夏支行 620145151000022688	密码区	<33*>0*5//+1*7><81/2380/0-/ 412/0279-7><80-45+</*3-2/-/ 1>56/7<2868029+*<7-->0/+3+2 >1>5230/*<0--7-610-512*-53*

货物或应税劳务、服务名称	规格型号	单位	数量	单价	金额	税率	税额
变压器S11系	1000KVA	台	2	62905.982905	12581[illegible].96	17%	21388.04
变压器S13系	500KVA	台	3	44957.264957	13487[illegible].79	17%	22928.21
合　　计					¥260683.75		¥44316.25
价税合计（大写）	⊗叁拾万零伍仟元整				（小写）¥305000.00		

销售方	名　　称：广西营创机电设备有限公司 纳税人识别号：91451300887608473A 地 址、电 话：南宁市明秀路32-11号 0771-3270164 开户行及账号：工商银行西北支行 2102109305118098818	备注	

收款人：黄芳丽　　复核：张清　　开票人：张大明　　销售方：（章）

税总函[2016]311号海南华森实业公司

第一联：记账联　销售方记账凭证

实训专用

27－2

中国工商银行 进 账 单（收账通知）

2016 年 12 月 10 日

付款人	全　　称	广西有机食品有限公司	收款人	全　　称	广西营创机电设备有限公司
	账　　号	620145151000022688		账　　号	2102109305118098818
	开户银行	农行西厦支行		开户银行	工商银行西北支行

人民币（大写）贰拾壹万叁仟伍佰元整	千	百	十	万	千	百	十	元	角	分
		¥	2	1	3	5	0	0	0	0

票据种类		收款人开户银行盖章
票据张数		
单位主管　　会计　　复核　　记账		

中国工商银行 南宁市西北支行 2016.12.10

（此联是银行给收款人的收账通知）

27－3

商品出库单

2016年12月10日

购买单位：广西有机食品有限公司

商品名称	规格型号	计量单位	数量	单位售价	备注
变压器 S11 系	1000KVA	台	2		
变压器 S13 系	500KVA	台	3		

保管员：张大明

28－1

商品入库单

2016年12月11日

商品来源:广东欧欧机械制造有限公司

商品名称	规格型号	计量单位	购买数量	入库数量	备注
变压器 S13 系	2000KVA	台	3	3	

保管员：张大明

29－1

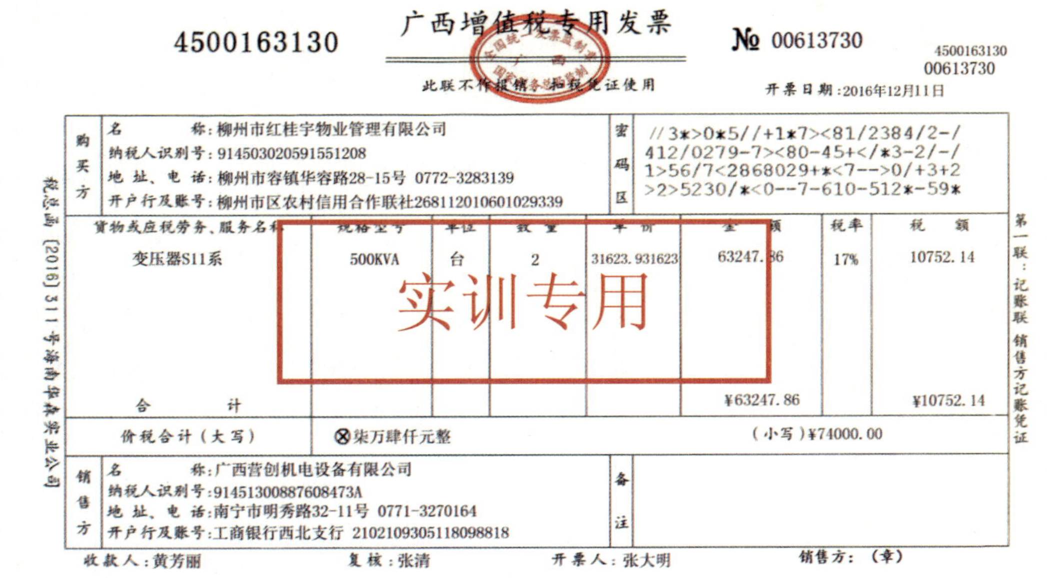

4500163130　　广西增值税专用发票　　№ 00613730

4500163130
00613730

此联不作报销、扣税凭证使用　　开票日期:2016年12月11日

购买方	名称:柳州市红桂宇物业管理有限公司 纳税人识别号:914503020591551208 地址、电话:柳州市容镇华容路28-15号 0772-3283139 开户行及账号:柳州市区农村信用合作联社2681120106010293339				密码区	//3*>0*5//+1*7><81/2384/2-/ 412/0279-7><80-45+</*3-2/-/ 1>56/7<2868029+*<7-->0/+3+2 >2>5230/*<0--7-610-512*-59*		
货物或应税劳务、服务名称	规格型号	单位	数量	单价	金额	税率	税额	
变压器S11系	500KVA	台	2	31623.931623	63247.86	17%	10752.14	
合计					¥63247.86		¥10752.14	
价税合计（大写）	⊗柒万肆仟元整				（小写）¥74000.00			
销售方	名称:广西营创机电设备有限公司 纳税人识别号:91451300887608473A 地址、电话:南宁市明秀路32-11号 0771-3270164 开户行及账号:工商银行西北支行 2102109305118098818				备注			

收款人:黄芳丽　　复核:张清　　开票人:张大明　　销售方:（章）

税总函[2016]311号海南华森实业公司

第一联：记账联 销售方记账凭证

29－2

商品出库单

2016 年 12 月 11 日

购买单位：柳州市红桂宇物业管理有限公司

商品名称	规格型号	计量单位	数量	单位售价	备注
变压器 S11 系	500KVA	台	2		

保管员：张大明

29－3

中国工商银行 进 账 单（收账通知）

2016 年 12 月 11 日

<table>
<tr><td rowspan="3">付款人</td><td>全　称</td><td>柳州市红桂宇物业管理有限公司</td><td rowspan="3">收款人</td><td>全　称</td><td colspan="10">广西营创机电设备有限公司</td></tr>
<tr><td>账　号</td><td>2681120106010293339</td><td>账　号</td><td colspan="10">2102109305118098818</td></tr>
<tr><td>开户银行</td><td>柳州市农村信用合作社</td><td>开户银行</td><td colspan="10">工商银行西北支行</td></tr>
<tr><td colspan="5" rowspan="2">人民币（大写）贰万零贰佰伍拾元整</td><td>千</td><td>百</td><td>十</td><td>万</td><td>千</td><td>百</td><td>十</td><td>元</td><td>角</td><td>分</td></tr>
<tr><td></td><td></td><td>¥</td><td>2</td><td>0</td><td>2</td><td>5</td><td>0</td><td>0</td><td>0</td></tr>
<tr><td colspan="2">票据种类</td><td colspan="2"></td><td colspan="11" rowspan="3">收款人开户银行盖章</td></tr>
<tr><td colspan="2">票据张数</td><td colspan="2"></td></tr>
<tr><td colspan="4">单位主管　　会计　　复核　　记账</td></tr>
</table>

中国工商银行
南宁市西北支行
2016.12.06

（此联是银行给收款人的收账通知）

30－1

中国工商银行 电汇凭证（回 单）

委托日期：2016 年 12 月 11 日

<table>
<tr><td rowspan="3">汇款人</td><td>全 称</td><td colspan="3">广西营创机电设备有限公司</td><td rowspan="3">收款人</td><td>全 称</td><td colspan="10">佛山市四方机电设备有限公司</td></tr>
<tr><td>账 号</td><td colspan="3">2102109305118098818</td><td>账 号</td><td colspan="10">172612001141667791</td></tr>
<tr><td>汇出地点</td><td>南宁</td><td>汇出行名称</td><td>西北支行</td><td>汇入地点</td><td>佛山</td><td colspan="4">汇入行名称</td><td colspan="5">南海区农村信用合作联社营业部</td></tr>
<tr><td rowspan="2">汇入金额</td><td colspan="6" rowspan="2">人民币（大写）贰拾壹万元整</td><td>千</td><td>百</td><td>十</td><td>万</td><td>千</td><td>百</td><td>十</td><td>元</td><td>角</td><td>分</td></tr>
<tr><td></td><td>¥</td><td>2</td><td>1</td><td>0</td><td>0</td><td>0</td><td>0</td><td>0</td><td>0</td></tr>
<tr><td colspan="7">汇款用途：购买机电设备</td><td colspan="10" rowspan="2">汇出银行盖章</td></tr>
<tr><td colspan="7">单位主管　　会计　　复核　　记账</td></tr>
</table>

中国工商银行
南宁市西北支行
2016.12.11

（此联汇出行给汇款人的回单）

30－2

中国工商银行 收费凭证

2016 年 12 月 11 日

单位名称	广西营创机电设备有限公司	账号	2102109305118098818	
项目名称	工本费/汇款手续费/手续费	数量	单价	金额／元
收费	电汇手续费			50.00
合计人民币（小写）：50.00				
合计人民币（大写）：伍拾元整				

中国工商银行 南宁市西北支行 2016.12.11

填票人： 单位名称(盖章有效)

31－1

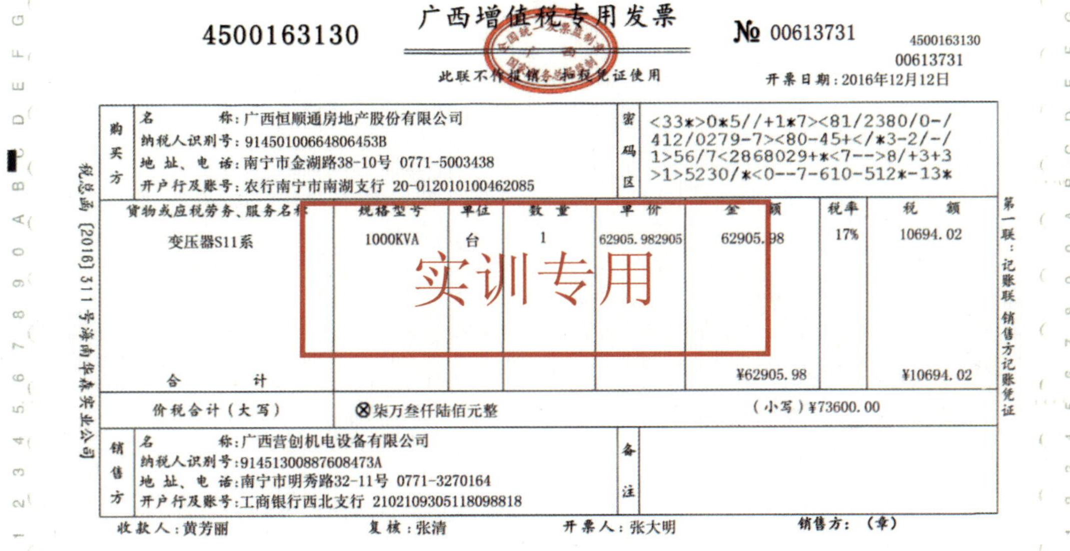

4500163130 广西增值税专用发票 № 00613731

4500163130
00613731

此联不作报销、扣税凭证使用 开票日期：2016年12月12日

购买方：
名称：广西恒顺通房地产股份有限公司
纳税人识别号：91450100664806453B
地址、电话：南宁市金湖路38-10号 0771-5003438
开户行及账号：农行南宁市南湖支行 20-012010100462085

密码区：
<33*>0*5//+1*7><81/2380/0-/
412/0279-7><80-45+</*3-2/-/
1>56/7<2868029+*<7-->8/+3+3
>1>5230/*<0--7-610-512*-13*

货物或应税劳务、服务名称	规格型号	单位	数量	单价	金额	税率	税额
变压器S11系	1000KVA	台	1	62905.982905	62905.98	17%	10694.02
合计					¥62905.98		¥10694.02

价税合计（大写） ⊗柒万叁仟陆佰元整 （小写）¥73600.00

实训专用

销售方：
名称：广西营创机电设备有限公司
纳税人识别号：91451300887608473A
地址、电话：南宁市明秀路32-11号 0771-3270164
开户行及账号：工商银行西北支行 2102109305118098818

备注：

收款人：黄芳丽 复核：张清 开票人：张大明 销售方：（章）

第一联：记账联 销售方记账凭证

税总函〔2016〕311号海南华森实业公司

31－2

商品出库单

2016 年 12 月 12 日

购买单位:广西恒顺通房地产股份有限公司

商品名称	规格型号	计量单位	数量	单位售价	备注
变压器 S11 系	1000KVA	台	1		

保管员：张大明

32－1

中国工商银行　进　账　单（收账通知）

2016 年 12 月 12 日

付款人	全　称	广西恒顺通房地产股份有限公司	收款人	全　称	广西营创机电设备有限公司
	账　号	20-012010100462085		账　号	2102109305118098818
	开户银行	农行南宁市南湖支行		开户银行	工商银行西北支行

人民币（大写）壹拾陆万贰仟伍佰元整	千	百	十	万	千	百	十	元	角	分
		¥	1	6	2	5	0	0	0	0

票据种类		收款人开户银行盖章
票据张数		
单位主管　　会计　　复核　　记账		

中国工商银行
南宁市西北支行
2016.12.12

（此联是银行给收款人的收账通知）

33－1

中国工商银行股份有限公司电子缴税付款凭证

转账日期：2016 年 12 月 12 日　　　　凭证字号：2016120825

纳税人全称及纳税人识别号：广西营创机电设备有限公司 91451300887608473A
付款人全称：广西营创机电设备有限公司
付款人账号：2102109305118098818　　　　征收机关名称：南宁市西乡塘区地方税务局
付款人开户银行：工商银行西北支行　　　　收款国库（银行）名称：国家金库南宁市西乡塘支库
金额合计（小写）：¥660.00　　　　缴款书交易流水号：6770018935
金额合计（大写）：陆佰陆拾元整　　　　税票号码：ZWBNN0000000700981

税（费）种名称	日期（起）—日期（止）	实缴金额（单位：元）
印花税	20161101　20161130	660.00

中国工商银行
南宁市西北支行
2016.12.12

第一次打印　　　　打印时间：2016 年 12 月 13 日

33－2

中国工商银行股份有限公司电子缴税付款凭证

转账日期：2016 年 12 月 12 日　　　　凭证字号：2016120825

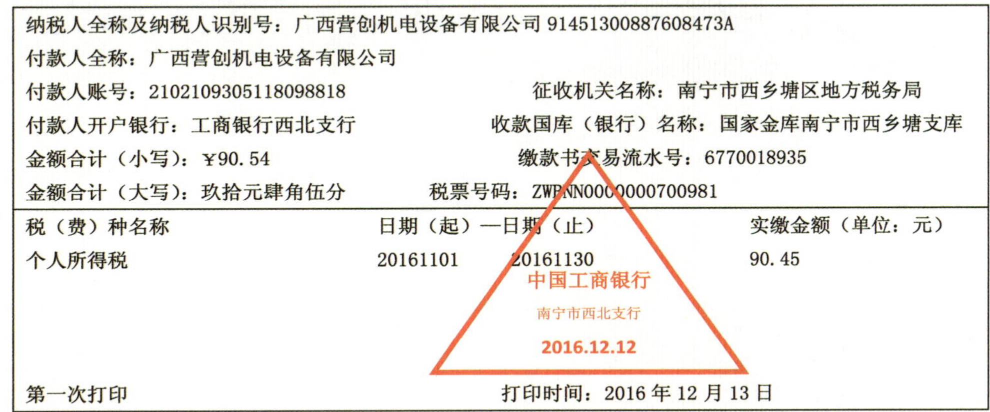

纳税人全称及纳税人识别号：广西营创机电设备有限公司 91451300887608473A
付款人全称：广西营创机电设备有限公司
付款人账号：2102109305118098818　　　　征收机关名称：南宁市西乡塘区地方税务局
付款人开户银行：工商银行西北支行　　　　收款国库（银行）名称：国家金库南宁市西乡塘支库
金额合计（小写）：¥90.54　　　　缴款书交易流水号：6770018935
金额合计（大写）：玖拾元肆角伍分　　　　税票号码：ZWBNN0000000700981

税（费）种名称	日期（起）—日期（止）	实缴金额（单位：元）
个人所得税	20161101　20161130	90.45

中国工商银行
南宁市西北支行
2016.12.12

第一次打印　　　　打印时间：2016 年 12 月 13 日

34 －1

商品入库单

2016 年 12 月 13 日

商品来源：东莞市明壮机电制造有限公司

商品名称	规格型号	计量单位	购买数量	入库数量	备注
变压器 S13 系	500KVA	台	5	5	

保管员：张大明

35 －1

中国工商银行 进 账 单（收账通知）

2016 年 12 月 15 日

付款人			收款人		
付款人	全　称	广西富贵糖业有限公司	收款人	全　称	广西营创机电设备有限公司
	账　号	2102001108300226644		账　号	2102109305118098818
	开户银行	工行南宁秋玉路支行		开户银行	工商银行西北支行

人民币（大写）	千	百	十	万	千	百	十	元	角	分
贰拾贰万陆仟捌佰元整		¥	2	2	6	8	0	0	0	0

票据种类		收款人开户银行盖章
票据张数		
单位主管　会计　复核　记账		

（印章：中国工商银行 南宁市西北支行 2016.12.15）

（此联是银行给收款人的收账通知）

36 －1

中国工商银行
现金支票存根（桂）

VI II 69800002

附加信息 ____________________

____

出票日期　2016 年 12 月 15 日

收款人	广西营创机电设备有限公司
金　额	¥46 000.00
用　途	房子契税
备　注	

单位主管：李德宏　　会计：李晶晶

37－1

中华人民共和国
税收完税证明

地

(141)桂地证 01857335

填发日期：2016年12月15日　　税务机关：

纳税人识别号	91451300887608473A		纳税人名称	广西营创机电设备有限公司	
原凭证号	税种	品目名称	税款所属时期	入(退)库日期	实缴(退)金额
3200220835453202	契税	商品房买卖	2016-12-01至 2016-12-31	2016-12-15	42857.14
金额合计	（大写）肆万贰仟捌佰伍拾柒元壹角肆分				¥42857.14
税务机关（盖章）	填票人		备注		

实训专用

南宁市西乡塘区地方税务局 征税专用章

第一联（收据）交纳税人作完税证明

妥善保管、手写无效

38－1

广西增值税专用发票

4500163130　　№ 00613732　　4500163130 00613732

此联不作报销、扣税凭证使用　　开票日期：2016年12月15日

购买方	名　　称：广西渤戴房地产开发有限公司 纳税人识别号：914501025958783669 地 址、电 话：南宁市民族大道21-12号 0771-4486035 开户行及账号：南宁市区农村信用合作联社营业部 172612010141676791				密码区	<33*>0*5//+1*7><81/2380/5-/ 412/0279-7><80-45+</*3-2/-/ 1>56/7<2868029+*<7-->0/+3+5 >1>5230/*<0--7-610-512*-56*	
货物或应税劳务、服务名称	规格型号	单位	数量	单价	金额	税率	税额
变压器S13系	500KVA	台	1	44957.264957	44957.26	17%	7642.74
合　　计					¥44957.26		¥7642.74
价税合计（大写）	⊗伍万贰仟陆佰元整				（小写）¥52600.00		
销售方	名　　称：广西营创机电设备有限公司 纳税人识别号：91451300887608473A 地 址、电 话：南宁市明秀路32-11号 0771-3270164 开户行及账号：工商银行西北支行 2102109305118098818				备注		

实训专用

收款人：黄芳丽　　复核：张清　　开票人：张大明　　销售方：（章）

税总函〔2016〕311号海南华森实业公司

第一联：记账联　销售方记账凭证

38－2

商品出库单

2016年12月15日

购买单位：广西渤戴房地产开发有限公司

商品名称	规格型号	计量单位	数量	单位售价	备注
变压器 S13 系	500KVA	台	1		

保管员：张大明

39－1

费用报销单单

2016 年 12 月 15 日　　单位：元

部门	行政部			姓名	耿丽娜
报销事由	支付办公室物业水电费				
报销单据 壹 张 合计金额(大写):叁佰零叁角整				小写:¥300.30 元	
单位领导	李德宏	部门领导	张清	填报人	耿丽娜

审核会计：黄芳丽　　出纳：韦春红

39－2

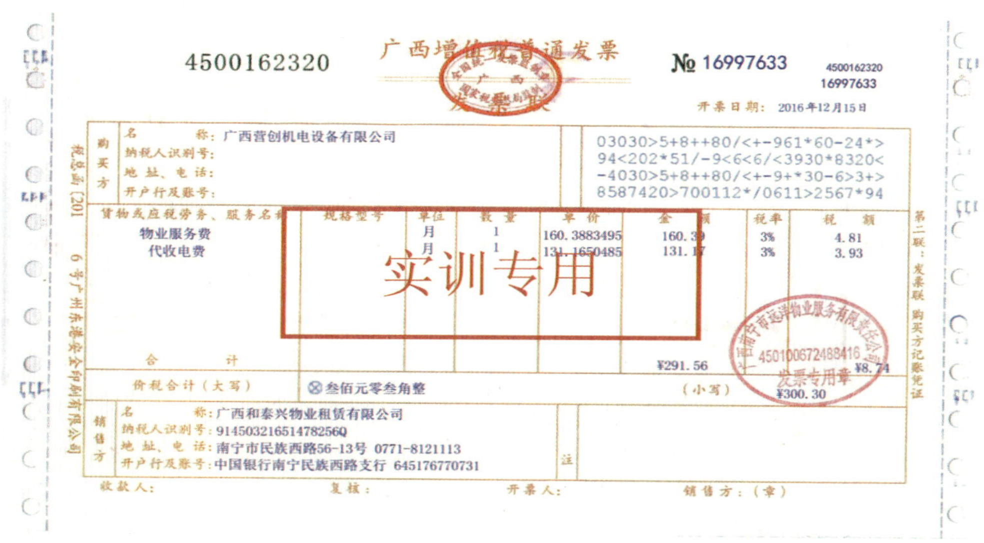

4500162320　　广西增值税普通发票　　№ 16997633　　4500162320 16997633

发票联

开票日期：2016年12月15日

购买方	名　　称：广西营创机电设备有限公司 纳税人识别号： 地 址、电 话： 开户行及账号：					密码区	03030>5+8++80/<+-961*60-24*> 94<202*51/-9<6<6/<3930*8320< -4030>5+8++80/<+-9+*30-6>3+> 8587420>700112*/0611>2567*94
货物或应税劳务、服务名称	规格型号	单位	数量	单价	金额	税率	税额
物业服务费		月	1	160.3883495	160.39	3%	4.81
代收电费		月	1	131.1650485	131.17	3%	3.93
合　计					¥291.56		¥8.74
价税合计（大写）	⊗叁佰元零叁角整					（小写）	¥300.30
销售方	名　　称：广西和泰兴物业租赁有限公司 纳税人识别号：91450321651478256Q 地 址、电 话：南宁市民族西路56-13号 0771-8121113 开户行及账号：中国银行南宁民族西路支行 645176770731					注	

收款人：　　复核：　　开票人：　　销售方：（章）

第二联：发票联 购买方记账凭证

税总函〔201 6〕号广州东港安全印刷有限公司

实训专用

南宁市远洋物业服务有限责任公司 450100672488416 发票专用章

40－1

中国工商银行股份有限公司电子缴税付款凭证

转账日期：2016 年 12 月 15 日　　凭证字号：2016120839

纳税人全称及纳税人识别号：广西营创机电设备有限公司 91451300887608473A

付款人全称：广西营创机电设备有限公司

付款人账号：2102109305118098818　　征收机关名称：南宁市社会保险事业局养老基金收入户

付款人开户银行：工商银行西北支行　　收款国库（银行）名称：工行南宁分行东葛支行

金额合计（小写）：¥25112.00　　缴款书交易流水号：101917626287

金额合计（大写）：贰万伍仟壹佰壹拾贰元整　　税票号码：ZWBNN0000000200905

税（费）种名称	日期（起）	日期（止）	缴费人数	单位应缴	个人应缴金额
基本养老保险	20161201	20161231	15	11680.00	4672.00
基本医疗保险	20161201	20161231	15	4672.00	1168.00
失业保险	20161201	20161231	15	1168.00	584.00
工伤保险	20161201	20161231	15	584.00	0.00
生育保险	20161201	20161231	15	584.00	0.00
合计				18688.00	6424.00

第一次打印　　打印时间：2016 年 12 月 20 日

中国工商银行 南宁市西北支行 2016.12.15

40－2

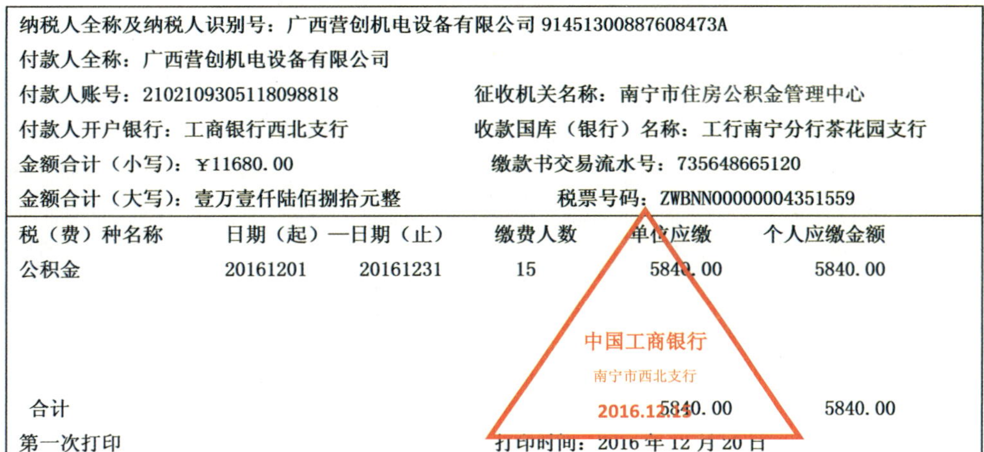

中国工商银行股份有限公司电子缴税付款凭证

转账日期：2016 年 12 月 15 日　　　　凭证字号：2016120839

纳税人全称及纳税人识别号：广西营创机电设备有限公司 91451300887608473A

付款人全称：广西营创机电设备有限公司

付款人账号：2102109305118098818　　　　征收机关名称：南宁市住房公积金管理中心

付款人开户银行：工商银行西北支行　　　　收款国库（银行）名称：工行南宁分行茶花园支行

金额合计（小写）：￥11680.00　　　　缴款书交易流水号：735648665120

金额合计（大写）：壹万壹仟陆佰捌拾元整　　　　税票号码：ZWBNN00000004351559

税（费）种名称	日期（起）—日期（止）		缴费人数	单位应缴	个人应缴金额
公积金	20161201	20161231	15	5840.00	5840.00
合计				5840.00	5840.00

第一次打印　　　　打印时间：2016 年 12 月 20 日

中国工商银行
南宁市西北支行
2016.12.15

41－1

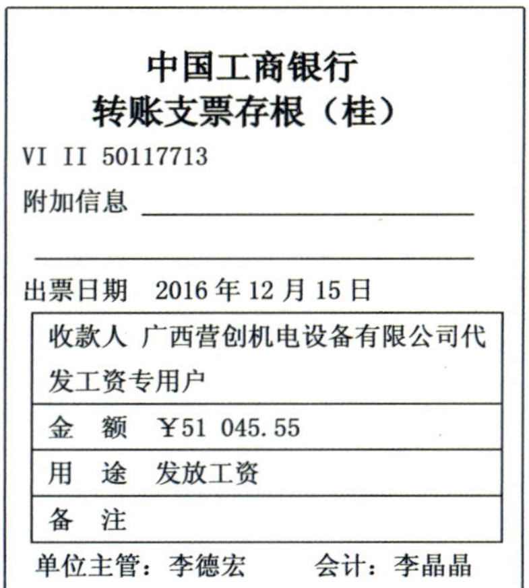

中国工商银行
转账支票存根（桂）

VI II 50117713

附加信息 ____________

出票日期　2016 年 12 月 15 日

收款人	广西营创机电设备有限公司代发工资专用户
金　额	￥51 045.55
用　途	发放工资
备　注	

单位主管：李德宏　　会计：李晶晶

41－2

中国工商银行 广西区分行 进 账 单（回 单）

2016 年 12 月 15 日

出票人	全　称	广西营创机电设备有限公司	收款人	全　称	广西营创机电设备有限公司代发工资专用户
	账　号	2102109305118098818		账　号	2102109305118098876
	开户银行	工商银行西北支行		开户银行	中国农业银行南宁南沙大道支行

人民币（大写）	千	百	十	万	千	百	十	元	角	分
伍万壹仟零肆拾伍元伍角伍分			￥	5	1	0	4	5	5	5

票据种类	转账	收款人开户银行盖章
票据张数	1 张	
单位主管　会计　复核　记账		

中国工商银行
南宁市西北支行
2016.12.15

（此联是开户银行交给持票人的回单）

41－3

2016 年 11 月工资表

单位：

编号	部门	姓名	基本工资	岗位工资	绩效考核	请假扣款	其他扣款	应发工资	应扣款项						实发工资	签字
									养老保险	医疗保险	失业保险	公积金	个税	扣款合计		
1	行政办公室	李德宏	4,000.00	1,500.00				5 500.00	440.00	110.00	55.00	550.00	25.35	1 180.35	4 319.65	
2		杨丰鸣	4,000.00	1,500.00				5 500.00	440.00	110.00	55.00	550.00	25.35	1 180.35	4 319.65	
3		张清	3 500.00	500.00	500.00			4 500.00	320.00	80.00	40.00	400.00	4.80	844.80	3 655.20	
4		耿丽娜	2 500.00	500.00	300.00			3 300.00	240.00	60.00	30.00	300.00		630.00	2 670.00	
5		周林勇	2 500.00	500.00	300.00			3 300.00	240.00	60.00	30.00	300.00		630.00	2 670.00	
6	销售部	陈锦	4 000.00	1 500.00				5 500.00	440.00	110.00	55.00	550.00	25.35	1 180.35	4 319.65	
7		林旺民	3 000.00	500.00	500.00			4 000.00	280.00	70.00	35.00	350.00		735.00	3 265.00	
8		李军东	3 000.00	500.00	500.00			4 000.00	280.00	70.00	35.00	350.00		735.00	3 265.00	
9		雷华明	3 000.00	500.00	500.00			4 000.00	280.00	70.00	35.00	350.00		735.00	3 265.00	
10	技术部	王建利	3 500.00	500.00	500.00			4 500.00	320.00	80.00	40.00	400.00	4.80	844.80	3 655.20	
11		杨林	3 000.00	500.00	500.00			4 000.00	280.00	70.00	35.00	350.00		735.00	3 265.00	
12	财务部	黄芳丽	3 500.00	500.00	500.00			4 500.00	320.00	80.00	40.00	400.00	4.80	844.80	3 655.20	
13		李晶晶	2 800.00	500.00	300.00			3 600.00	264.00	66.00	33.00	330.00		693.00	2 907.00	
14		韦春红	2 800.00	500.00	300.00			3 600.00	264.00	66.00	33.00	330.00		693.00	2 907.00	
15		张大明	2 800.00	500.00	300.00			3 600.00	264.00	66.00	33.00	330.00		693.00	2 907.00	
合计			47 900.00	10 500.00	5 000.00	0.00	0.00	63 400.00	4 672.00	1 168.00	584.00	5 840.00	90.45	12 354.45	51 045.55	

单位领导：李德宏　　会计：　　复核：　　出纳：

42－1

费用报销单单

2016 年 12 月 16 日　　　　单位：元

部门	销售部	姓名	周林勇
报销事由	卡车油费		
报销单据 壹 张 合计金额(大写)：贰佰元整		小写：¥200.00 元	

单位领导	李德宏	部门领导	陈锦	填报人	周林勇

审核会计：黄芳丽　　　　出纳：韦春红

42－2

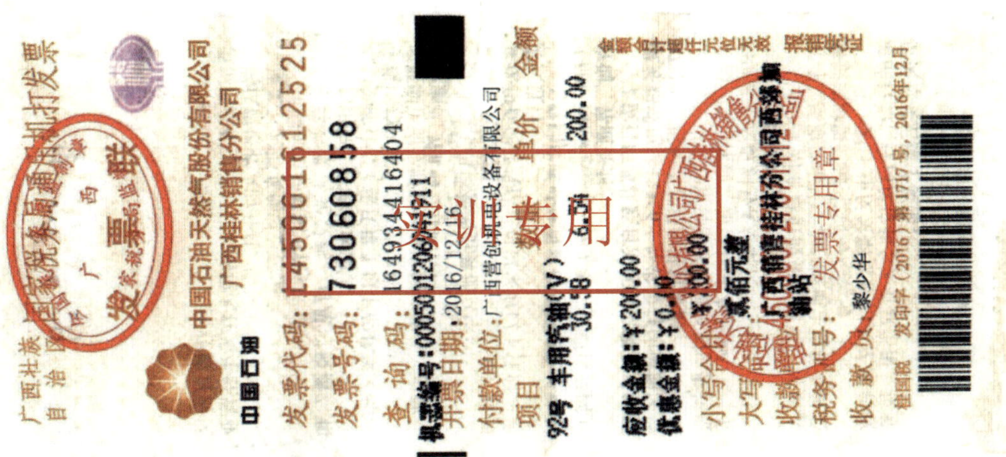

广西壮族自治区国家税务局通用机打发票

发票联

中国石油天然气股份有限公司广西桂林销售分公司

发票代码：145001612525

发票号码：73060858

查询码：164934416404

开票日期：2016/12/16

付款单位：广西营创机电设备有限公司

项目	单价	数量	金额
92号车用汽油(V)	6.54	30.58	200.00

应收金额：¥200.00

优惠金额：¥0.00

小写：¥200.00

大写：贰佰元整

收款员：黎少华

桂国税 发印字(2016)第1717号，2016年12月

43－1

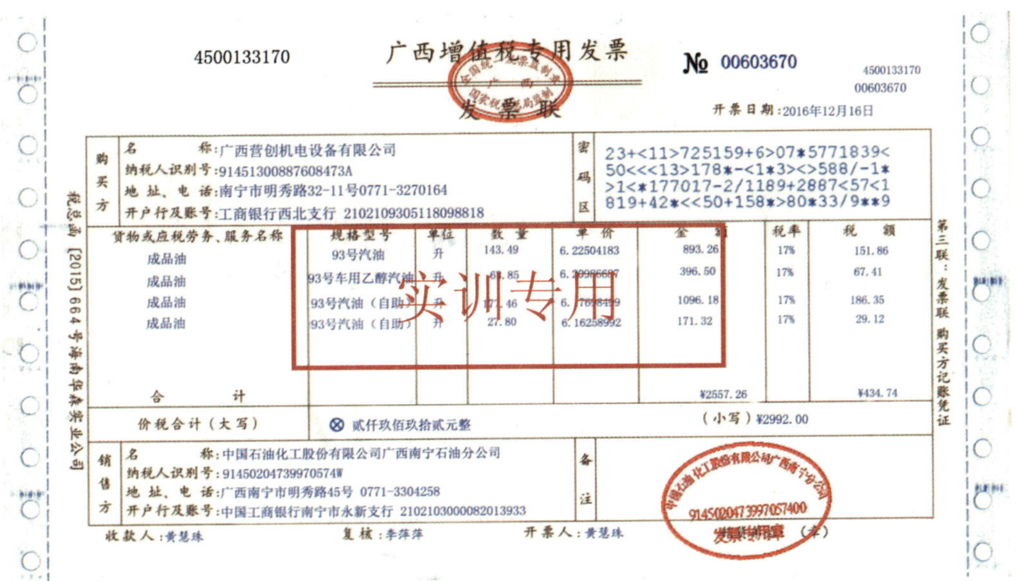

4500133170　　广西增值税专用发票　　№ 00603670

发票联　　　　开票日期：2016年12月16日

购买方	名称：广西营创机电设备有限公司 纳税人识别号：91451300887608473A 地址、电话：南宁市明秀路32-11号0771-3270164 开户行及账号：工商银行西北支行 2102109305118098818	密码区	23+<11>725159+6>07*5771839< 50<<<13>178*-<1*3><>588/-1* >1<*177017-2/1189+2887<57<1 819+42*<<50+158*>80*33/9**9

货物或应税劳务、服务名称	规格型号	单位	数量	单价	金额	税率	税额
成品油	93号汽油	升	143.49	6.22504183	893.26	17%	151.86
成品油	93号车用乙醇汽油	升	63.85	6.20986687	396.50	17%	67.41
成品油	93号汽油（自助）	升	171.46	6.39659	1096.18	17%	186.35
成品油	93号汽油（自助）	升	27.80	6.16258992	171.32	17%	29.12
合计					¥2557.26		¥434.74
价税合计（大写）	⊗ 贰仟玖佰玖拾贰元整				（小写）¥2992.00		

销售方	名称：中国石油化工股份有限公司广西南宁石油分公司 纳税人识别号：91450204739970574W 地址、电话：广西南宁市明秀路45号 0771-3304258 开户行及账号：中国工商银行南宁市永新支行 2102103000082013933	备注	中国石油化工股份有限公司广西南宁分公司 91450204739970574W 发票专用章

收款人：黄慧珠　　复核：李萍萍　　开票人：黄慧珠　　销售方：（章）

第三联：发票联 购买方记账凭证

43 - 2

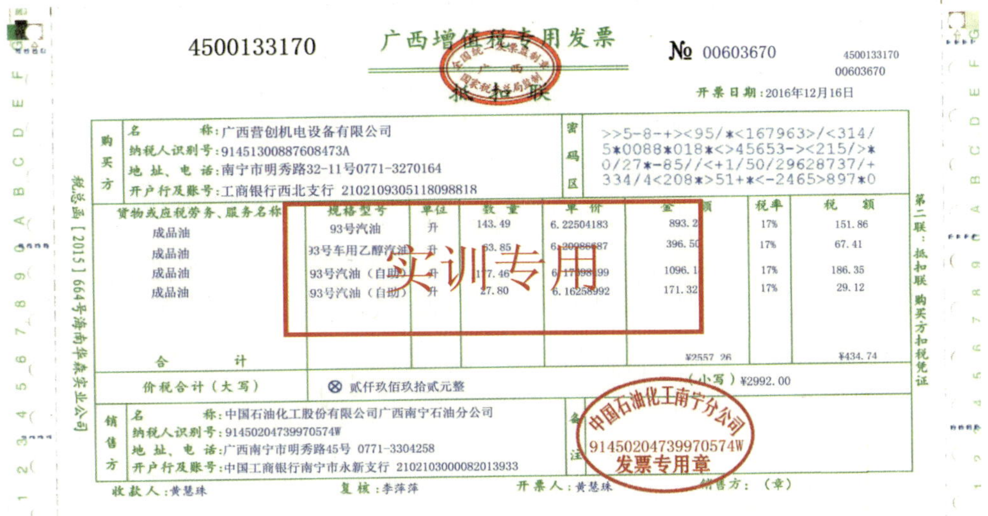

4500133170　　**广西增值税专用发票**　　№ 00603670　　4500133170 00603670

抵扣联

开票日期：2016年12月16日

购买方	名称：广西营创机电设备有限公司 纳税人识别号：91451300887608473A 地址、电话：南宁市明秀路32-11号0771-3270164 开户行及账号：工商银行西北支行 2102109305118098818	密码区	>>5-8-+><95/*<167963>/<314/ 5*0088*018*<>45653-><215/>* 0/27*-85//<+1/50/29628737/+ 334/4<208*>51+*<-2465>897*0

货物或应税劳务、服务名称	规格型号	单位	数量	单价	金额	税率	税额
成品油	93号汽油	升	143.49	6.22504183	893.2	17%	151.86
成品油	93号车用乙醇汽油	升	63.85	6.20986687	396.50	17%	67.41
成品油	93号汽油（自助）	升	177.46	6.17998?99	1096.1	17%	186.35
成品油	93号汽油（自助）	升	27.80	6.16258992	171.32	17%	29.12
合计					¥2557.26		¥434.74
价税合计（大写）	⊗贰仟玖佰玖拾贰元整				（小写）¥2992.00		

销售方	名称：中国石油化工股份有限公司广西南宁石油分公司 纳税人识别号：91450204739970574W 地址、电话：广西南宁市明秀路45号 0771-3304258 开户行及账号：中国工商银行南宁市永新支行 2102103000082013933	备注	中国石油化工南宁分公司 91450204739970574W 发票专用章

收款人：黄慧珠　　复核：李萍萍　　开票人：黄慧珠　　销售方：（章）

第二联：抵扣联　购买方扣税凭证

税总函［2015］664号海南华森实业公司

实训专用

43 - 3

中国工商银行
转账支票存根（桂）

VI II 50117714

附加信息 ________________

出票日期　2016 年 12 月 16 日

收款人	中国石油化工股份有限公司南宁石油分公司
金　额	￥2 992.00
用　途	付油费
备　注	

单位主管：李德宏　　会计：李晶晶

43 - 4

中国工商银行 广西区分行 进 账 单（回 单）

2016 年 12 月 16 日

出票人	全　称	广西营创机电设备有限公司	收款人	全　称	中国石油化工股份有限公司南宁石油分公司
	账　号	2102109305118098818		账　号	2102103000082013933
	开户银行	工商银行西北支行		开户银行	工行南宁市永新支行

人民币（大写）贰仟玖佰玖拾贰元整	千	百	十	万	千	百	十	元	角	分
				¥	2	9	9	2	0	0

票据种类	转账	收款人开户银行盖章
票据张数	1张	
单位主管　会计　复核　记账		

中国工商银行 南宁市西北支行 2016.12.16

（此联是开户银行交给持票人的回单）

44－1

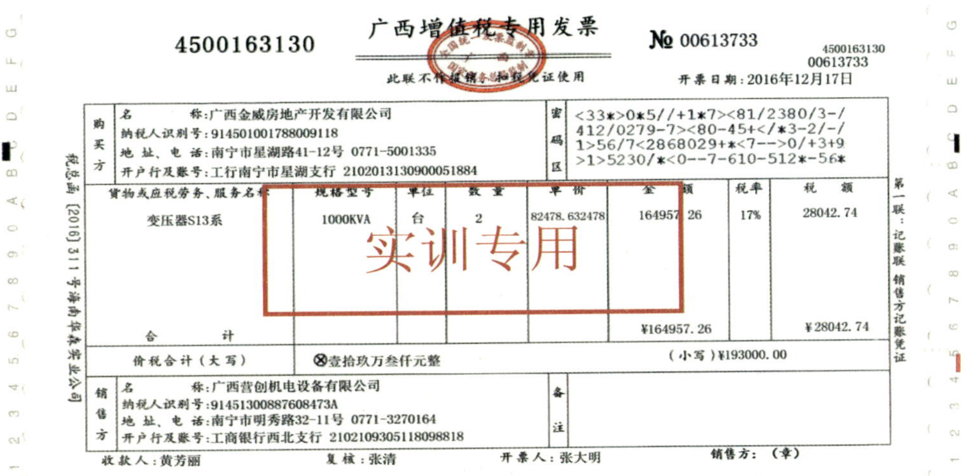

广西增值税专用发票

4500163130　　№ 00613733　　4500163130 00613733

此联不作报销、扣税凭证使用　　开票日期：2016年12月17日

购买方	名　　称：广西金威房地产开发有限公司 纳税人识别号：914501001788009118 地 址、电 话：南宁市星湖路41-12号 0771-5001335 开户行及账号：工行南宁市星湖支行 2102013130900051884	密码区	<33*>0*5//+1*7><81/2380/3-/ 412/0279-7><80-45+</*3-2/-/ 1>56/7<2868029+*<7-–>0/+3+9 >1>5230/*<0--7-610-512*-56*

货物或应税劳务、服务名称	规格型号	单位	数量	单价	金额	税率	税额
变压器S13系	1000KVA	台	2	82478.632478	164957.26	17%	28042.74
合　　计					¥164957.26		¥28042.74
价税合计（大写）	⊗壹拾玖万叁仟元整				（小写）¥193000.00		

销售方	名　　称：广西营创机电设备有限公司 纳税人识别号：91451300887608473A 地 址、电 话：南宁市明秀路32-11号 0771-3270164 开户行及账号：工商银行西北支行 2102109305118098818	备注	

收款人：黄芳丽　　复核：张清　　开票人：张大明　　销售方：（章）

税总函［2016］311号海南华森实业公司

第一联：记账联　销售方记账凭证

实训专用

44－2

商品出库单

2016 年 12 月 17 日

购买单位：广西金威房地产开发有限公司

商品名称	规格型号	计量单位	数量	单位售价	备注
变压器 S13 系	1000KVA	台	2		

保管员：张大明

45－1

中华人民共和国
税收完税证明

地

（141）桂地证 17897569

填发日期：2016年12月18日　　税务机关：

纳税人识别号	91451300887608473A		纳税人名称	广西营创机电设备有限公司	
原凭证号	税种	品目名称	税款所属时期	入(退)库日期	实缴(退)金额
3200220835453203	残疾人就业保障金	残疾人就业保障金	2015-01-01至2015-12-31	2016-12-18	9320.00
金额合计	（大写）玖仟叁佰贰拾元整				¥9320.00
税务机关（盖章）	填票人		备注		

实训专用

第一联（收据）交纳税人作完税证明

妥善保管、手写无效

46 －1

中国工商银行 进 账 单（收账通知）

2016 年 12 月 20 日

付款人	全　称	广西渤戴房地产开发有限公司	收款人	全　称	广西营创机电设备有限公司
	账　号	172612010141676791		账　号	2102109305118098818
	开户银行	南宁市农村信用合作社		开户银行	工商银行西北支行

人民币（大写）柒万贰仟陆佰元整	千	百	十	万	千	百	十	元	角	分
			¥	7	2	6	0	0	0	0

票据种类		收款人开户银行盖章
票据张数		
单位主管　　会计　　复核　　记账		

中国工商银行
南宁市西北支行
2016.12.20

（此联是银行给收款人的收账通知）

47 －1

费用报销单单

2016 年 12 月 20 日　　　　单位：元

部门	行政办公室		姓名	耿丽娜	
报销事由	寄文件的邮费				
报销单据 贰 张 合计金额(大写):肆拾元整			小写:¥40.00 元		
单位领导	李德宏	部门领导	张清	填报人	耿丽娜

审核会计：黄芳丽　　　　出纳：韦春红

47 －2

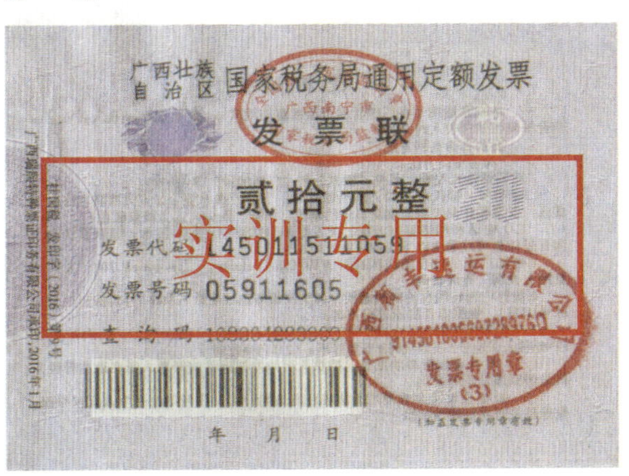

广西壮族自治区 国家税务局通用定额发票

发票联

贰拾元整　20

实训专用

发票代码 145011511059

发票号码 05911605

查询码

年　月　日

47 －3

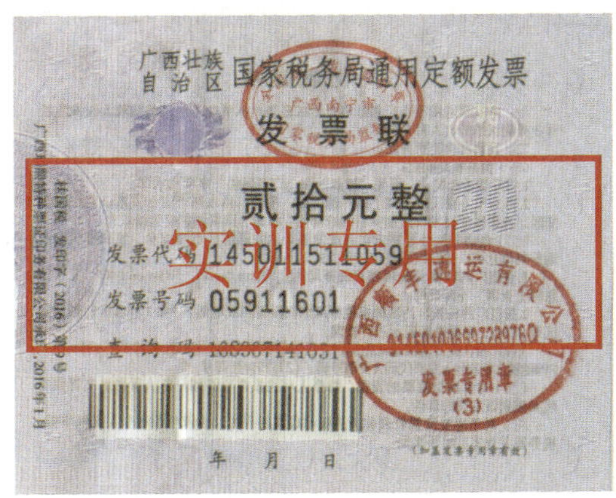

广西壮族自治区 国家税务局通用定额发票

发票联

贰拾元整　20

实训专用

发票代码 145011511059

发票号码 05911601

查询码

年　月　日

48－1

中国工商银行　电汇凭证（回　单）

委托日期：　2016 年 12 月 20 日

<table>
<tr><td rowspan="3">汇款人</td><td>全　称</td><td colspan="3">广西营创机电设备有限公司</td><td rowspan="3">收款人</td><td>全　称</td><td colspan="10">广州洪穗机械设备有限公司</td></tr>
<tr><td>账　号</td><td colspan="3">2102109305118098818</td><td>账　号</td><td colspan="10">43674236646663340267</td></tr>
<tr><td>汇　出
地　点</td><td>南宁</td><td>汇出行
名　称</td><td>西北支行</td><td>汇　入
地　点</td><td colspan="2">广州</td><td colspan="4">汇入行名称</td><td colspan="4">建行五一支行</td></tr>
<tr><td rowspan="2">汇　入
金额</td><td colspan="6" rowspan="2">人民币（大写）壹拾伍万元整</td><td>千</td><td>百</td><td>十</td><td>万</td><td>千</td><td>百</td><td>十</td><td>元</td><td>角</td><td>分</td></tr>
<tr><td></td><td>¥</td><td>1</td><td>5</td><td>0</td><td>0</td><td>0</td><td>0</td><td>0</td><td>0</td></tr>
<tr><td colspan="7">汇款用途：购买机电设备</td><td colspan="10" rowspan="2">汇出银行盖章</td></tr>
<tr><td colspan="7">单位主管　　会计　　复核　　记账</td></tr>
</table>

中国工商银行
南宁市西北支行
2016.12.20

（此联汇出行给汇款人的回单）

48－2

中国工商银行　收费凭证

2016 年 12 月 20 日

<table>
<tr><td>单位名称</td><td>广西营创机电设备有限公司</td><td>账号</td><td colspan="2">2102109305118098818</td></tr>
<tr><td>项目名称</td><td>工本费/汇款手续费/手续费</td><td>数量</td><td>单价</td><td>金额／元</td></tr>
<tr><td>收费</td><td>电汇手续费</td><td></td><td></td><td>45.00</td></tr>
<tr><td></td><td></td><td></td><td></td><td></td></tr>
<tr><td></td><td colspan="4"></td></tr>
<tr><td colspan="5">合计人民币（小写）：45.00</td></tr>
<tr><td colspan="5">合计人民币（大写）：肆拾伍元整</td></tr>
</table>

中国工商银行
南宁市西北支行
2016.12.20

填票人：　　　　　　　　　　　　　单位名称(盖章有效)

49－1

中国工商银行南宁市西北支行存款利息凭证

2016 年 12 月 22 日

<table>
<tr><td rowspan="3">付款单位</td><td>账　　号</td><td>220000111</td><td rowspan="3">收款单位</td><td>账　　号</td><td>2102109305118098818</td></tr>
<tr><td>户　　名</td><td>工商银行西北支行</td><td>户　　名</td><td>广西营创机电设备有限公司</td></tr>
<tr><td>开户银行</td><td>工商银行西北支行</td><td>开户银行</td><td>工商银行西北支行</td></tr>
<tr><td colspan="3">金额合计（大写）：贰仟陆百捌拾元整</td><td colspan="3">金额合计（小写）：¥2680.00</td></tr>
<tr><td colspan="4">存款利息</td><td colspan="2">科目
对方科目—
复核员：　　　　记账员：</td></tr>
</table>

中国工商银行
南宁市西北支行
2016.12.22

50 －1

中国工商银行 进 账 单（收账通知）

2016 年 12 月 23 日

付款人	全　称	南宁市金桂花物业管理有限公司	收款人	全　称	广西营创机电设备有限公司
	账　号	45121549515050339117		账　号	2102109305118098818
	开户银行	建行南宁市南湖北支行		开户银行	工商银行西北支行

人民币（大写）肆拾贰万陆仟元整	千	百	十	万	千	百	十	元	角	分
		¥	4	2	6	0	0	0	0	0

票据种类		收款人开户银行盖章
票据张数		
单位主管　会计　复核　记账		

中国工商银行
南宁市西北支行
2016.12.23

（此联是银行给收款人的收账通知）

51 －1

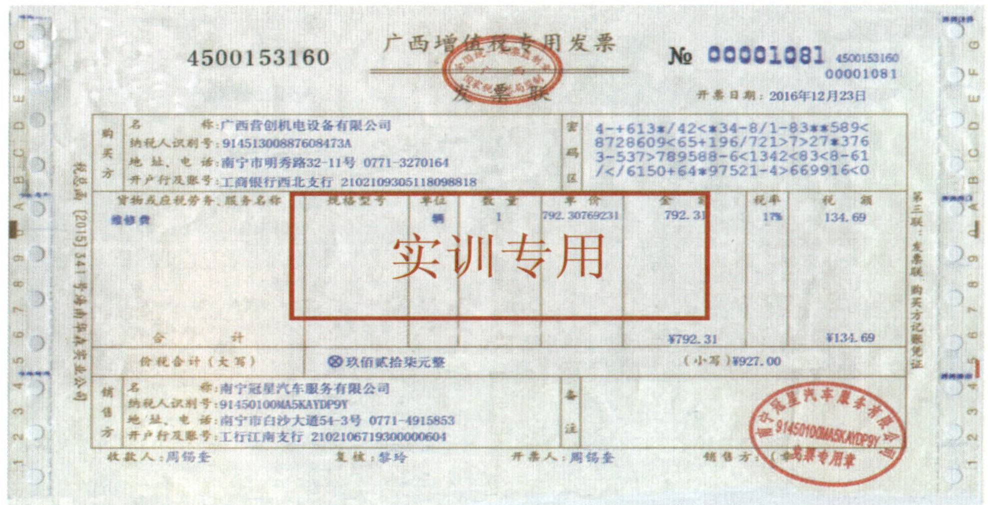
4500153160　广西增值税专用发票　№ 00001081　4500153160 00001081

发票联

开票日期：2016年12月23日

购买方　名　称：广西营创机电设备有限公司
纳税人识别号：91451300887608473A
地址、电话：南宁市明秀路32-11号 0771-3270164
开户行及账号：工商银行西北支行 2102109305118098818

密码区
4-+613*/42<*34-8/1-83**589<
8728609<65+196/721>7>27*376
3-537>789588-6<1342<83<8-61
/</6150+64*97521-4>669916<0

货物或应税劳务、服务名称	规格型号	单位	数量	单价	金额	税率	税额
维修费		辆	1	792.30769231	792.31	17%	134.69
合　计					¥792.31		¥134.69

价税合计（大写）⊗玖佰贰拾柒元整　（小写）¥927.00

销售方　名　称：南宁冠星汽车服务有限公司
纳税人识别号：91450100MA5KAYDP9Y
地址、电话：南宁市白沙大道54-3号 0771-4915853
开户行及账号：工行江南支行 2102106719300000604

备注

收款人：周锡奎　复核：黎玲　开票人：周锡奎　销售方：（章）

实训专用

税总函[2015]341号海南华森实业公司

第三联：发票联　购买方记账凭证

南宁冠星汽车服务有限公司 91450100MA5KAYDP9Y 发票专用章

51 －2

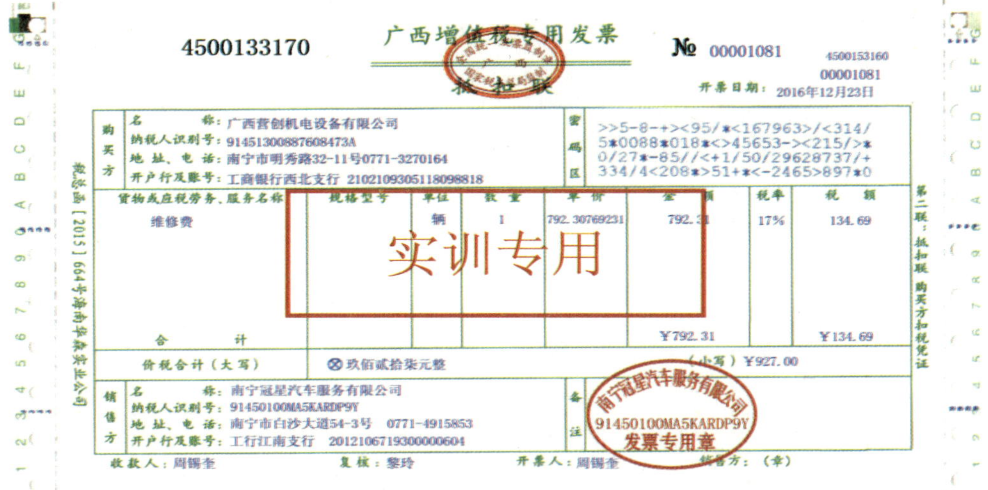
4500133170　广西增值税专用发票　№ 00001081　4500153160 00001081

抵扣联

开票日期：2016年12月23日

购买方　名　称：广西营创机电设备有限公司
纳税人识别号：91451300887608473A
地址、电话：南宁市明秀路32-11号0771-3270164
开户行及账号：工商银行西北支行 2102109305118098818

密码区
>>5-8-+><95/*<167963>/<314/
5*0088*018*<>45653-><215/>*
0/27*-85//<+1/50/29628737/+
334/4<208*>51+*<-2465>897*0

货物或应税劳务、服务名称	规格型号	单位	数量	单价	金额	税率	税额
维修费		辆	1	792.30769231	792.31	17%	134.69
合　计					¥792.31		¥134.69

价税合计（大写）⊗玖佰贰拾柒元整　（小写）¥927.00

销售方　名　称：南宁冠星汽车服务有限公司
纳税人识别号：91450100MA5KARDP9Y
地址、电话：南宁市白沙大道54-3号　0771-4915853
开户行及账号：工行江南支行　2012106719300000604

备注

收款人：周锡奎　复核：黎玲　开票人：周锡奎　销售方：（章）

实训专用

税总函[2015]664号海南华森实业公司

第二联：抵扣联　购买方扣税凭证

南宁冠星汽车服务有限公司 91450100MA5KARDP9Y 发票专用章

51－3

中国工商银行
转账支票存根（桂）

VI II 50117715

附加信息 ____________________

出票日期　2016年12月23日

收款人	南宁冠星汽车服务有限公司
金　额	￥927
用　途	付维修费
备　注	

单位主管：李德宏　　会计：李晶晶

51－4

中国工商银行 广西区分行 进 账 单（回 单）

2016年12月23日

出票人	全　称	广西营创机电设备有限公司	收款人	全　称	南宁冠星汽车服务有限公司
	账　号	2102109305118098818		账　号	2102106719300000604
	开户银行	工商银行西北支行		开户银行	工行江南支行

人民币（大写）玖佰贰拾柒元整	千	百	十	万	千	百	十	元	角	分
					￥	9	2	7	0	0

票据种类	转账	收款人开户银行盖章
票据张数	1张	
单位主管　会计　复核　记账		

（此联是开户银行交给持票人的回单）

中国工商银行 南宁市西北支行 2016.12.23

52－1

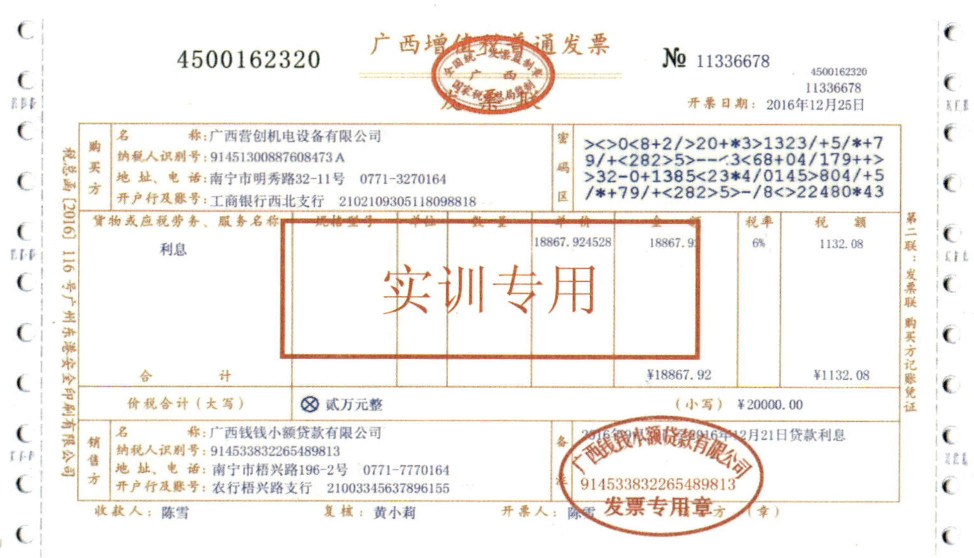

广西增值税普通发票　发票联

4500162320　№ 11336678

4500162320
11336678
开票日期：2016年12月25日

购买方	
名　称	广西营创机电设备有限公司
纳税人识别号	91451300887608473A
地址、电话	南宁市明秀路32-11号　0771-3270164
开户行及账号	工商银行西北支行　2102109305118098818

密码区：
><>0<8+2/>20+*3>1323/+5/*+7
9/+<282>5>--<3<68+04/179++>
>32-0+1385<23*4/0145>804/+5
/*+79/+<282>5>-/8<>22480*43

货物或应税劳务、服务名称	规格型号	单位	数量	单价	金额	税率	税额
利息				18867.924528	18867.92	6%	1132.08
合　计					￥18867.92		￥1132.08
价税合计（大写）	⊗贰万元整				（小写）￥20000.00		

销售方	
名　称	广西钱钱小额贷款有限公司
纳税人识别号	914533832265489813
地址、电话	南宁市梧兴路196-2号　0771-7770164
开户行及账号	农行梧兴路支行　21003345637896155

备注：2016年9月…至2016年12月21日贷款利息

收款人：陈雪　复核：黄小莉　开票人：陈雪　销售方（章）

广西钱钱小额贷款有限公司 914533832265489813 发票专用章

实训专用

第二联：发票联 购买方记账凭证

税总函〔2016〕116号广州东港安全印刷有限公司

52－2

中国工商银行
转账支票存根（桂）

VI II 50117716

附加信息 ________________

出票日期　2016 年 12 月 25 日

收款人	广西钱钱小额贷款有限公司
金　额	￥20 000.00
用　途	付贷款利息
备　注	

单位主管：李德宏　　会计：李晶晶

52－3

中国工商银行 广西区分行 进 账 单（回 单）

2016 年 12 月 25 日

出票人	全　称	广西营创机电设备有限公司	收款人	全　称	广西钱钱小额贷款有限公司									
	账　号	2102109305118098818		账　号	21003345637896155									
	开户银行	工商银行西北支行		开户银行	农行梧兴路支行									
人民币（大写）贰万元整					千	百	十	万	千	百	十	元	角	分
							￥	2	0	0	0	0	0	0
票据种类	转账				收款人开户银行盖章									
票据张数	1 张													
单位主管　会计　复核　记账														

（此联是开户银行交给持票人的回单）

53－1

中国工商银行 进 账 单（收账通知）

2016 年 12 月 25 日

付款人	全　称	桂林市新铭创机电设备有限公司	收款人	全　称	广西营创机电设备有限公司									
	账　号	172612010141676791		账　号	2102109305118098818									
	开户银行	南宁市农村信用合作社		开户银行	工商银行西北支行									
人民币（大写）壹拾肆万柒仟元整					千	百	十	万	千	百	十	元	角	分
						￥	1	4	7	0	0	0	0	0
票据种类					收款人开户银行盖章									
票据张数														
单位主管　会计　复核　记账														

（此联是银行给收款人的收账通知）

54－1

中国工商银行 广西区分行 进 账 单（回 单）

2016 年 12 月 26 日

出票人	全　称	广西营创机电设备有限公司	收款人	全　称	东莞市明壮机电制造有限公司
	账　号	2102109305118098818		账　号	20-008241775656916
	开户银行	工商银行西北支行		开户银行	中国农业银行大朗镇支行

人民币（大写）贰拾壹万伍仟元整	千	百	十	万	千	百	十	元	角	分
		¥	2	1	5	0	0	0	0	0

票据种类	转账	收款人开户银行盖章
票据张数	1 张	
单位主管　会计　复核　记账		

（此联是开户银行交给持票人的回单）

中国工商银行
南宁市西北支行
2016.12.26

54－2

中国工商银行　收费凭证

2016 年 12 月 26 日

单位名称	广西营创机电设备有限公司	账号	2102109305118098818	
项目名称	工本费/汇款手续费/手续费	数量	单价	金额 / 元
收费	电汇手续费			50.00
合计人民币（小写）：45.00				
合计人民币（大写）：肆拾伍元整				

填票人：　　　　　　　　单位名称(盖章有效)

中国工商银行
南宁市西北支行
2016.12.26

55－1

费用报销单单

2016 年 12 月 26 日　　　　单位：元

部门	销售部		姓名	周林勇	
报销事由	卡车油费				
报销单据 壹 张 合计金额(大写):肆佰伍拾元整				小写:¥450.00 元	
单位领导	李德宏	部门领导	陈锦	填报人	周林勇

审核会计：黄芳丽　　　　出纳：韦春红

55－2

广西壮族自治区国家税务局通用机打发票

发票联

广西百祥石油有限公司

仟元版

发票代码:145001412521

发票号码:83275044

查询码:A856841414

开票日期:2016-12-26

付款单位:广西营创机电设备有限公司

项目	数量	单价	金额
97号汽油(IV)	71.32	6.31	450.00

小写合计:¥450.00

大写合计:肆佰伍拾元整

收款单位:广西百祥石油有限公司

税务证号:450225782143953

收款员:

56－1

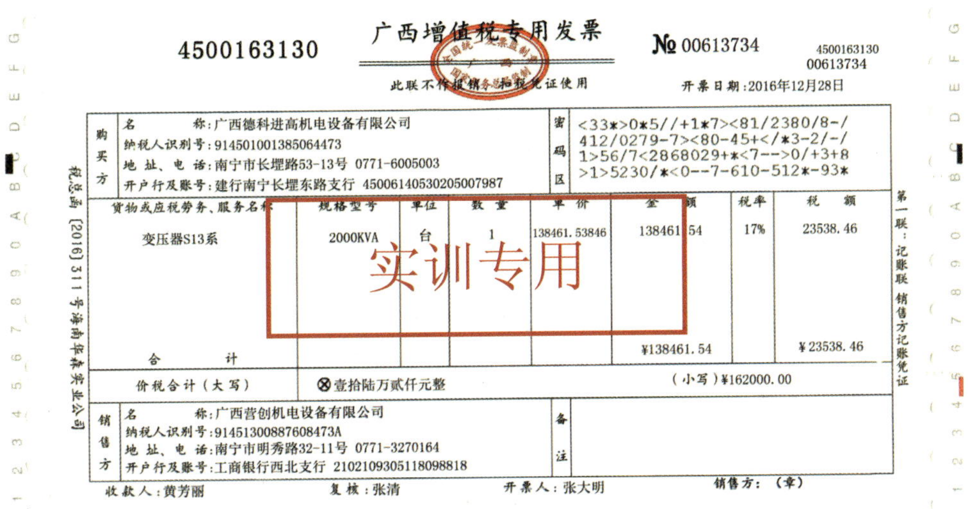

4500163130　　广西增值税专用发票　　№ 00613734

此联不作报销、扣税凭证使用

开票日期:2016年12月28日

购买方　名称:广西德科进高机电设备有限公司
纳税人识别号:914501001385064473
地址、电话:南宁市长堽路53-13号 0771-6005003
开户行及账号:建行南宁长堽东路支行 45006140530205007987

密码区　<33*>0*5//+1*7><81/2380/8-/ 412/0279-7><80-45+</*3-2/-/ 1>56/7<2868029+*<7-->0/+3+8 >1>5230/*<0--7-610-512*-93*

货物或应税劳务、服务名称	规格型号	单位	数量	单价	金额	税率	税额
变压器S13系	2000KVA	台	1	138461.53846	138461.54	17%	23538.46
合计					¥138461.54		¥23538.46
价税合计(大写)	⊗壹拾陆万贰仟元整				(小写)¥162000.00		

销售方　名称:广西营创机电设备有限公司
纳税人识别号:91451300887608473A
地址、电话:南宁市明秀路32-11号 0771-3270164
开户行及账号:工商银行西北支行 2102109305118098818

备注

收款人:黄芳丽　复核:张清　开票人:张大明　销售方:(章)

第一联:记账联　销售方记账凭证

56－2

商品出库单

2016 年 12 月 28 日

购买单位:广西德科进高机电设备有限公司

商品名称	规格型号	计量单位	数量	单位售价	备注
变压器 S13 系	2000KVA	台	1		

保管员:张大明

57 −1

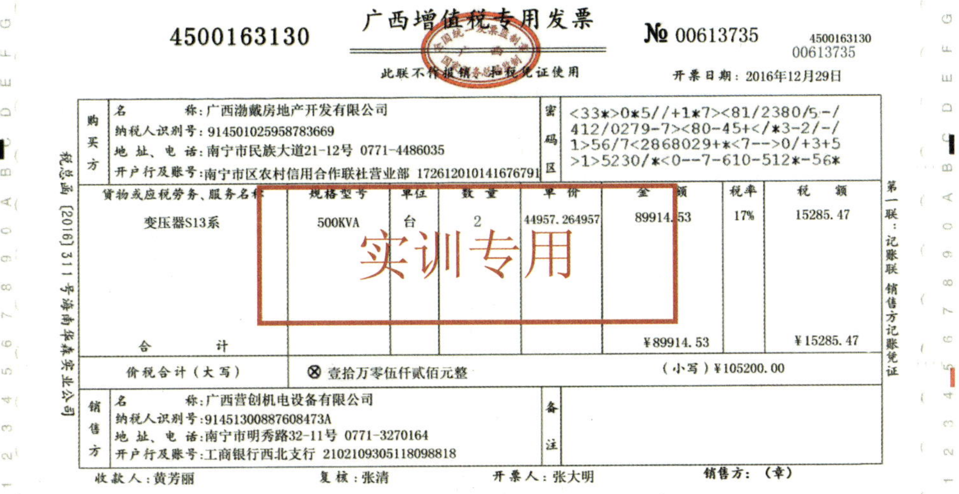

广西增值税专用发票

4500163130 № 00613735

4500163130 00613735

此联不作报销、扣税凭证使用 开票日期：2016年12月29日

购买方 名称：广西渤戴房地产开发有限公司
纳税人识别号：914501025958783669
地址、电话：南宁市民族大道21-12号 0771-4486035
开户行及账号：南宁市区农村信用合作联社营业部 17261201014167679

密码区 <33*>0*5//+1*7><81/2380/5-/412/0279-7><80-45+</*3-2/-/1>56/7<2868029+*<7-->0/+3+5>1>5230/*<0--7-610-512*-56*

货物或应税劳务、服务名称	规格型号	单位	数量	单价	金额	税率	税额
变压器S13系	500KVA	台	2	44957.264957	89914.53	17%	15285.47
合计					¥89914.53		¥15285.47
价税合计（大写）	⊗壹拾万零伍仟贰佰元整			（小写）¥105200.00			

实训专用

销售方 名称：广西营创机电设备有限公司
纳税人识别号：91451300887608473A
地址、电话：南宁市明秀路32-11号 0771-3270164
开户行及账号：工商银行西北支行 2102109305118098818

备注

收款人：黄芳丽 复核：张清 开票人：张大明 销售方：（章）

税总函[2016]311号海南华森实业公司

第一联：记账联 销售方记账凭证

57 −2

商品出库单

2016 年 12 月 29 日

购买单位:广西渤戴房地产开发有限公司

商品名称	规格型号	计量单位	数量	单位售价	备注
变压器 S13 系	500KVA	台	2		

保管员：张大明

58 −1

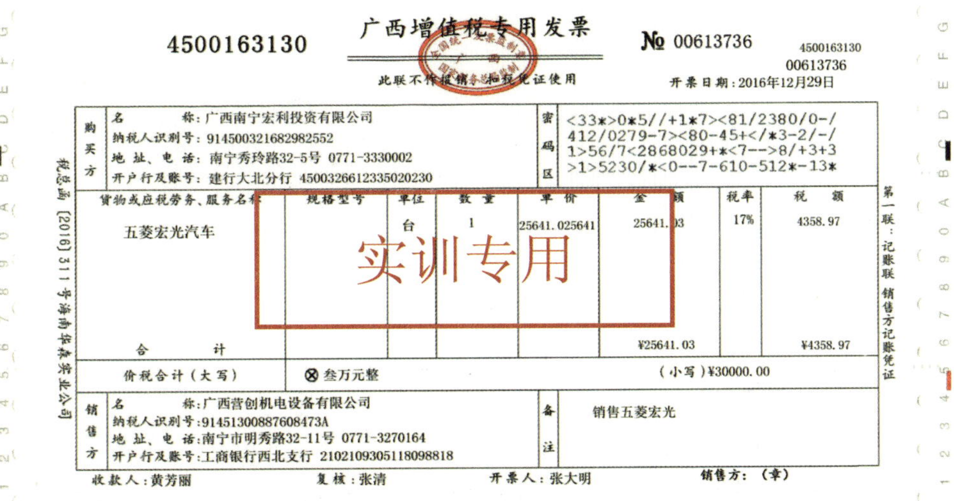

广西增值税专用发票

4500163130 № 00613736

4500163130 00613736

此联不作报销、扣税凭证使用 开票日期：2016年12月29日

购买方 名称：广西南宁宏利投资有限公司
纳税人识别号：914500321682982552
地址、电话：南宁秀玲路32-5号 0771-3330002
开户行及账号：建行大北分行 4500326612335020230

密码区 <33*>0*5//+1*7><81/2380/0-/412/0279-7><80-45+</*3-2/-/1>56/7<2868029+*<7-->8/+3+3>1>5230/*<0--7-610-512*-13*

货物或应税劳务、服务名称	规格型号	单位	数量	单价	金额	税率	税额
五菱宏光汽车		台	1	25641.025641	25641.03	17%	4358.97
合计					¥25641.03		¥4358.97
价税合计（大写）	⊗叁万元整			（小写）¥30000.00			

实训专用

销售方 名称：广西营创机电设备有限公司
纳税人识别号：91451300887608473A
地址、电话：南宁市明秀路32-11号 0771-3270164
开户行及账号：工商银行西北支行 2102109305118098818

备注 销售五菱宏光

收款人：黄芳丽 复核：张清 开票人：张大明 销售方：（章）

税总函[2016]311号海南华森实业公司

第一联：记账联 销售方记账凭证

58－2

中国工商银行 进 账 单（收账通知）

2016 年 12 月 29 日

付款人	全　称	广西南宁宏利投资有限公司	收款人	全　称	广西营创机电设备有限公司
	账　号	450032661233502023O		账　号	2102109305118098818
	开户银行	建行大北分行		开户银行	工商银行西北支行

人民币（大写）叁万元整	千	百	十	万	千	百	十	元	角	分
			¥	3	0	0	0	0	0	0

票据种类		中国工商银行 南宁市西北支行 2016.12.29 收款人开户银行盖章
票据张数		
单位主管　会计　复核　记账		

（此联是银行给收款人的收账通知）

59－1

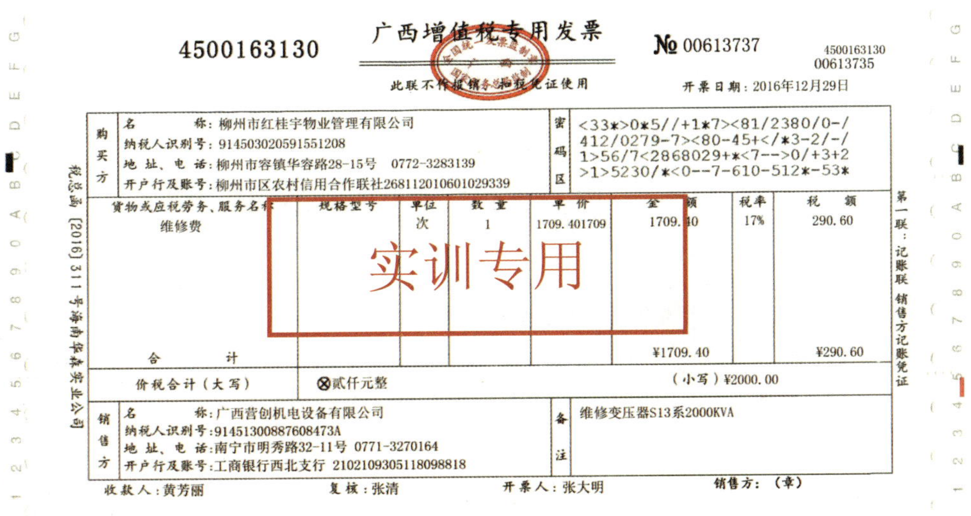

广西增值税专用发票

4500163130　№ 00613737　4500163130 00613735

此联不作报销、扣税凭证使用　开票日期：2016年12月29日

购买方	名　称：柳州市红桂宇物业管理有限公司 纳税人识别号：914503020591551208 地址、电话：柳州市容镇华容路28-15号　0772-3283139 开户行及账号：柳州市区农村信用合作联社2681120106010293339	密码区	<33*>0*5//+1*7><81/2380/0-/ 412/0279-7><80-45+</*3-2/-/ 1>56/7<2868029+*<7-->0/+3+2 >1>5230/*<0--7-610-512*-53*

货物或应税劳务、服务名称	规格型号	单位	数量	单价	金额	税率	税额
维修费		次	1	1709.401709	1709.40	17%	290.60
合　计					¥1709.40		¥290.60
价税合计（大写）	⊗贰仟元整				（小写）¥2000.00		

销售方	名　称：广西营创机电设备有限公司 纳税人识别号：91451300887608473A 地址、电话：南宁市明秀路32-11号　0771-3270164 开户行及账号：工商银行西北支行　2102109305118098818	备注	维修变压器S13系2000KVA

收款人：黄芳丽　复核：张清　开票人：张大明　销售方：（章）

第一联：记账联　销售方记账凭证

税总函［2016］311号海南华森实业公司

实训专用

59－2

原材料领用单

2016 年 12 月 29 日

领用部门：技术部

序号	材料名称	规格型号	计量单位	领用数量	备注
1	轴承	SCS60UU	个	5	用于维修柳州市红桂宇物业管理有限公司变压器S13系2000KVA。该变压器属于保修期外。
2	垫片	304 不锈钢	片	5	
3	螺栓	六角	个	5	
4	螺母	六角	个	5	
5	电线	2*2.5	米	15	

保管员：张大明

60－1

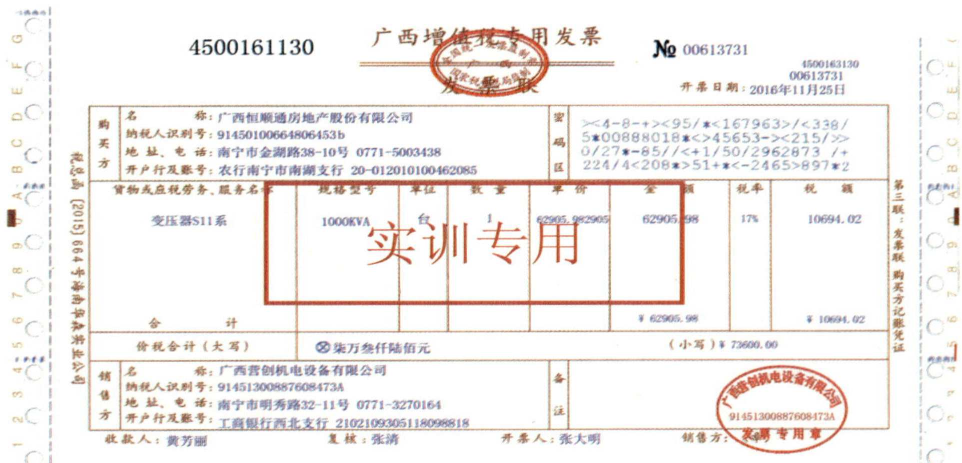

4500161130　**广西增值税专用发票**　№ 00613731

发票联

4500163130
00613731
开票日期：2016年11月25日

购买方　名称：广西恒顺通房地产股份有限公司
纳税人识别号：914501006648064536
地址、电话：南宁市金湖路38-10号 0771-5003438
开户行及账号：农行南宁市南湖支行 20-012010100462085

密码区：
><4-8-+><95/*<167963>/<338/
5*00888018*<>45653-><215/>>
0/27*-85//<+1/50/2962873 /+
224/4<208*>51+*<-2465>897*2

货物或应税劳务、服务名称	规格型号	单位	数量	单价	金额	税率	税额
变压器S11系	1000KVA	台	1	62905.982905	62905.98	17%	10694.02
合计					¥ 62905.98		¥ 10694.02

价税合计（大写）⊗柒万叁仟陆佰元　（小写）¥ 73600.00

销售方　名称：广西营创机电设备有限公司
纳税人识别号：91451300887608473A
地址、电话：南宁市明秀路32-11号 0771-3270164
开户行及账号：工商银行西北支行 2102109305118098818

备注

收款人：黄芳丽　复核：张清　开票人：张大明　销售方：（章）

税总函〔2015〕664号海南华森实业公司

第三联：发票联 购买方记账凭证

实训专用

60－2

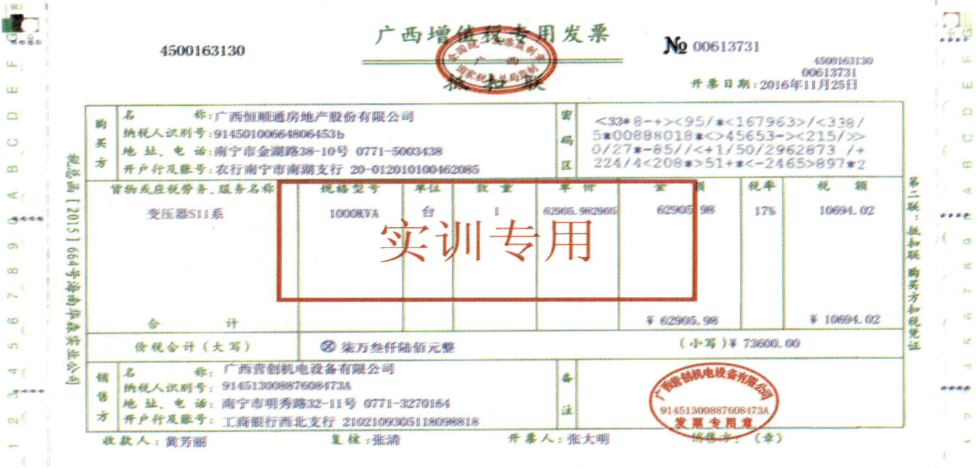

4500163130　**广西增值税专用发票**　№ 00613731

抵扣联

4500163130
00613731
开票日期：2016年11月25日

购买方　名称：广西恒顺通房地产股份有限公司
纳税人识别号：914501006648064536
地址、电话：南宁市金湖路38-10号 0771-5003438
开户行及账号：农行南宁市南湖支行 20-012010100462085

密码区：
<33*8-+><95/*<167963>/<338/
5*00888018*<>45653-><215/>>
0/27*-85//<+1/50/2962873 /+
224/4<208*>51+*<-2465>897*2

货物或应税劳务、服务名称	规格型号	单位	数量	单价	金额	税率	税额
变压器S11系	1000KVA	台	1	62905.982905	62905.98	17%	10694.02
合计					¥ 62905.98		¥ 10694.02

价税合计（大写）⊗柒万叁仟陆佰元整　（小写）¥ 73600.00

销售方　名称：广西营创机电设备有限公司
纳税人识别号：91451300887608473A
地址、电话：南宁市明秀路32-11号 0771-3270164
开户行及账号：工商银行西北支行 2102109305118098818

备注

收款人：黄芳丽　复核：张清　开票人：张大明　销售方：（章）

税总函〔2015〕664号海南华森实业公司

第二联：抵扣联 购买方扣税凭证

实训专用

60－3

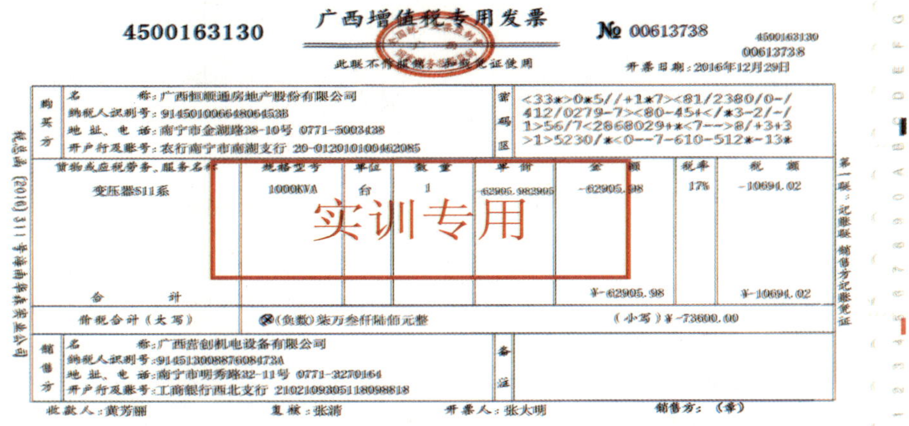

4500163130　**广西增值税专用发票**　№ 00613738

此联不作报销、扣税凭证使用

4500163130
00613738
开票日期：2016年12月29日

购买方　名称：广西恒顺通房地产股份有限公司
纳税人识别号：914501006648064538
地址、电话：南宁市金湖路38-10号 0771-5003438
开户行及账号：农行南宁市南湖支行 20-012010100462085

密码区：
<33*>0*5//+1*7><81/2380/0-/
412/0279-7><80-45+</*3-2/-/
1>56/7<2868029+*<7-->8/+3+3
>1>5230/*<0--7-610-512*-13*

货物或应税劳务、服务名称	规格型号	单位	数量	单价	金额	税率	税额
变压器S11系	1000KVA	台	1	-62905.982905	-62905.98	17%	-10694.02
合计					¥-62905.98		¥-10694.02

价税合计（大写）⊗（负数）柒万叁仟陆佰元整　（小写）¥-73600.00

销售方　名称：广西营创机电设备有限公司
纳税人识别号：91451300887608473A
地址、电话：南宁市明秀路32-11号 0771-3270164
开户行及账号：工商银行西北支行 2102109305118098818

备注

收款人：黄芳丽　复核：张清　开票人：张大明　销售方：（章）

税总函〔2016〕311号海南华森实业公司

第一联：记账联 销售方记账凭证

实训专用

60－4

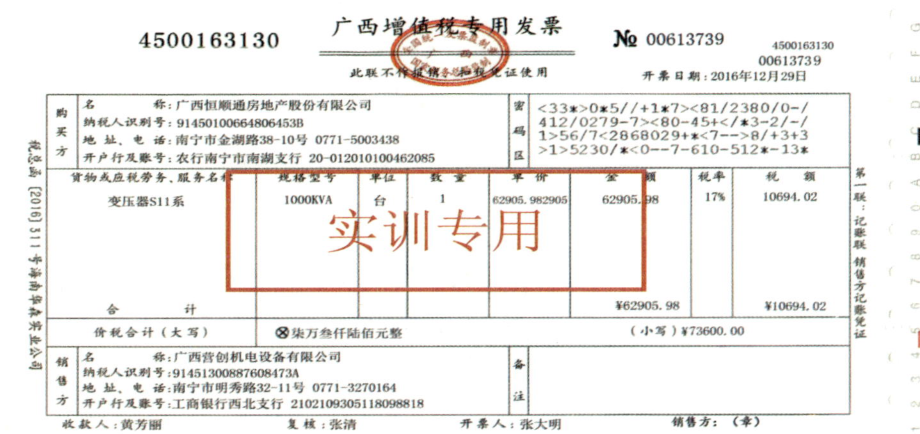

4500163130　　广西增值税专用发票　　№ 00613739　　4500163130 00613739

此联不作报销、扣税凭证使用　　开票日期：2016年12月29日

购买方：
名　　称：广西恒顺通房地产股份有限公司
纳税人识别号：91450100664806453B
地 址、电 话：南宁市金湖路38-10号 0771-5003438
开户行及账号：农行南宁市南湖支行 20-012010100462085

密码区：
<33*>0*5//+1*7><81/2380/0-/
412/0279-7><80-45+</*3-2/-/
1>56/7<2868029+*<7-->8/+3+3
>1>5230/*<0--7-610-512*-13*

货物或应税劳务、服务名称	规格型号	单位	数量	单价	金额	税率	税额
变压器S11系	1000KVA	台	1	62905.982905	62905.98	17%	10694.02
合　　计					¥62905.98		¥10694.02
价税合计（大写）	⊗柒万叁仟陆佰元整				（小写）¥73600.00		

销售方：
名　　称：广西营创机电设备有限公司
纳税人识别号：914513008876O8473A
地 址、电 话：南宁市明秀路32-11号 0771-3270164
开户行及账号：工商银行西北支行 2102109305118098818

备注：

收款人：黄芳丽　　复核：张清　　开票人：张大明　　销售方：（章）

第一联：记账联 销售方记账凭证

税总函〔2016〕311号海南华森实业公司

实训专用

61－1

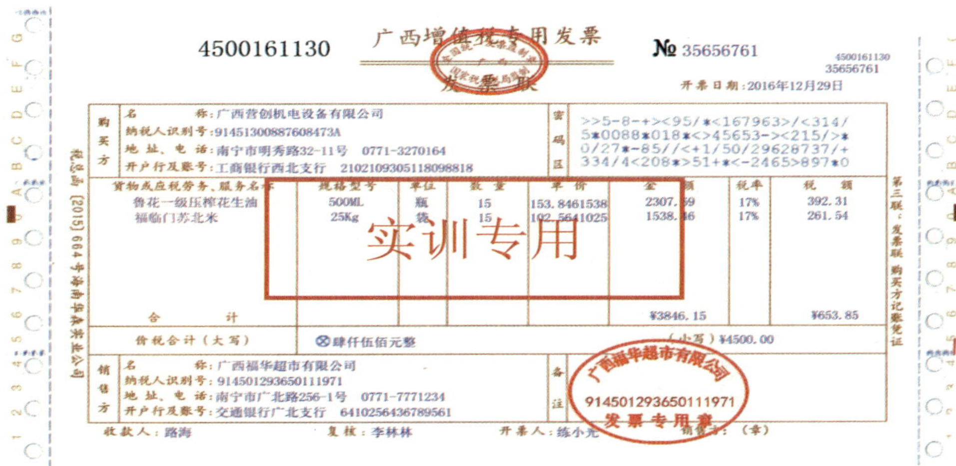

4500161130　　广西增值税专用发票　　№ 35656761　　4500161130 35656761

发票联　　开票日期：2016年12月29日

购买方：
名　　称：广西营创机电设备有限公司
纳税人识别号：914513008876O8473A
地 址、电 话：南宁市明秀路32-11号 0771-3270164
开户行及账号：工商银行西北支行 2102109305118098818

密码区：
>>5-8-+><95/*<167963>/<314/
5*0088*018*<>45653-><215/>*
0/27*-85//<+1/50/29628737/+
334/4<208*>51+*<-2465>897*0

货物或应税劳务、服务名称	规格型号	单位	数量	单价	金额	税率	税额
鲁花一级压榨花生油	500ML	瓶	15	153.8461538	2307.69	17%	392.31
福临门苏北米	25Kg	袋	15	102.5641025	1538.46	17%	261.54
合　　计					¥3846.15		¥653.85
价税合计（大写）	⊗肆仟伍佰元整				（小写）¥4500.00		

销售方：
名　　称：广西福华超市有限公司
纳税人识别号：914501293650111971
地 址、电 话：南宁市广北路256-1号 0771-7771234
开户行及账号：交通银行广北支行 6410256436789561

备注：（印章）广西福华超市有限公司 914501293650111971 发票专用章

收款人：路海　　复核：李林林　　开票人：练小元　　销售方：（章）

第三联：发票联 购买方记账凭证

税总函〔2015〕664号海南华森实业公司

实训专用

61－2

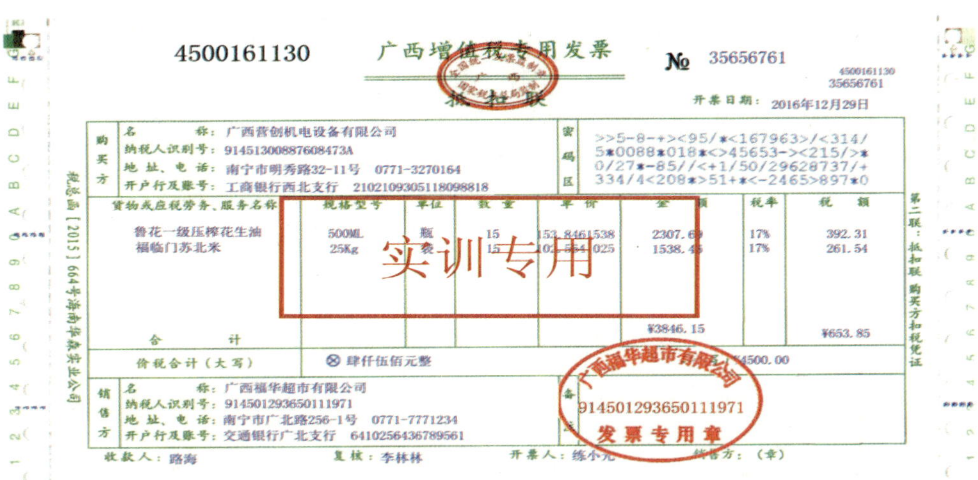

4500161130　　广西增值税专用发票　　№ 35656761　　4500161130 35656761

抵扣联　　开票日期：2016年12月29日

购买方：
名　　称：广西营创机电设备有限公司
纳税人识别号：914513008876O8473A
地 址、电 话：南宁市明秀路32-11号 0771-3270164
开户行及账号：工商银行西北支行 2102109305118098818

密码区：
>>5-8-+><95/*<167963>/<314/
5*0088*018*<>45653-><215/>*
0/27*-85//<+1/50/29628737/+
334/4<208*>51+*<-2465>897*0

货物或应税劳务、服务名称	规格型号	单位	数量	单价	金额	税率	税额
鲁花一级压榨花生油	500ML	瓶	15	153.8461538	2307.69	17%	392.31
福临门苏北米	25Kg	袋	15	102.5641025	1538.46	17%	261.54
合　　计					¥3846.15		¥653.85
价税合计（大写）	⊗肆仟伍佰元整				（小写）¥4500.00		

销售方：
名　　称：广西福华超市有限公司
纳税人识别号：914501293650111971
地 址、电 话：南宁市广北路256-1号 0771-7771234
开户行及账号：交通银行广北支行 6410256436789561

备注：（印章）广西福华超市有限公司 914501293650111971 发票专用章

收款人：路海　　复核：李林林　　开票人：练小元　　销售方：（章）

第二联：抵扣联 购买方扣税凭证

税总函〔2015〕664号海南华森实业公司

实训专用

61－3

中国工商银行
转账支票存根（桂）

VI II 50117717

附加信息 ____________________

____

出票日期　2016年12月29日

收款人	广西福华超市有限公司
金　额	¥4 500.00
用　途	购花生油、大米
备　注	

单位主管：李德宏　　会计：李晶晶

61－4

中国工商银行 广西区分行 进 账 单（回 单）

2016年12月29日

<table>
<tr><td rowspan="3">出票人</td><td>全　称</td><td>广西营创机电设备有限公司</td><td rowspan="3">收款人</td><td>全　称</td><td colspan="10">广西福华超市有限公司</td></tr>
<tr><td>账　号</td><td>2102109305118098818</td><td>账　号</td><td colspan="10">6410256436789561</td></tr>
<tr><td>开户银行</td><td>工商银行西北支行</td><td>开户银行</td><td colspan="10">交通银行广北支行</td></tr>
<tr><td colspan="5" rowspan="2">人民币（大写）肆仟伍佰元整</td><td>千</td><td>百</td><td>十</td><td>万</td><td>千</td><td>百</td><td>十</td><td>元</td><td>角</td><td>分</td></tr>
<tr><td></td><td></td><td></td><td>¥</td><td>4</td><td>5</td><td>0</td><td>0</td><td>0</td><td>0</td></tr>
<tr><td colspan="2">票据种类</td><td colspan="3">转账</td><td colspan="10" rowspan="3">收款人开户银行盖章</td></tr>
<tr><td colspan="2">票据张数</td><td colspan="3">1张</td></tr>
<tr><td colspan="5">单位主管　　会计　　复核　　记账</td></tr>
</table>

中国工商银行
南宁市西北支行
2016.12.29

（此联是开户银行交给持票人的回单）

62－1

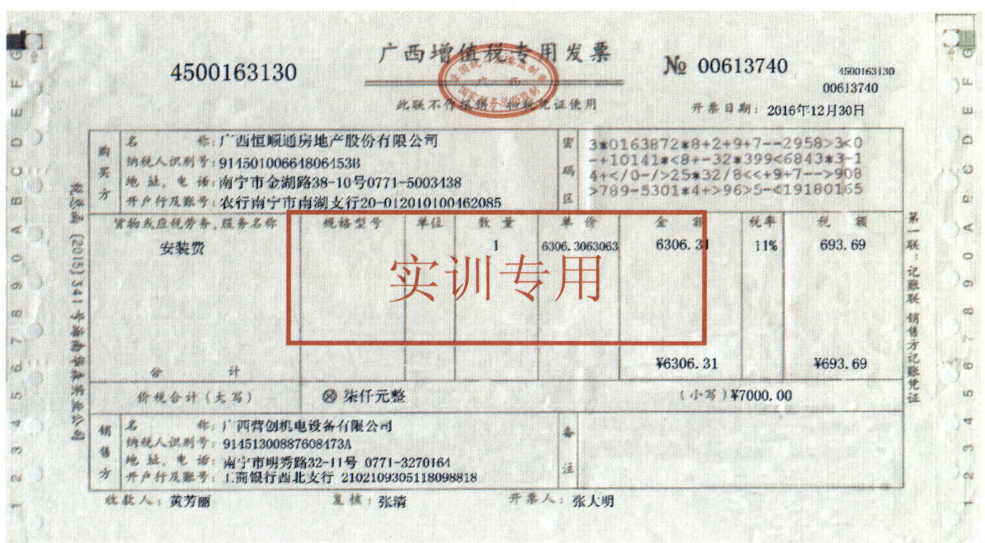

广西增值税专用发票

4500163130　　№ 00613740　　4500163130 00613740

此联不作报销、扣税凭证使用　　开票日期：2016年12月30日

购买方	名　称：广西恒顺通房地产股份有限公司 纳税人识别号：91450100664806153B 地址、电话：南宁市金湖路38-10号0771-5003438 开户行及账号：农行南宁市南湖支行20-012010100462085	密码区	3*0163872*8+2+9+7--2958>3<0 -+10141*<8+-32*399<6843*3-1 4+</0-/>25*32/8<<+9+7-->908 >789-5301*4+>96>5-<19180165

货物或应税劳务、服务名称	规格型号	单位	数量	单价	金额	税率	税额
安装费			1	6306.3063063	6306.31	11%	693.69
合　计					¥6306.31		¥693.69
价税合计（大写）	⊗柒仟元整				（小写）¥7000.00		

销售方	名　称：广西营创机电设备有限公司 纳税人识别号：914513008876084 73A 地址、电话：南宁市明秀路32-11号 0771-3270164 开户行及账号：工商银行西北支行 2102109305118098818	备注	

收款人：黄芳丽　　复核：张清　　开票人：张大明

实训专用

第一联：记账联 销售方记账凭证

63－1

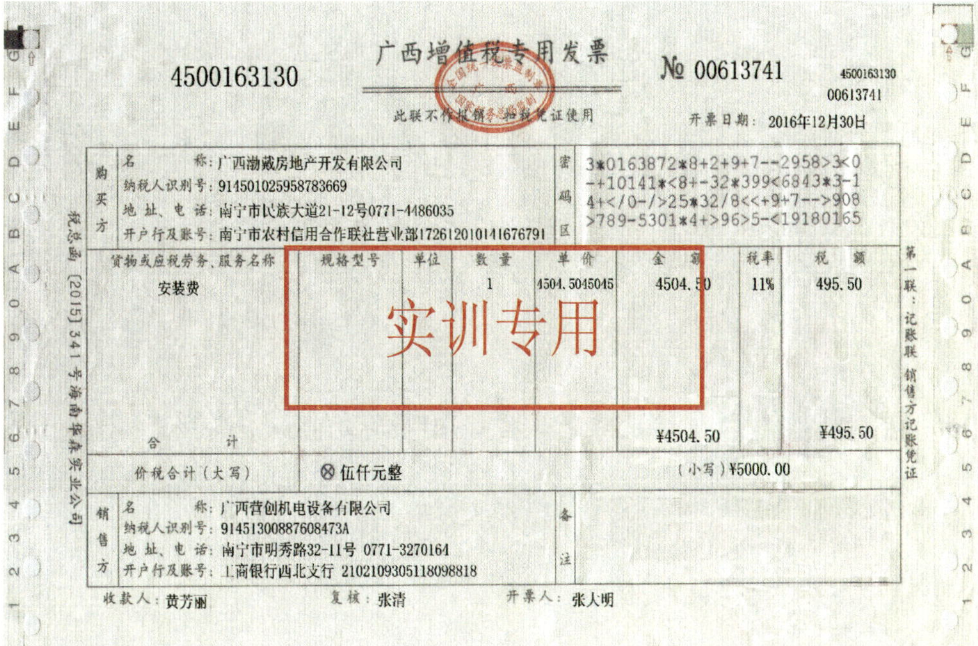

广西增值税专用发票

4500163130　　№ 00613741　　4500163130 00613741

此联不作报销、扣税凭证使用　　开票日期：2016年12月30日

购买方	名称：广西渤藏房地产开发有限公司 纳税人识别号：914501025958783669 地址、电话：南宁市民族大道21-12号0771-4486035 开户行及账号：南宁市农村信用合作联社营业部172612010141676791	密码区	3*0163872*8+2+9+7--2958>3<0 -+10141*<8+-32*399<6843*3-1 4+</0-/>25*32/8<<+9+7-->908 >789-5301*4+>96>5-<19180165

货物或应税劳务、服务名称	规格型号	单位	数量	单价	金额	税率	税额
安装费			1	4504.5045045	4504.50	11%	495.50
合计					¥4504.50		¥495.50
价税合计（大写）	⊗伍仟元整				（小写）¥5000.00		

销售方	名称：广西营创机电设备有限公司 纳税人识别号：91451300887608473A 地址、电话：南宁市明秀路32-11号 0771-3270164 开户行及账号：工商银行西北支行 2102109305118098818	备注	

收款人：黄芳丽　　复核：张清　　开票人：张大明

实训专用

税总函〔2015〕341号海南华森实业公司

第一联：记账联　销售方记账凭证

64－1

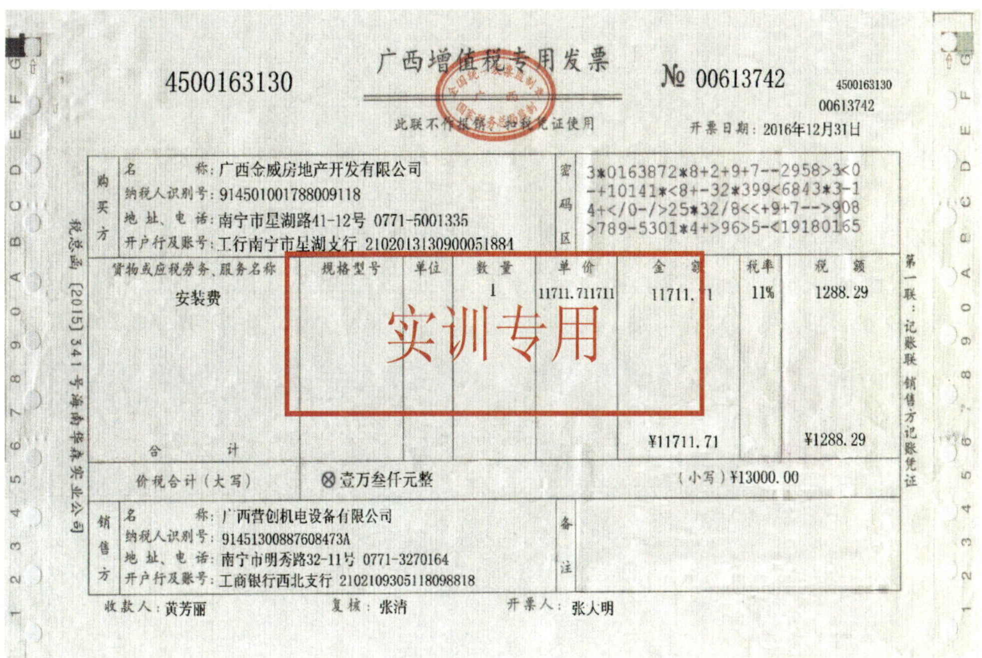

广西增值税专用发票

4500163130　　№ 00613742　　4500163130 00613742

此联不作报销、扣税凭证使用　　开票日期：2016年12月31日

购买方	名称：广西金威房地产开发有限公司 纳税人识别号：914501001788009118 地址、电话：南宁市星湖路41-12号 0771-5001335 开户行及账号：工行南宁市星湖支行 2102013130900051884	密码区	3*0163872*8+2+9+7--2958>3<0 -+10141*<8+-32*399<6843*3-1 4+</0-/>25*32/8<<+9+7-->908 >789-5301*4+>96>5-<19180165

货物或应税劳务、服务名称	规格型号	单位	数量	单价	金额	税率	税额
安装费			1	11711.711711	11711.71	11%	1288.29
合计					¥11711.71		¥1288.29
价税合计（大写）	⊗壹万叁仟元整				（小写）¥13000.00		

销售方	名称：广西营创机电设备有限公司 纳税人识别号：91451300887608473A 地址、电话：南宁市明秀路32-11号 0771-3270164 开户行及账号：工商银行西北支行 2102109305118098818	备注	

收款人：黄芳丽　　复核：张清　　开票人：张大明

实训专用

税总函〔2015〕341号海南华森实业公司

第一联：记账联　销售方记账凭证

65－1

广西营创机电设备有限公司销售单

客户名称：南宁易轩商贸有限公司　　送货地址：南宁市北湖路南一里28号　　2016年12月31日

货号	名称及规格	单位	数量	单价	金额	备注	
	S11系 500KVA	台	1	37 000.00	37 000.00		①存根
							②存根
							③存根
合计					37 000.00		

地址：南宁市明秀路32-11号　　电话：0771-3270164

审核人：李晶晶　　仓库：张大明　　财务：黄芳丽　　客户签收：王伟

65－2

中国工商银行 进 账 单（收账通知）

2016 年 12 月 31 日

付款人	全　称	南宁易轩商贸有限公司	收款人	全　称	广西营创机电设备有限公司
	账　号	450017700053527196		账　号	21[illegible]2109305118098818
	开户银行	建行安泰路支行		开户银行	工商银行西北支行

人民币（大写）叁万柒仟元整	千	百	十	万	千	百	十	元	角	分
			¥	3	7	0	0	0	0	0

票据种类		收款人开户银行盖章
票据张数		
单位主管　会计　复核　记账		

中国工商银行 南宁市西北支行 2016.12.31

（此联是银行给收款人的收账通知）

66－1

原材料领用单

2016 年 12 月 31 日

领用部门：技术部

序号	材料名称	规格型号	计量单位	领用数量	备注
1	轴承	SCS50UU	个	7	用于维修梧州市安泽昌茂物业物业管理有限公司变压器 S11 系 100KVA 。该变压器属于保修期内。
2	垫片	304 不锈钢	片	7	
3	螺栓	六角	个	7	
4	螺母	六角	个	7	
5	电线	2*2.5	米	20	

保管员：张大明

67 －1

2016 年 12 月商品销售成本计算表

商品名称	规格型号	销售数量	单位成本	总成本
变压器 S11 系	500KVA	3		
变压器 S11 系	1000KVA	3		
变压器 S13 系	500KVA	6		
变压器 S13 系	1000KVA	2		
变压器 S13 系	2000KVA	3		
合计		17		

制表：李晶晶

68 －1

保修期外成本计算单

2016年12月31日

领用部门：技术部

序号	材料名称	规格型号	计量单位	领用数量	单价	金额
1	轴承	SCS50UU	个	5		
	轴承	SCS60UU	个	5		
2	垫片	304 不锈钢	片	10		
3	螺栓	六角	个	10		
4	螺母	六角	个	10		
5	电线	2*2.5	米	25		

制表：李晶晶

69 －1

保修期内成本计算单

2016 年 12 月 31 日

领用部门：技术部

序号	材料名称	规格型号	计量单位	领用数量	单价	金额
1	轴承	SCS50UU	个	7		
2	垫片	304不锈钢	片	7		
3	螺栓	六角	个	7		
4	螺母	六角	个	7		
5	电线	2*2.5	米	20		

制表：李晶晶

70－1

2016年12月工资表

单位：

编号	部门	姓名	基本工资	岗位工资	绩效考核	请假扣款	其他扣款	应发工资	应扣款项						实发工资	签字
									养老保险	医疗保险	失业保险	公积金	个税	扣款合计		
1	行政办公室	李德宏	4 000.00	1 500.00				5 500.00	440.00	110.00	55.00	550.00	25.35	1 180.35	4 319.65	
2	行政办公室	杨丰鸣	4 000.00	1 500.00				5 500.00	440.00	110.00	55.00	550.00	25.35	1 180.35	4 319.65	
3	行政办公室	张清	3 500.00	500.00	500.00			4 500.00	320.00	80.00	40.00	400.00	4.80	844.80	3 655.20	
4	行政办公室	耿丽娜	2 500.00	500.00	300.00			3 300.00	240.00	60.00	30.00	300.00		630.00	2 670.00	
5	行政办公室	周林勇	2 500.00	500.00	300.00			3 300.00	240.00	60.00	30.00	300.00		630.00	2 670.00	
6	销售部	陈锦	4 000.00	1 500.00				5 500.00	440.00	110.00	55.00	550.00	25.35	1 180.35	4 319.65	
7	销售部	林旺民	3 000.00	500.00	500.00	150.00		3 850.00	280.00	70.00	35.00	350.00		735.00	3 115.00	
8	销售部	李军东	3 000.00	500.00	500.00			4 000.00	280.00	70.00	35.00	350.00		735.00	3 265.00	
9	销售部	雷华明	3 000.00	500.00	500.00			4 000.00	280.00	70.00	35.00	350.00		735.00	3 265.00	
10	技术部	王建利	3 500.00	500.00	500.00			4 500.00	320.00	80.00	40.00	400.00	4.80	844.80	3 655.20	
11	技术部	杨林	3 000.00	500.00	500.00			4 000.00	280.00	70.00	35.00	350.00		735.00	3 265.00	
12	财务部	黄芳丽	3 500.00	500.00	500.00			4 500.00	320.00	80.00	40.00	400.00	4.80	844.80	3 655.20	
13	财务部	李晶晶	2 800.00	500.00	300.00			3 600.00	264.00	66.00	33.00	330.00		693.00	2 907.00	
14	财务部	韦春红	2 800.00	500.00	300.00			3 600.00	264.00	66.00	33.00	330.00		693.00	2 907.00	
15	财务部	张大明	2 800.00	500.00	300.00			3 600.00	264.00	66.00	33.00	330.00		693.00	2 907.00	
合计			47 900.00	10 500.00	5 000.00	150.00	0.00	63 250.00	4 672.00	1 168.00	584.00	5 840.00	90.45	12 354.45	50 895.55	

单位领导：李德宏　　　　会计：　　　　复核：　　　　出纳：

71 -1

固定资产折旧表

资产名称	原值	购买时间	使用年限	残值率	月折旧额
江淮小货车	123 900	2015 年 7 月	6	5%	1634. 79
台式电脑（10 台）	35 000	2015 年 3 月	3	3%	943. 06
打印复印一体机	15 000	2015 年 3 月	5	3%	242. 50
佳能激光黑白打印机	1 680	2015 年 5 月	3	3%	45. 27
空调（4 台）	16 000	2015 年 6 月	5	3%	258. 67
戴尔笔记本电脑	5 200	2015 年 8 月	3	3%	140. 11
华硕笔记本电脑	4 100	2016 年 5 月	3	3%	110. 47
爱普生超高清投影机	6 000	2016 年. 5 月	3	3%	161. 67
合计	206 880				3 536. 54

72 -1

2016 年 12 月坏账准备计提表

计提依据	计算基础	计提比例	应提金额	当前余额	补提（冲回）金额

73 -1

当期销项税额	当期进项税额	当期应纳增值税	已交增值税	转出未交增值税

73 -2

税金及附加计算表

项目	计税依据	税（费）率	应纳税（费）额
城建税			
教育费附加			
地方教育费附加			
水利建设基金			
印花税			
合计			

74 –1

结转损益类科目

摘要	转出项目	转入本年利润前净发生额	
		借方	贷方
结转到”本年利润”账户			

74 –2

结转损益类科目

摘要	转出项目	转入本年利润前净发生额	
		借方	贷方
结转到“本年利润”账户			

75 –1

企业所得税汇算清缴计算表

行　次	项　目	金　额
1	一、营业收入	
2	减：营业成本	
3	税金及附加	
4	销售费用	
5	管理费用	

续 表

行 次	项 目	金 额
6	财务费用	
7	资产减值损失	
8	加：公允价值变动收益	
9	投资收益	
10	二、营业利润（1－2－3－4－5－6－7＋8＋9）	
11	加：营业外收入	
12	减：营业外支出	
13	三、利润总额（10＋11－12）	
14	加：纳税调整增加额	
15	减：纳税调整减少额	
16	四、纳税调整后所得（13＋14－15）	
17	减：弥补以前年度亏损	
18	五、应纳税所得额（16－17）	
19	税率（25%）	
20	六、应纳所得税额（18×19）	
21	减：减免所得税额	
22	七、应纳税额（20－21）	
23	减：本年累计实际已预缴的所得税额	
24	八、本年应补（退）所得税额（22－23）	

75－2

结转所得税费用

摘要	转出项目	转入本年利润前净发生额	
		借方	贷方
结转到“本年利润”账户	所得税费用		

76－1

年末结转本年利润

摘要	转出项目	转入本年利润前净发生额	
		借方	贷方
将“本年利润”结转到“利润分配”账户			

76－2

盈余公积提取计算表

项目名称	提取依据	提取比例	提取金额
法定盈余公积			

76－3

应付利润分配表

序号	项目	金额
1	本年度可供分配利润的净利润	
2	上一年可供分配的净利润	
3	累计可供分配的净利润（3＝1＋2）	
4	应付投资者分配的利润（3＊投资比例）	
	其中：李德宏（50%）	
	杨丰鸣（30%）	
	陈锦（20%）	
5	未分配利润（5＝3－4）	

注：经公司董事会讨论决定，按累计可供分配净利润的 30% 向投资者分配利润。

77－1

结转“利润分配”明细账户

结转明细项目	结转前余额		实际结转	
	借方	贷方	借方	贷方
利润分配—提取法定盈余公积		——	——	
利润分配—应付利润		——	——	

78－1

中国工商银行客户存款对账单

账号:2102109305118098818　　户名:广西营创机电设备有限公司　　上月余额:2 326 160.11　　币种:人民币(本位币)　　单位:元

2016年		摘要	凭证号码	借方发生额	贷方发生额	借/贷	余额
12	01	收到投资款			500 000.00	贷	2 826 160.11
12	01	收到投资款			300 000.00	贷	3 126 160.11
12	01	收到投资款			200 000.00	贷	3 326 160.11
12	05	付办公室房租		12 500.00		贷	3 313 660.11
12	05	付写字楼房款		1 500 000.00		贷	1 813 660.11
12	05	付机电货款		177 000.00		贷	1 636 660.11
12	05	付财务咨询费		8 000.00		贷	1 628 660.11
12	05	付律师咨询费		11 000.00		贷	1 617 660.11
12	06	收到盛起维修款			2 000.00	贷	1 619 660.11
12	07	支付长沙五金厂货款		386 000.00		贷	1 233 660.11
12	07	电汇手续费		50.00		贷	1 233 610.11
12	08	支付税款		18 000.00		贷	1 215 610.11
12	08	支付税款		2 160.00		贷	1 213 450.11
12	08	支付税款		780.00		贷	1 212 670.11
12	08	付商业保险		3 000.00		贷	1 209 670.11
12	10	购汽车		211 801.67		贷	997 868.44
12	10	付职工宿舍房租		7 500.00		贷	990 368.44
12	10	收到有机食品尾款			213 500.00	贷	1 203 868.44
12	11	收到红桂宇尾款			20 250.00	贷	1 224 118.44
12	11	付佛山四方属尾款		210 000.00		贷	1 014 118.44

中国交通银
南宁市西乡支行
2017.01.31

续　表

2016 年		摘要	凭证号码	借方发生额	贷方发生额	借/贷	余额
12	11	电汇手续费		50.00		贷	1 014 068.44
12	12	收到恒顺通的货款			162 500.00	贷	1 176 568.44
12	12	缴税		660.00		贷	1 175 908.44
12	12	缴税		90.45		贷	1 175 817.99
12	15	收到富贵糖业货款			226 800.00	贷	1 402 617.99
12	15	提现		46 000.00		贷	1 356 617.99
12	15	社保		25 112.00		贷	1 331 505.99
12	15	公积金		11 680.00		贷	1 319 825.99
12	15	发放工资		51 045.55		贷	1 268 780.44
12	16	油卡充值		2 992.00		贷	1 265 788.44
12	18	残保金		9 320.00		贷	1 256 468.44
12	20	收到渤戴公司货款			72 600.00	贷	1 329 068.44
12	20	付洪穗货款		150 000.00		贷	1 179 068.44
12	20	手续费		45.00		贷	1 179 023.44
12	22	存款利息			2 680.00	贷	1 181 703.44
12	23	收到金桂花公司货款			426 000.00	贷	1 607 703.44
12	23	付车辆维修费		927.00		贷	1 606 776.44
12	25	付货款利息		20 000.00		贷	1 586 776.44
12	25	收到桂林新铭创货款			147 000.00	贷	1 733 776.44
12	26	付东莞明壮货款		215 000.00		贷	1 518 776.44
12	26	手续费		50.00		贷	1 518 726.44
12	29	销售宏光			30 000.00	贷	1 548 726.44
12	29	花生油及大米		4 500.00		贷	1 544 226.44
12	31	收到易轩商贸货款			37 000.00	贷	1 581 226.44

中国交通银
南宁市西乡支行
2017.01.31

附件1 ：

增值税纳税申报表（一般纳税人适用）

根据国家税收法律法规及增值税相关规定制定本表。纳税人不论有无销售额，均应按税务机关核定的纳税期限填写本表，并向当地税务机关申报。

税款所属时间：自 年 月 日至 年 月 日 填表日期： 年 月 日 金额单位：元至角分

纳税人识别号			所属行业：		
纳税人名称	（公章）	法定代表人姓名		注册地址	生产营业地址
开户银行及帐号		登记注册类型			电话号码

项目		栏次	一般货物、劳务和应税服务		即征即退货物、劳务和应税服务	
			本月数	本年累计	本月数	本年累计
销售额	（一）按适用税率计税销售额	1				
	其中：应税货物销售额	2				
	应税劳务销售额	3				
	纳税检查调整的销售额	4				
	（二）按简易办法计税销售额	5				
	其中：纳税检查调整的销售额	6				
	（三）免、抵、退办法出口销售额	7			——	——
	（四）免税销售额	8			——	——
	其中：免税货物销售额	9			——	——
	免税劳务销售额	10			——	——
税款计算	销项税额	11				
	进项税额	12				
	上期留抵税额	13				——
	进项税额转出	14				
	免 抵 退应退税额	15			——	——
	按适用税率计算的纳税检查应补缴税额	16			——	——
	应抵扣税额合计	17=12+13-14-		——		——
	实际抵扣税额	18（如17 17<11，则为				
	应纳税额	19=11-18				
	期末留抵税额	20=17-18				——
	简易计税办法计算的应纳税额	21				
	按简易计税办法计算的纳税检查应补缴税额	22			——	——
	应纳税额减征额	23				
	应纳税额合计	24=19+21-23				
税款缴纳	期初未缴税额（多缴为负数）	25				
	实收出口开具专用缴款书退税额	26			——	——
	本期已缴税额	27=28+29+30+				
	①分次预缴税额	28		——		——
	②出口开具专用缴款书预缴税额	29		——	——	——
	③本期缴纳上期应纳税额	30				
	④本期缴纳欠缴税额	31				
	期末未缴税额（多缴为负数）	32=24+25+26-				
	其中：欠缴税额（≥0）	33=25+26-27		——		——
	本期应补(退)税额	34=24-28-29		——		——
	即征即退实际退税额	35	——	——		
	期初未缴查补税额	36			——	——
	本期入库查补税额	37			——	——
	期末未缴查补税额	38=16+22+36-			——	——

授权声明	如果你已委托代理人申报，请填写下列资料： 为代理一切税务事宜，现授权 （地址） 为本纳税人的代理申报人，任何与本申报表有关的往来文件，都可寄予此人。 授权人签字：	申报人声明	本纳税申报表是根据国家税收法律法规及相关规定填报的，我确定它是真实的、可靠的、完整的。 声明人签字：

增值税纳税申报表附列资料（一）

（本期销售情况明细）

税款所属时间：　　年　　月　　日至　　年　　月　　日

纳税人名称：（公章）　　　　　　　　　　　　　　　　　　　　　　　　　金额单位：元至角分

项目及栏次				开具税控增值税专用发票		开具其他发票		未开具发票		纳税检查调整		合计			应税服务扣除	扣除后	
				销售额	销项(应纳)税额	销售额	销项(应纳)税额	销售额	销项(应纳)税额	销售额	销项(应纳)税额	销售额	销项(应纳)税额	价税合计	项目本期实际扣除金额	含税(免税)销售额	销项(应纳)税额
				1	2	3	4	5	6	7	8	9=1+3+5+7	10=2+4+6+8	11=9+10	12	13=11-12	14=13÷(100%+税率或征收率)×税率或征收率
一、一般计税方法计税	全部征税项目	17%税率的货物及加工修理修配劳务	1											—	—	—	—
		17%税率的有形动产租赁服务	2														
		13%税率	3											—	—	—	—
		11%税率	4														
		6%税率	5														
	其中：即征即退项目	即征即退货物及加工修理修配劳务	6	—	—	—	—	—	—	—	—			—	—	—	—
		即征即退应税服务	7	—	—	—	—	—	—	—	—						
二、简易计税方法计税	全部征税项目	6%征收率	8							—	—			—	—	—	—
		5%征收率	9							—	—			—	—	—	—
		4%征收率	10							—	—			—	—	—	—
		3%征收率的货物及加工修理修配劳务	11							—	—			—	—	—	—
		3%征收率的应税服务	12							—	—						
		预征率　　%	13							—	—						
	其中：即征即退项目	即征即退货物及加工修理修配劳务	14	—	—	—	—	—	—	—	—			—	—	—	—
		即征即退应税服务	15	—	—	—	—	—	—	—	—						
三、免抵退税	货物及加工修理修配劳务		16	—	—		—		—	—	—		—	—	—	—	—
	应税服务		17	—	—		—		—	—	—		—				—
四、免税	货物及加工修理修配劳务		18				—		—	—	—		—	—	—	—	—
	应税服务		19	—	—		—		—	—	—		—				—

增值税纳税申报表附列资料（二）

（本期进项税额明细）

税款所属时间：　　年　　月　　日至　　　年　　月　　日

纳税人名称：（公章）　　　　　　　　　　　　　　　　金额单位：元至角分

一、申报抵扣的进项税额				
项目	栏次	份数	金额	税额
（一）认证相符的税控增值税专用发票	1=2+3			
其中：本期认证相符且本期申报抵扣	2			
前期认证相符且本期申报抵扣	3			
（二）其他扣税凭证	4=5+6+7+8			
其中：海关进口增值税专用缴款书	5			
农产品收购发票或者销售发票	6			
代扣代缴税收缴款凭证	7		——	
运输费用结算单据	8			
	9	——	——	——
	10	——	——	——
（三）外贸企业进项税额抵扣证明	11	——	——	
当期申报抵扣进项税额合计	12=1+4+11			

二、进项税额转出额		
项目	栏次	税额
本期进项税转出额	13=14至23之和	
其中：免税项目用	14	
非应税项目用、集体福利、个人消费	15	
非正常损失	16	
简易计税方法征税项目用	17	
免抵退税办法不得抵扣的进项税额	18	
纳税检查调减进项税额	19	
红字专用发票通知单注明的进项税额	20	
上期留抵税额抵减欠税	21	
上期留抵税额退税	22	
其他应作进项税额转出的情形	23	

三、待抵扣进项税额				
项目	栏次	份数	金额	税额
（一）认证相符的税控增值税专用发票	24	——	——	——
期初已认证相符但未申报抵扣	25			
本期认证相符且本期未申报抵扣	26			
期末已认证相符但未申报抵扣	27			
其中：按照税法规定不允许抵扣	28			
（二）其他扣税凭证	29=30至33之和			
其中：海关进口增值税专用缴款书	30			
农产品收购发票或者销售发票	31			
代扣代缴税收缴款凭证	32		——	
运输费用结算单据	33			
	34			

四、其他				
项目	栏次	份数	金额	税额
本期认证相符的税控增值税专用发票	35			
代扣代缴税额	36	——	——	

增值税纳税申报表附列资料（三）

（应税服务扣除项目明细）

税款所属时间：　　年　月　日至　　年　月　日

纳税人名称：(公章)　　　　金额单位：元至角分

项目及栏次	本期应税服务价税合计额（免税销售额）	应税服务扣除项目				
		期初余额	本期发生额	本期应扣除金额	本期实际扣除金额	期末余额
	1	2	3	4=2+3	5(5≤1且5≤4)	6=4-5
17%税率的有形动产租赁服务						
11%税率的应税服务						
6%税率的应税服务						
3%征收率的应税服务						
免抵退税的应税服务						
免税的应税服务						

增值税纳税申报表附列资料（四）

（税额抵减情况表）

税款所属时间：　　年　月　日至　　年　月　日

纳税人名称：(公章)　　　　金额单位：元至角分

序号	抵减项目	期初余额	本期发生额	本期应抵减税额	本期实际抵减税额	期末余额
		1	2	3=1+2	4≤3	5=3-4
1	增值税税控系统专用设备费及技术维护费					
2	分支机构预征缴纳税款					
3						
4						
5						
6						

增值税纳税申报表附列资料（五）

（不动产分期抵扣计算表）

纳税人识别号：		填表日期：		金额单位：元至角分	
纳税人名称：		所属时期：		至	
期初待抵扣不动产进项税额	本期不动产进项税额增加额	本期可抵扣不动产进项税额	本期转入的待抵扣不动产进项税额	本期转出的待抵扣不动产进项税额	期末待抵扣不动产进项税额
1	2	3≤1+2+4	4	5≤1+4	6=1+2-3+4-5

固定资产进项税额抵扣情况表

纳税人识别号：　　　　　　　　纳税人名称（公章）：

填表日期：　　年　　月　　日　　　　　　　　金额单位：元至角分

项　　目	当期申报抵扣的固定资产进项税额	当期申报抵扣的固定资产进项税额累计
增值税专用发票		
海关进口增值税专用缴款书		
合　　计		

注：本表一式二份，一份纳税人留存，一份主管税务机关留存

本期抵扣进项税额结构明细表

纳税人识别号：		填表日期：		金额单位：元至角分	
纳税人名称：		所属时期：		至	

	栏次	金额	税额
合计	1 =2 +4 +5 +11 +16 +18 +27 +29 +30		
一、按税率或征收率归集（不包括构建不动产、通行费）的进项			
17% 税率的进项	2		
其中：有形动产租赁的进项	3		
13% 税率的进项	4		
11% 税率的进项	5		
其中：运输服务的进项	6		
电信服务的进项	7		
建筑安装服务的进项	8		
不动产租赁服务的进项	9		
受让土地使用权的进项	10		
6% 税率的进项	11		
其中：电信服务的进项	12		
金融保险服务的进项	13		
生活服务的进项	14		
取得无形资产的进项	15		
5% 征收率的进项	16		
其中：不动产租赁服务的进项	17		
3% 征收率的进项	18		
其中：货物及加工、修理修配劳务的进项	19		
运输服务的进项	20		
电信服务的进项	21		
建筑安装服务的进项	22		
金融保险服务的进项	23		
有形动产租赁服务的进项	24		
生活服务的进项	25		
取得无形资产的进项	26		
减按 1．5% 征收率的进项	27		
	28		
二、按抵扣项目归集的进项			
用于构建不动产并一次性抵扣的进项	29		
通行费的进项	30		
	31		
	32		

水利建设基金申报表

申报日期：　　年　　月　　日　　　　　　　　金额单位:元

<table>
<tr><td>纳税人识别号</td><td colspan="4"></td></tr>
<tr><td>单位（个人）名称</td><td colspan="4"></td></tr>
<tr><td rowspan="4">单位类型</td><td colspan="4">□ 公司、企业、从事生产经营的事业单位</td></tr>
<tr><td colspan="4">□ 个体工商户（农村/城镇）</td></tr>
<tr><td colspan="4">□ 银行（含信用社）、保险公司</td></tr>
<tr><td colspan="4">□ 证券公司、财务公司等非银行金融机构</td></tr>
<tr><td>所属时期起</td><td></td><td colspan="2">所属时期止</td><td></td></tr>
<tr><td>缴纳增值税的销售额</td><td colspan="4"></td></tr>
<tr><td rowspan="2">征收标准</td><td>□ 1‰</td><td colspan="3">□ 0.6‰</td></tr>
<tr><td>□ 50元</td><td colspan="3">□ 100元</td></tr>
<tr><td>应缴金额</td><td colspan="4"></td></tr>
<tr><td>收到日期</td><td>年　月　日</td><td colspan="2">接收人</td><td></td></tr>
</table>

申报单位（盖章）：

填报人：　　　　　　　　　　　　联系电话：

注：1、本表一式两份。交税务机关审核后，一份留存税务机关，一份退还缴纳人。

中华人民共和国企业所得税月（季）度预缴纳税申报表

（A 类，2015 年版）

税款所属期间：　　年　　月　　日至　　年　　月　　日

纳税人识别号 ：□□□□□□□□□□□□□□□□□□□□

纳税人名称：　　　　　　　　　　　　　　　　　　　金额单位：　人民币元(列至角分)

行次	项　　目		本期金额	累计金额
1	一、按照实际利润额预缴			
2	营业收入			
3	营业成本			
4	利润总额			
5	加:特定业务计算的应纳税所得额			
6	减:不征税收入和税基减免应纳税所得额（请填附表 1）			
7	固定资产加速折旧（扣除）调减额（请填附表 2）			
8	弥补以前年度亏损			
9	实际利润额（4 行+5 行-6 行-7 行-8 行）			
10	税率(25%)			
11	应纳所得税额（9 行×10 行）			
12	减:减免所得税额（请填附表 3）			
13	实际已预缴所得税额		——	
14	特定业务预缴（征）所得税额			
15	应补（退）所得税额（11 行-12 行-13 行-14 行）		——	
16	减：以前年度多缴在本期抵缴所得税额			
17	本月（季）实际应补（退）所得税额		——	
18	二、按照上一纳税年度应纳税所得额平均额预缴			
19	上一纳税年度应纳税所得额		——	
20	本月（季）应纳税所得额（19 行×1/4 或 1/12）			
21	税率(25%)			
22	本月（季）应纳所得税额（20 行×21 行）			
23	减：减免所得税额(请填附表 3)			
24	本月（季）实际应纳所得税额（22 行-23 行）			
25	三、按照税务机关确定的其他方法预缴			
26	本月（季）税务机关确定的预缴所得税额			
27	总分机构纳税人			
28	总机构	总机构分摊所得税额(15 行或 24 行或 26 行×总机构分摊预缴比例)		
29		财政集中分配所得税额		
30		分支机构分摊所得税额(15 行或 24 行或 26 行×分支机构分摊比例)		
31		其中：总机构独立生产经营部门应分摊所得税额		
32	分支机构	分配比例		
33		分配所得税额		

是否属于小型微利企业：　　　　是 □　　　　否 □

谨声明：此纳税申报表是根据《中华人民共和国企业所得税法》、《中华人民共和国企业所得税法实施条例》和国家有关税收规定填报的，是真实的、可靠的、完整的。

法定代表人（签字）：　　　　年　月　日

纳税人公章： 会计主管： 填表日期：　　年　月　日	代理申报中介机构公章： 经办人： 经办人执业证件号码： 代理申报日期：　　年　月　日	主管税务机关受理专用章： 受理人： 受理日期：　　年　月　日

中华人民共和国企业所得税月（季）度预缴纳税申报表（A类，2015年版）附表3

减免所得税额明细表

金额单位： 人民币元(列至角分)

行次	项　　目	本期金额	累计金额
1	合计（2行+4行+5行+6行）		
2	一、符合条件的小型微利企业		
3	其中：减半征税		
4	二、国家需要重点扶持的高新技术企业		
5	三、减免地方分享所得税的民族自治地方企业		
6	四、其他专项优惠（7行+8行+9行+…30行）		
7	（一）经济特区和上海浦东新区新设立的高新技术企业		
8	（二）经营性文化事业单位转制企业		
9	（三）动漫企业		
10	（四）受灾地区损失严重的企业		
11	（五）受灾地区农村信用社		
12	（六）受灾地区的促进就业企业		
13	（七）技术先进型服务企业		
14	（八）新疆困难地区新办企业		
15	（九）新疆喀什、霍尔果斯特殊经济开发区新办企业		
16	（十）支持和促进重点群体创业就业企业		
17	（十一）集成电路线宽小于0.8微米（含）的集成电路生产企业		
18	（十二）集成电路线宽小于0.25微米的集成电路生产企业		
19	（十三）投资额超过80亿元人民币的集成电路生产企业		
20	（十四）新办集成电路设计企业		
21	（十五）国家规划布局内重点集成电路设计企业		
22	（十六）符合条件的软件企业		
23	（十七）国家规划布局内重点软件企业		
24	（十八）设在西部地区的鼓励类产业企业		
25	（十九）符合条件的生产和装配伤残人员专门用品企业		
26	（二十）中关村国家自主创新示范区从事文化产业支撑技术等领域的高新技术企业		
27	（二十一）享受过渡期税收优惠企业		
28	（二十二）横琴新区、平潭综合实验区和前海深港现代化服务业合作区企业		
29	（二十三）其他1：		
30	（二十四）其他2：		

通用申报表（税及附征税费、基金规费）

纳税人识别号：　　　　　　　　纳税人名称：

征收项目	征收品目	税（费）款所属期起	税（费）款所属期止	应税项（总数量或收入总额、应缴费人数、原值、面积、缴费基数等）	减除项（允许减除数量、金额、面积、已安排残疾人数等）	计税（费）依据	税（费）率或单位税额	应税所得率	速算扣除数	本期应纳税（费）额	减免税（费）额	减免性质	本期已缴税（费）额	本期应补（退）税（费）额
合计														

办税人：　　　　申报日期：　　　　受理人：　　　　受理日期：　　　　受理税务机关：

1. 本表一式两份，一份纳税人留存，一份税务机关留存。
2. 此表用于申报城市维护建设税、教育费附加、地方教育附加、文化事业建设费、工会经费、水利建设基金、残疾人保障金、价格调节基金时使用。

附件 3

扣缴个人所得税报告表

税款所属期：　　年　月　日至　年　月　日

扣缴义务人名称：　　　　　　　　　　　　　　　扣缴义务人所属行业：□一般行业 □特定行业月份申报

扣缴义务人编码：□□□□□□□□□□□□□□□□□□□　　　　金额单位：人民币元（列至角分）

序号	姓名	身份证件类型	身份证件号码	所得项目	所得时间	收入额	免税所得	税钱扣除项目								减除费用	准予扣除的捐赠额	应纳税所得额	税率%	速算扣除数	应纳税额	减免税额	应扣缴税额	已扣缴税额	应补（退）税额	备注
								基本养老保险费	基本医疗保险费	失业保险费	住房公积金	财产原值	允许扣除的税费	其他	合计											
1	2	3	4	5	6	7	8	9	10	11	12	13	14	15	16	17	18	19	20	21	22	23	24	25	26	27
合计																										

谨声明：此扣缴报告表是根据《中华人民共和国个人所得税法》及其实施条例和国家有关税收法律法规规定填写的，是真实的、完整的、可靠的。

法定代表人（负责人）签字：　　　年　月　日

扣缴义务人公章： 经办人：	代理机构（人）签章： 经办人： 经办人执业证件号码：	主管税务机关受理专用章： 受理人：
填表时间：　年　月　日	代理申报日期：　年　月　日	受理日期：　年　月　日

国家税务总局监制

印花税纳税申报表

税款所属期限：自　年　月　日至　年　月　日　　填表日期：　年　月　日　　金额单位：元至角分

纳税人识别号 □□□□□□□□□□□□□□□□□□□□

纳税人信息	名称			☐单位　☐个人					
	登记注册类型			所属行业					
	身份证件号码			联系方式					
应税凭证	计税金额或件数	核定征收		适用税率	本期应纳税额	本期已缴税额	本期减免税额		本期应补（退）税额
		核定依据	核定比例				减免性质代码	减免额	
	1	2	3	4	5=1×5+2×4	6	7	8	9=6−7−9
购销合同				0.3‰					
加工承揽合同				0.5‰					
建设工程勘察设计合同				0.5‰					
建筑安装工程承包合同				0.3‰					
财产租赁合同				1‰					
货物运输合同				0.5‰					
仓储保管合同				1‰					
借款合同				0.05‰					
财产保险合同				1‰					
技术合同				0.3‰					
产权转移书据				0.5‰					
营业帐簿（记载资金的帐簿）		—		0.5‰					
营业帐簿（其他帐簿）		—		5					
权利、许可证照		—		5					
合计	—	—		—					

以下由纳税人填写：					
纳税人声明	此纳税申报表是根据《中华人民共和国印花税暂行条例》和国家有关税收规定填报的，是真实的、可靠的、完整的。				
纳税人签章		代理人签章		代理人身份证号	
以下由税务机关填写：					
受理人		受理日期	年　月　日	受理税务机关签章	

本表一式两份，一份纳税人留存，一份税务机关留存。

减免性质代码：减免性质代码按照国家税务总局制定下发的最新《减免性质及分类表》中的最细项减免性质代码填报。

中华人民共和国企业所得税年度纳税申报表

（A类 ， 2014年版）

税款所属期间：　　　年　月　日至　　　年　月　日

纳税人识别号：□□□□□□□□□□□□□□□□□□

纳税人名称：

金额单位：人民币元（列至角分）

谨声明：此纳税申报表是根据《中华人民共和国企业所得税法》、《中华人民共和国企业所得税法实施条例》、有关税收政策以及国家统一会计制度的规定填报的，是真实的、可靠的、完整的。

法定代表人（签章）：　　　　年　月　日

纳税人公章： 会计主管： 填表日期：　年　月　日	代理申报中介机构公章： 经办人： 经办人执业证件号码： 代理申报日期：　年　月　日	主管税务机关受理专用章： 受理人： 受理日期：　年　月　日

国家税务总局监制

企业所得税年度纳税申报表填报表单

表单编号	表单名称	选择填报情况	
		填报	不填报
A000000	企业基础信息表	√	×
A100000	中华人民共和国企业所得税年度纳税申报表（A 类）	√	×
A101010	一般企业收入明细表	□	□
A101020	金融企业收入明细表	□	□
A102010	一般企业成本支出明细表	□	□
A102020	金融企业支出明细表	□	□
A103000	事业单位、民间非营利组织收入、支出明细表	□	□
A104000	期间费用明细表	□	□
A105000	纳税调整项目明细表	□	□
A105010	视同销售和房地产开发企业特定业务纳税调整明细表	□	□
A105020	未按权责发生制确认收入纳税调整明细表	□	□
A105030	投资收益纳税调整明细表	□	□
A105040	专项用途财政性资金纳税调整明细表	□	□
A105050	职工薪酬纳税调整明细表	□	□
A105060	广告费和业务宣传费跨年度纳税调整明细表	□	□
A105070	捐赠支出纳税调整明细表	□	□
A105080	资产折旧、摊销情况及纳税调整明细表	□	□
A105081	固定资产加速折旧、扣除明细表	□	□
A105090	资产损失税前扣除及纳税调整明细表	□	□
A105091	资产损失（专项申报）税前扣除及纳税调整明细表	□	□
A105100	企业重组纳税调整明细表	□	□
A105110	政策性搬迁纳税调整明细表	□	□
A105120	特殊行业准备金纳税调整明细表	□	□
A106000	企业所得税弥补亏损明细表	□	□

续 表

表单编号	表单名称	选择填报情况	
		填报	不填报
A107010	免税、减计收入及加计扣除优惠明细表	□	□
A107011	符合条件的居民企业之间的股息、红利等权益性投资收益优惠明细表	□	□
A107012	综合利用资源生产产品取得的收入优惠明细表	□	□
A107013	金融、保险等机构取得的涉农利息、保费收入优惠明细表	□	□
A107014	研发费用加计扣除优惠明细表	□	□
A107020	所得减免优惠明细表	□	□
A107030	抵扣应纳税所得额明细表	□	□
A107040	减免所得税优惠明细表	□	□
A107041	高新技术企业优惠情况及明细表	□	□
A107042	软件、集成电路企业优惠情况及明细表	□	□
A107050	税额抵免优惠明细表	□	□
A108000	境外所得税收抵免明细表	□	□
A108010	境外所得纳税调整后所得明细表	□	□
A108020	境外分支机构弥补亏损明细表	□	□
A108030	跨年度结转抵免境外所得税明细表	□	□
A109000	跨地区经营汇总纳税企业年度分摊企业所得税明细表	□	□
A109010	企业所得税汇总纳税分支机构所得税分配表	□	□
说明：企业应当根据实际情况选择需要填表的表单。			

A000000

企业基础信息表

正常申报□	更正申报□	补充申报□

100基本信息			
101汇总纳税企业	是（总机构□　按比例缴纳总机构□ ）　否□		
102注册资本（万元）		106境外中资控股居民企业	是□ 否□
103所属行业明细代码		107从事国家非限制和禁止行业	是□ 否□
104从业人数		108存在境外关联交易	是□
105资产总额（万元）		109上市公司	是（境内□境外□）

200主要会计政策和估计			
201适用的会计准则或会计制度	企业会计准则(一般企业□ 银行□ 证券□ 保险□ 担保□) 小企业会计准则□ 企业会计制度□ 事业单位会计准则(事业单位会计制度□ 科学事业单位会计制度□ 医院会计制度□ 高等学校会计制度□ 中小学校会计制度□ 彩票机构会计制度□) 民间非营利组织会计制度□ 村集体经济组织会计制度□		
202会计档案的存放地		203会计核算软件	
204记账本位币	人民币□　其他□	205会计政策和估计是否发生变化	是□　否□
206固定资产折旧方法	年限平均法□　工作量法□　双倍余额递减法□　年数总和法□		
207存货成本计价方法	先进先出法□　移动加权平均法□　月末一次加权平均法□ 个别计价法□　毛利率法□　零售价法□　计划成本法□　其他□		
208坏账损失核算方法	备抵法□　直接核销法□		
209所得税计算方法	应付税款法□　资产负债表债务法□　其他□		

300企业主要股东及对外投资情况

301企业主要股东（前5位）

股东名称	证件种类	证件号码	经济性质	投资比例	国籍（注册地址）

302对外投资（前5位）

被投资者名称	纳税人识别号	经济性质	投资比例	投资金额	注册地址

A100000

中华人民共和国企业所得税年度纳税申报表（A类）

行次	类别	项　　目	金　额
1	利润总额计算	一、营业收入(填写A101010\101020\103000)	
2		减：营业成本(填写A102010\102020\103000)	
3		营业税金及附加	
4		销售费用(填写A104000)	
5		管理费用(填写A104000)	
6		财务费用(填写A104000)	
7		资产减值损失	
8		加：公允价值变动收益	
9		投资收益	
10		二、营业利润(1-2-3-4-5-6-7+8+9)	
11		加：营业外收入(填写A101010\101020\103000)	
12		减：营业外支出(填写A102010\102020\103000)	
13		三、利润总额（10+11-12）	
14	应纳税所得额计算	减：境外所得（填写A108010）	
15		加：纳税调整增加额（填写A105000）	
16		减：纳税调整减少额（填写A105000）	
17		减：免税、减计收入及加计扣除（填写A107010）	
18		加：境外应税所得抵减境内亏损（填写A108000）	
19		四、纳税调整后所得（13-14+15-16-17+18）	
20		减：所得减免（填写A107020）	
21		减：抵扣应纳税所得额（填写A107030）	
22		减：弥补以前年度亏损（填写A106000）	
23		五、应纳税所得额（19-20-21-22）	
24	应纳税额计算	税率（25%）	
25		六、应纳所得税额（23×24）	
26		减：减免所得税额（填写A107040）	
27		减：抵免所得税额（填写A107050）	
28		七、应纳税额（25-26-27）	
29		加：境外所得应纳所得税额（填写A108000）	
30		减：境外所得抵免所得税额（填写A108000）	
31		八、实际应纳所得税额（28+29-30）	
32		减：本年累计实际已预缴的所得税额	
33		九、本年应补（退）所得税额（31-32）	
34		其中：总机构分摊本年应补（退）所得税额(填写A109000)	
35		财政集中分配本年应补（退）所得税额（填写A109000）	
36		总机构主体生产经营部门分摊本年应补（退）所得税额(填写A109000)	
37	附列资料	以前年度多缴的所得税额在本年抵减额	
38		以前年度应缴未缴在本年入库所得税额	

A101010

一般企业收入明细表

行　次	项　目	金　额
1	一、营业收入（2+9）	
2	（一）主营业务收入（3+5+6+7+8）	
3	1. 销售商品收入	
4	其中：非货币性资产交换收入	
5	2. 提供劳务收入	
6	3. 建造合同收入	
7	4. 让渡资产使用权收入	
8	5. 其他	
9	（二）其他业务收入（10+12+13+14+15）	
10	1. 销售材料收入	
11	其中：非货币性资产交换收入	
12	2. 出租固定资产收入	
13	3. 出租无形资产收入	
14	4. 出租包装物和商品收入	
15	5. 其他	
16	二、营业外收入（17+18+19+20+21+22+23+24+25+26）	
17	（一）非流动资产处置利得	
18	（二）非货币性资产交换利得	
19	（三）债务重组利得	
20	（四）政府补助利得	
21	（五）盘盈利得	
22	（六）捐赠利得	
23	（七）罚没利得	
24	（八）确实无法偿付的应付款项	
25	（九）汇兑收益	
26	（十）其他	

A102010

一般企业成本支出明细表

行　　次	项　　目	金　　额
1	一、营业成本（2+9）	
2	（一）主营业务成本（3+5+6+7+8）	
3	1. 销售商品成本	
4	其中：非货币性资产交换成本	
5	2. 提供劳务成本	
6	3. 建造合同成本	
7	4. 让渡资产使用权成本	
8	5. 其他	
9	（二）其他业务成本（10+12+13+14+15）	
10	1. 材料销售成本	
11	其中：非货币性资产交换成本	
12	2. 出租固定资产成本	
13	3. 出租无形资产成本	
14	4. 包装物出租成本	
15	5. 其他	
16	二、营业外支出（17+18+19+20+21+22+23+24+25+26）	
17	（一）非流动资产处置损失	
18	（二）非货币性资产交换损失	
19	（三）债务重组损失	
20	（四）非常损失	
21	（五）捐赠支出	
22	（六）赞助支出	
23	（七）罚没支出	
24	（八）坏账损失	
25	（九）无法收回的债券股权投资损失	
26	（十）其他	

A104000

期间费用明细表

行次	项　　目	销售费用	其中：境外支付	管理费用	其中：境外支付	财务费用	其中：境外支付
		1	2	3	4	5	6
1	一、职工薪酬		*		*	*	*
2	二、劳务费					*	*
3	三、咨询顾问费					*	*
4	四、业务招待费		*		*	*	*
5	五、广告费和业务宣传费		*		*	*	*
6	六、佣金和手续费						
7	七、资产折旧摊销费		*		*	*	*
8	八、财产损耗、盘亏及毁损损失		*		*	*	*
9	九、办公费		*		*	*	*
10	十、董事会费		*		*	*	*
11	十一、租赁费					*	*
12	十二、诉讼费		*		*	*	*
13	十三、差旅费		*		*	*	*
14	十四、保险费		*		*	*	*
15	十五、运输、仓储费					*	*
16	十六、修理费					*	*
17	十七、包装费		*		*	*	*
18	十八、技术转让费					*	*
19	十九、研究费用					*	*
20	二十、各项税费		*		*	*	*
21	二十一、利息收支	*	*	*	*		
22	二十二、汇兑差额	*	*	*	*		
23	二十三、现金折扣	*	*	*	*		*
24	二十四、其他						
25	合计（1 +2 +3 +⋯24）						

A105000

纳税调整项目明细表

行次	项　　目	账载金额	税收金额	调增金额	调减金额
		1	2	3	4
1	一、收入类调整项目（2+3+4+5+6+7+8+10+11）	*	*		
2	（一）视同销售收入（填写A105010）	*			*
3	（二）未按权责发生制原则确认的收入（填写A105020）				
4	（三）投资收益（填写A105030）				
5	（四）按权益法核算长期股权投资对初始投资成本调整确认收益	*	*	*	
6	（五）交易性金融资产初始投资调整	*	*		*
7	（六）公允价值变动净损益		*		
8	（七）不征税收入	*	*		
9	其中：专项用途财政性资金（填写A105040）	*	*		
10	（八）销售折扣、折让和退回				
11	（九）其他				
12	二、扣除类调整项目（13+14+15+16+17+18+19+20+21+22+23+24+26+27+28+29）	*	*		
13	（一）视同销售成本（填写A105010）	*		*	
14	（二）职工薪酬（填写A105050）				
15	（三）业务招待费支出				*
16	（四）广告费和业务宣传费支出（填写A105060）	*	*		
17	（五）捐赠支出（填写A105070）				*
18	（六）利息支出				
19	（七）罚金、罚款和被没收财物的损失		*		*
20	（八）税收滞纳金、加收利息		*		*
21	（九）赞助支出		*		*
22	（十）与未实现融资收益相关在当期确认的财务费用				
23	（十一）佣金和手续费支出				*
24	（十二）不征税收入用于支出所形成的费用	*	*		*

续　表

行次	项　　目	账载金额	税收金额	调增金额	调减金额
		1	2	3	4
25	其中：专项用途财政性资金用于支出所形成的费用（填写 A105040）	*	*		*
26	（十三）跨期扣除项目				
27	（十四）与取得收入无关的支出		*		*
28	（十五）境外所得分摊的共同支出	*	*		*
29	（十六）其他				
30	三、资产类调整项目（31 +32 +33 +34）	*	*		
31	（一）资产折旧、摊销（填写 A105080）				
32	（二）资产减值准备金		*		
33	（三）资产损失（填写 A105090）				
34	（四）其他				
35	四、特殊事项调整项目（36 +37 +38 +39 +40）	*	*		
36	（一）企业重组（填写 A105100）				
37	（二）政策性搬迁（填写 A105110）	*	*		
38	（三）特殊行业准备金（填写 A105120）				
39	（四）房地产开发企业特定业务计算的纳税调整额（填写 A105010）	*			
40	（五）其他	*	*		
41	五、特别纳税调整应税所得	*	*		
42	六、其他	*	*		
43	合计（1 +12 +30 +35 +41 +42）	*	*		

A105050

职工薪酬纳税调整明细表

行次	项　　目	账载金额	税收规定扣除率	以前年度累计结转扣除额	税收金额	纳税调整金额	累计结转以后年度扣除额
		1	2	3	4	5(1－4)	6(1＋3－4)
1	一、工资薪金支出		*	*			*
2	其中:股权激励		*	*			*
3	二、职工福利费支出			*			*
4	三、职工教育经费支出		*				
5	其中:按税收规定比例扣除的职工教育经费						
6	按税收规定全额扣除的职工培训费用			*			*
7	四、工会经费支出			*			*
8	五、各类基本社会保障性缴款		*	*			*
9	六、住房公积金		*	*			*
10	七、补充养老保险			*			*
11	八、补充医疗保险			*			*
12	九、其他		*				
13	合计(1＋3＋4＋7＋8＋9＋10＋11＋12)		*				

A105060

广告费和业务宣传费跨年度纳税调整明细表

行 次	项 目	金 额
1	一、本年广告费和业务宣传费支出	
2	减：不允许扣除的广告费和业务宣传费支出	
3	二、本年符合条件的广告费和业务宣传费支出（1－2）	
4	三、本年计算广告费和业务宣传费扣除限额的销售（营业）收入	
5	税收规定扣除率	
6	四、本企业计算的广告费和业务宣传费扣除限额（4×5）	
7	五、本年结转以后年度扣除额（3＞6，本行＝3－6；3≤6，本行＝0）	
8	加：以前年度累计结转扣除额	
9	减：本年扣除的以前年度结转额［3＞6，本行＝0；3≤6，本行＝8 或（6－3）孰小值］	
10	六、按照分摊协议归集至其他关联方的广告费和业务宣传费（10≤3 或 6 孰小值）	
11	按照分摊协议从其他关联方归集至本企业的广告费和业务宣传费	
12	七、本年广告费和业务宣传费支出纳税调整金额（3＞6，本行＝2＋3－6＋10－11；3≤6，本行＝2＋10－11－9）	
13	八、累计结转以后年度扣除额（7＋8－9）	

A105080

资产折旧、摊销情况及纳税调整明细表

行次	项　目	账载金额			税收金额					纳税调整
		资产账载金额	本年折旧、摊销额	累计折旧、摊销额	资产计税基础	按税收一般规定计算的本年折旧、摊销额	本年加速折旧额	其中:2014 年及以后年度新增固定资产加速折旧额(填写 A105081)	累计折旧、摊销额	金额	调整原因
		1	2	3	4	5	6	7	8	9(2－5－6)	10
1	一、固定资产(2＋3＋4＋5＋6＋7)										
2	(一)房屋、建筑物										
3	(二)飞机、火车、轮船、机器、机械和其他生产设备										
4	(三)与生产经营活动有关的器具、工具、家具等										
5	(四)飞机、火车、轮船以外的运输工具										
6	(五)电子设备										
7	(六)其他										
8	二、生产性生物资产(9＋10)							*			
9	(一)林木类							*			
10	(二)畜类							*			
11	三、无形资产(12＋13＋14＋15＋16＋17＋18)						*	*			
12	(一)专利权						*	*			

续 表

行次	项 目	账载金额				税收金额					纳税调整
		资产账载金额	本年折旧、摊销额	累计折旧、摊销额	资产计税基础	按税收一般规定计算的本年折旧、摊销额	本年加速折旧额	其中:2014年及以后年度新增固定资产加速折旧额（填写A105081）	累计折旧、摊销额	金额	调整原因
		1	2	3	4	5	6	7	8	9(2－5－6)	10
13	（二）商标权						*	*			
14	（三）著作权						*	*			
15	（四）土地使用权						*	*			
16	（五）非专利技术						*	*			
17	（六）特许权使用费						*	*			
18	（七）其他						*	*			
19	四、长期待摊费用(20＋21＋22＋23＋24)						*	*			
20	（一）已足额提取折旧的固定资产的改建支出						*	*			
21	（二）租入固定资产的改建支出						*	*			
22	（三）固定资产的大修理支出						*	*			
23	（四）开办费						*	*			
24	（五）其他						*	*			
25	五、油气勘探投资						*	*			
26	六、油气开发投资						*	*			
27	合计(1＋8＋11＋19＋25＋26)										*

A106000

企业所得税弥补亏损明细表

行次	项目	年度	纳税调整后所得	合并、分立转入（转出）可弥补的亏损额	当年可弥补的亏损额	以前年度亏损已弥补额					本年度实际弥补的以前年度亏损额	可结转以后年度弥补的亏损额
						前四年度	前三年度	前二年度	前一年度	合计		
		1	2	3	4	5	6	7	8	9	10	11
1	前五年度	2011										*
2	前四年度	2012				*						
3	前三年度	2013				*	*					
4	前二年度	2014				*	*	*				
5	前一年度	2015				*	*	*	*	*		
6	本年度	2016				*	*	*	*	*		
7	可结转以后年度弥补的亏损额合计											

A107040

减免所得税优惠明细表

行　次	项　　目	金　　额
1	一、符合条件的小型微利企业	
2	其中：减半征税	
3	二、国家需要重点扶持的高新技术企业（4+5）	
4	（一）高新技术企业低税率优惠（填写 A107041）	
5	（二）经济特区和上海浦东新区新设立的高新技术企业定期减免（填写 A107041）	
6	三、其他专项优惠（7+8+9+10+11…+14+15+16+…+31）	
7	（一）受灾地区损失严重的企业（7.1+7.2+7.3）	
7.1	其中：1.	
7.2	2.	
7.3	3.	
8	（二）受灾地区农村信用社（8.1+8.2+8.3）	
8.1	其中：1.	
8.2	2.	
8.3	3.	
9	（三）受灾地区的促进就业企业（9.1+9.2+9.3）	
9.1	其中：1.	
9.2	2.	
9.3	3.	
10	（四）支持和促进重点群体创业就业企业（10.1+10.2+10.3）	
10.1	其中：1. 下岗失业人员再就业	
10.2	2. 高校毕业生就业	
10.3	3. 退役士兵就业	
11	（五）技术先进型服务企业	
12	（六）动漫企业	
13	（七）集成电路线宽小于 0.8 微米（含）的集成电路生产企业	
14	（八）集成电路线宽小于 0.25 微米的集成电路生产企业（14.1+14.2）	
14.1	其中：1. 定期减免企业所得税	

续 表

行　　次	项　　　目	金　　额
14.2	2. 减按15%税率征收企业所得税	
15	（九）投资额超过80亿元人民币的集成电路生产企业（15.1+15.2）	
15.1	其中：1. 定期减免企业所得税	
15.2	2. 减按15%税率征收企业所得税	
16	（十）新办集成电路设计企业（填写A107042）	
17	（十一）国家规划布局内重点集成电路设计企业	
18	（十二）集成电路封装、测试企业	
19	（十三）集成电路关键专用材料生产企业或集成电路专用设备生产企业	
20	（十四）符合条件的软件企业（填写A107042）	
21	（十五）国家规划布局内重点软件企业	
22	（十六）经营性文化事业单位转制企业	
23	（十七）符合条件的生产和装配伤残人员专门用品企业	
24	（十八）设在西部地区的鼓励类产业企业	
25	（十九）新疆困难地区新办企业	
26	（二十）新疆喀什、霍尔果斯特殊经济开发区新办企业	
27	（二十一）横琴新区、平潭综合实验区和前海深港现代化服务业合作区企业	
28	（二十二）享受过渡期税收优惠企业	
29	（二十三）其他1	
30	（二十四）其他2	
31	（二十五）其他3	
32	四、减：项目所得额按法定税率减半征收企业所得税叠加享受减免税优惠	
33	五、减免地方分享所得税的民族自治地方企业	
34	合计：（1+3+6－32+33）	

资产负债表

会小企01表

纳税人识别号				填表日期			单位：元
纳税人名称				所属时期	至		
资 产	行次	期末余额	年初余额	负债和所有者权益	行次	期末余额	年初余额
流动资产：				流动负债：			
货币资金	1			短期借款	31		
短期投资	2			应付票据	32		
应收票据	3			应付账款	33		
应收账款	4			预收账款	34		
预付账款	5			应付职工薪酬	35		
应收股利	6			应付税费	36		
应收利息	7			应付利息	37		
其他应收款	8			应交利润	38		
存货	9			其它应付款	39		
其中：原材料	10			其他流动负债	40		
在产品	11			流动负债合计	41		
库存商品	12			非流动负债：			
周转材料	13			长期借款	42		
其他流动资产：	14			长期应付款	43		
流动资产合计	15			延期收款	44		
非流动资产：				其他非流动负债	45		
长期债权投资	16			非流动负债合计	46		
长期股权投资	17			负债合计	47		
固定资产原价	18						
减：累计折旧	19						
固定资产账面价值	20						
在建工程	21						
工程物资	22						
固定资产清理	23						
生产性生物资产	24			所有者权益（或股东权益）：			
无形资产	25			实收资本（或股本）	48		
开发支出	26			资本公积	49		
长期待摊费用	27			盈余公积	50		
其他非流动资产	28			未分配利润	51		
非流动资产合计	29			所有者权益（或股东权益）合计	52		
资产总计	30			负债和所有者（或股东权益）合计	53		

利润表

会小企02表

<table>
<tr><td>纳税人识别号</td><td></td><td>填表日期</td><td colspan="2"></td><td>单位：元</td></tr>
<tr><td>纳税人名称</td><td></td><td>所属日期</td><td></td><td>至</td><td></td></tr>
</table>

项目	行次	本年累计金额	本月金额
一、营业收入	1		
减：营业成本	2		
营业税金及附加	3		
其中：消费税	4		
营业税	5		
城市维护建设税	6		
资源税	7		
土地增值税	8		
城镇土地使用税、房产税、车船税、印花税	9		
教育费附加、矿产资源补偿费、排污费	10		
销售费用	11		
其中：商品维修费	12		
广告费和业务宣传费	13		
管理费用	14		
其中：开办费	15		
业务招待费	16		
研究费用	17		
财务费用	18		
其中：利息费用（收入以“—”号填列）	19		
加：投资收益（损失以“—”号填列）	20		
二、营业利润（亏损以“—”号填列）	21		
加：营业外收入	22		
其中：政府补助	23		
减：营业外支出	24		
其中：坏帐损失	25		
无法收回的长期债权投资损失	26		
无法收回的长期股权投资损失	27		
自然灾害等不可抗力因素造成的损失	28		
税收滞纳金	29		
三、利润总额（亏损总额以“—”号填列）	30		
减：所得税费用	31		
四、净利润（净亏损以“—”号填列）	32		

现 金 流 量 表

会企03表

编制单位：　　　　　　　　　　　　　　度　　　　　　　　　　　　　　单位：元

项　　目	行次	金 额	补 充 资 料	行次	金 额
一、经营活动产生的现金流量：			1、将净利润调节为经营活动现金流量：		
出售商品、提供劳务收到的现金	1	-	净利润	57	-
收到的税费返还	3	-	加：计提的资产减值准备	58	-
收到的其他与经营活动有关的现金	8	-	固定资产折旧	59	-
现金流入小计	9	-	无形资产摊销	60	-
购买商品、接受劳务支付的现金	10	-	长期待摊费用摊销	61	-
支付给职工以及为职工支付的现金	12	-	待摊费用减少（减，增加）	64	-
支付的各项税费	13	-	预提费用增加（减，减少）	65	-
支付的其他与经营活动有关的现金	18		处置固定资产，无形资产和其他长期资产的损失（减，收益）	66	-
现金流出小计	20	-	固定资产报废损失	67	-
经营活动产生的现金流量净额	21	-	财务费用	68	-
二、投资活动产生的现金流量：			投资损失（减：收益）	69	-
收回投资所收到的现金	22	-	递延税款贷项（减：借项）	70	-
取得投资收益所收到的现金	23	-	存货的减少（减：增加）	71	-
处置固定资产、无形资产和其他长期资产所收回的现金净额	25	-	经营性应收项目的减少（减：增加）	72	-
收到的其他与投资活动有关的现金	28	-	经营性应付项目的增加（减：减少）	73	-
现金流入小计	29	-	其他	74	-
购建固定资产、无形资产和其他长期资产所支付的现金	30	-	经营活动产生的现金流量净额	75	-
投资所支付的现金	31	-			
支付的其他与投资活动有关的现金	35	-			
现金流出小计	36	-			
投资活动产生的现金流量净额	37	-	2、不涉及现金收支的投资和筹资活动：		
三、筹资活动产生的现金流量：			债务转为资本	76	
吸收投资所收到的现金	38	-	一年内到期的可转换公司债券	77	
借款所收到的现金	40	-	融资租入固定资产	78	
收到的其他与筹资活动有关的现金	43	-			
现金流入小计	44	-			
偿还债务所支付的现金	45				
分配股利、利润或偿付利息所支付的现金	46	-	3、现金及现金等价物净增加情况：		
支付的其他与筹资活动有关的现金	52	-	现金的期末余额	79	-
现金流出小计	53	-	减：现金的期初余额	80	-
筹资活动产生的现金流量净额	54	-	加：现金等价物的期末余额	81	
四、汇率变动对现金的影响	55		减：现金等价物的期初余额	82	
五、现金及现金等价物净增加额	56	-	现金及现金等价物净增加额	83	-

企业负责人：　　　　　　　　　　　　财务负责人：　　　　　　　　　　　　制表人：

购销合同

购货单位（甲方）：广西营创机电设备有限公司

销货单位（乙方）：东莞市明壮机电制造有限公司

根据《中华人民共和国合同法》及有关法律、法规规定，甲、乙双方本着平等、自愿、公平、互惠互利和诚实守信的原则，就产品供销的有关事宜协商一致订立本合同，以便共同遵守。

一、产品名称、型号、数量、金额、交货期限及付款方式：

产品名称	型号	数量	单价	金额
变压器 S13 系	500KVA	5	43 000.00	215 000.00
总计：￥215 000.00 元 人民币大写：贰拾壹万伍仟元整（含 17% 增值税，不含运费）				
交货期限为：合同生效后 30 个工作日发货				

产品由乙方发货，广东红星运输有限公司承运，运费由乙方发货时代甲方垫付，甲方在收到产品并验收合格后采用银行汇款的方式支付产品货款和运费。

二、产品质量及到达时间：

1. 乙方保证所提供的产品货真价实，来源合法，无任何法律纠纷和质量问题，如果乙方所提供产品与第三方出现了纠纷，由此引起的一切法律后果均由乙方承担。

2. 如果甲方在使用上述产品过程中，出现产品质量问题，乙方负责调换，若不能调换，予以退还。

3. 产品必须在合同签订之日起 30 日内到达甲方指定的目的地。

三、违约责任

1. 甲乙双方均应全面履行本合同约定，一方违约给另一方造成损失的，应当承担赔偿责任。

2. 乙方未按合同约定供货的，按延迟部分的供货款，每延迟 1 日承担万分之五违约金，延迟 10 日以上的，除支付违约金外，甲方有权解除合同。

3. 甲方未按照合同约定的期限结算的，应按照中国人民银行有关延期付款的规定，延迟 1 日，需支付结算货款的万分之五的违约金；延迟 10 日以上的，除支付违约金外，乙方有权解除合同。

4. 甲方不得无故拒绝接货，否则应当承担由此造成的损失和运输费用。

5. 合同解除后，双方应当按照本合同的约定进行对帐和结算，不得刁难。

四、其他约定事项

本合同一式两份，自双方签字之日起生效。如果出现纠纷，双方均可向有管辖权的人民法院提起诉讼。

甲　　方：广西营创机电设备有限公司	乙　　方：东莞市明壮机电制造有限公司
开户银行：工商银行西北支行	开户银行：中国农业银行大朗镇支行
账　　号：2102109305118098818	账　　号：20－008241775656916
2016 年 12 月 01 日	2016 年 12 月 01 日

货物运输合同

甲方（托运人）：广西营创机电设备有限公司

乙方（承运人）：广东红星运输有限公司

甲、乙双方经过协商，根据《合同法》有关规定，订立货物运输合同，条款如下：

一、货物运输期限从 2016 年 12 月 05 日起到 2016 年 12 月 15 日为止。

二、货物运输期限内，甲方委托乙方运输货物，运输方式为公路运输，具体货物收货人等事项，由甲、乙双方另签运单确定，所签运单作为本协议的附件，与本协议具有同等的法律效力。

三、甲方需按照货物买卖合同约定的标准对货物进行包装。

四、乙方须按照运单的要求，在约定的期限内，将货物运到甲方指定的地点，交给甲方指定的收货人。

五、甲方支付给乙方的运输费用为人民币捌佰伍拾元整（￥850.00），乙方将货物交给甲方指定的收货人及开具全额运输费用之日起10 日内甲方支付全部运输费用。

六、乙方在将货物交给收货人时，同时应协助收货人亲笔签收货物以作为完成运输义务的证明。如乙方联系不上收货人时，应及时通知甲方，甲方有责任协助乙方及时通知收货人提货。

七、甲方交付乙方承运的货物乙方对此应予以高度重视，避免暴晒、雨淋，确保包装及内容物均完好按期运达指定地。运输过程中如发生货物灭失、短少、损坏、变质、污染等问题，乙方应确认数量并按照甲方购进或卖出时价格全额赔偿。

八、因发生自然灾害等不可抗力造成货物无法按期运达目的地时，乙方应将情况及时通知甲方并取得相关证明，以便甲方与客户协调；非因自然灾害等不可抗力造成货物无法按时到达，乙方需在最短时间内运至甲方指定的收货地点并交给收货人，且赔偿逾期承运给甲方造成的全部经济损失。

九、本协议未尽事宜，由双方协商解决，协商不成，可向甲方住所地法院提起诉讼。

十、本协议一式两份，双方各持一份，双方签字盖章后生效。

甲方：广西营创机电设备有限公司　　　　乙方：广东红星运输有限公司

2016 年 12 月 05 日　　　　2016 年 12 月 05 日

购销合同

购货单位（甲方）：广西富贵糖业有限公司

销货单位（乙方）：广西营创机电设备有限公司

根据《中华人民共和国合同法》及有关法律、法规规定，甲、乙双方本着平等、自愿、公平、互惠互利和诚实守信的原则，就产品供销的有关事宜协商一致订立本合同，以便共同遵守。

一、产品名称、型号、数量、合同总金额：

产品名称	型号	数量	单价	金额
变压器 S13 系	2000KVA	2	162 000.00	324 000.00
总计：¥324 000.00 元 人民币大写：叁拾贰万肆仟元整（含 17% 增值税，不含运费）				

二、货款结算方式及付款期限：本合同总价款为人民币叁拾贰万肆仟元整（¥324 000.00）。合同签订后甲方在 30 日内支付合同总价款 30% 的预付款；设备进场验收合格且收到乙方开具全额含税 17% 的增值税专用发票后，甲方在 30 日内再支付合同总价款剩余的 70% 的款项。采用银行汇款的方式付款。

三、交货地点：甲方生产厂区内。

四、交货时间：2016 年 12 月 15 日前完成产品安装。

五、运输方式：乙方负责运送到交货地点，所产生的费用由乙方承担，包括交货地点的卸车工作及其费用，卸车时甲方提供协助。

六、产品质量：

1. 乙方保证所提供的产品货真价实，来源合法，无任何法律纠纷和质量问题，如果乙方所提供产品与第三方出现了纠纷，由此引起的一切法律后果均由乙方承担。

2. 如果甲方在使用上述产品过程中，出现产品质量问题，乙方负责调换，若不能调换，予以退还。

七、违约责任

1. 甲乙双方均应全面履行本合同约定，一方违约给另一方造成损失的，应当承担赔偿责任。

2. 乙方未按合同约定供货的，按延迟部分的供货款，每延迟 1 日承担万分之五违约金，延迟 10 日以上的，除支付违约金外，甲方有权解除合同。

3. 甲方未按照合同约定的期限结算的，应按照中国人民银行有关延期付款的规定，延迟 1 日，需支付结算货款的万分之五的违约金；延迟 10 日以上的，除支付违约金外，乙方有权解除合同。

4. 甲方不得无故拒绝接货，否则应当承担由此造成的损失和运输费用。

5. 合同解除后，双方应当按照本合同的约定进行对帐和结算，不得刁难。

八、其他约定事项

本合同一式两份，自双方签字之日起生效。如果出现纠纷，双方均可向有管辖权的人民法院提起诉讼。

甲　　方：广西富贵糖业有限公司	乙　　方：广西营创机电设备有限公司
开户银行：工行南宁秋玉路支行	开户银行：工商银行西北支行
账　　号：2102001108300226644	账　　号：2102109305118098818
2016 年 11 月 06 日	2016 年 11 月 06 日

第三章 3

旅游业会计综合实训

第一节 概 述

“旅游”已成为当今世界很有魅力的字眼，它日益受到众多的国家和地区的重视，旅游业增长高速、持续、稳定，成为目前世界发展最快的行业之一。旅游业能够满足人们日益增长的物质和文化的需要，通过旅游使人们在体力上和精神上得到休息，开阔眼界，增长知识，推动社会生产的发展。旅游业的发展以整个国民经济发展水平为基础并受其制约，同时又直接、间接地促进国民经济有关行业的发展。我国当前的旅游业已成为自主经营，自负盈亏的经济实体，面对激烈的市场竞争，旅游企业必须加强经济核算，以增加收入、减少费用和成本支出，通过会计核算工作全面核算和监督企业在经营过程中费用、成本的支出，力求以最少的耗费取得最佳的经济效益。

2016 年 3 月 5 日，国务院总理李克强在 2016 年政府工作报告中明确，今年全面实施营改增。建筑业、房地产业、金融业、生活服务业将由缴纳营业税改为缴纳增值税，并确保所有行业税负只减不增。这对于生活服务业中的旅游业来说是极大的利好消息，但新政也对从事旅游业的会计人员提出了更高的要求，需要从业人员对新旧政策的对比衔接工作有着精准的把握。下面我们来看一下旅游业营改增前后的内容对比表。

旅游业营改增前后对比表

<table>
<tr><th>原营业税政策</th><th>营业税税率</th><th>改为增值税</th><th colspan="2">增值税税率</th></tr>
<tr><td rowspan="2">以其取得的全部价款和价外费用扣除替旅游者支付给其他单位或者个人的住宿费、餐费、交通费、旅游景点门票和支付给其他接团旅游企业的旅游费后的余额为营业额</td><td rowspan="2">5%</td><td rowspan="2">可以选择以取得的全部价款和价外费用，扣除向旅游服务购买方收取并支付给其他单位或者个人的住宿费、餐饮费、交通费、签证费、门票费和支付给其他接团旅游企业的旅游费用后的余额为销售额</td><td>小规模纳人</td><td>3%</td></tr>
<tr><td>一般纳税人</td><td>6%</td></tr>
</table>

从上表中我们可以看出营改增后不变的是对旅游收入继续执行差额征税的政策，变化的主要有两点，一是纳税人身份的变化，由营业税纳税人改为增值税纳税人，而增值税纳税人又区分小规模纳税人与一般纳税人，二是税率的变化，由单一的5%的营业税税率变成6%的增值税税率或3%的征收率。

一、旅行社经营业务的内容

旅行社经营业务大体可以分为两类：一是组团招徕，二是导游接待。旅行社相应分为组团社和接团社。组团社是从国内、国外组织旅游团队，为旅游者办理出入境手续、保险，安排导游日程、旅游线路和旅游项目，并选派导游翻译人员随团为旅游者提供服务。接团社是为旅游者在某一地区提供导游翻译，安排旅游者的参观日程，为其订房、订餐及订机票、车票，并为去下一个旅游景点做好安排。

二、旅行社经营业务的特点

旅行社经营业务与工业、商业企业等其他行业的经营业务相比具有其独有的特点。

1. 没有固定的服务场所

无需为客人提供服务设施。交通工具依靠民航、铁路和出租汽车公司，住宿依靠宾馆饭店、餐馆，游览依靠名胜古迹和秀丽的风光。

2. 工作人员的不确定性

旅游企业的每条旅游线路均要为旅游者配备导游。而旅游业务存在淡季和旺季。为了充分利用人力资源，降低人工成本，旅游企业一般只配备部分专职导游，兼职导游则根据季节性的要求另行聘请。

3. 组团社和接团社相互依存

根据旅游企业的合理分工，组团社和接团社相互依存，相互之间结算关系频繁。

三、会计核算的特点

由于行业特点，注定了旅游企业基本上不存在存货核算的问题。因此，在财务核算方面，涉及资金收付的会计科目成为旅游业会计最常用的科目。

1. 收入、成本的确认和计量

由于旅游企业本身是组织团队旅游，游客到旅行社报名参加旅游，旅行社收取旅游款，取得的全部价款和价外费用构成企业的销售收入。一般情况下，收入的确认是根据与客户签订的旅游合同来确定的。旅游过程中遇到由于种种原因造成的给予客人的折扣等则按照实际情况，按照销售折扣来处理。

同时，组织客人到目的地旅游，组团需要付给的当地旅行社接待费以及租车费、机票费、住宿费、餐费、保险费、门票费、地陪费、签证费、交通费等构成了旅行团队的成本。一般情况下，成本的确认是则是根据旅游实际发生的费用及与目的地接待旅行社签订的合同来确定。值得注意的是，在实际工作中，为了简化财务核算的工作量，旅游企业一般在期末确认收入及成本。

2. 旅游业会计核算注意点

（1）鉴于旅游企业的客户非常多，而且很多客户在一个会计年度可能只有一次业务发生，在具体运用预收账款，预付账款、应付账款及预收账款科目时，需要设置二级科目进行明细核算，也可根据企业情况适当增加三级明细科目或设置手工明细账进行辅助核算，这也是旅游业企业独特的较为繁琐的工作。

（2）旅游企业实行差额征收，纳税人企业提供旅游服务，可以选择以取得的全部价款和价外费用，扣除向旅游服务购买方收取并支付给其他单位或者个人的住宿费、餐饮费、交通费、签证费、门票费和支付给其他接团旅游企业的旅游费用后的余额为销售额。纳税人企业从全部价款和价外费用中扣除的价款，应当取得符合法律、行政法规和国家税务总局规定的有效凭证。否则，不得扣除。

上述凭证是指：

①支付给境内单位或者个人的款项，以发票为合法有效凭证。

②支付给境外单位或者个人的款项，以该单位或者个人的签收单据为合法有效凭证，税务机关对签收单据有疑议的，可以要求其提供境外公证机构的确认证明。

③缴纳的税款，以完税凭证为合法有效凭证。

④扣除的政府性基金、行政事业性收费或者向政府支付的土地价款，以省级以上（含省级）财政部门监（印）制的财政票据为合法有效凭证。

⑤国家税务总局规定的其他凭证。

3. 旅游业差额征税的销售额的确认

旅游业差额征税的销售额 = 取得的全部价款和价外费用 – 向旅游服务购买方收取并支付给其他单位或者个人的住宿费、餐饮费、交通费、签证费、门票费等和支付给其他接团旅游企业的旅游费用。

第二节　企业基本情况

一、企业经营信息

广西南宁澳博美旅游服务有限公司成立于2014年10月，是一家旅游服务企业，公司成立之时已取得《旅行社营业许可证》。主要经营范围：国内旅游业务，汽车租赁服务，会务会展服务等。注册资本为200万元。该公司基本情况如下：

注册地址：南宁市民族大道17 – 8号

电话：0771 – 2420061

纳税人税务登记号：91450105159525647Q

纳税人类别：增值税小规模纳税人

基本存款开户银行：交通银行股份有限公司西乡支行

银行账号：451005068105001061528

部门设置：行政办公室、财务部、业务部、导游组、司机组

营业执照

(副　本)　(1-1)

统一社会信用代码 91450105159525647Q

名　　称	广西南宁澳博美旅游服务有限公司
类　　型	有限责任公司（自然人投资或者控股）
住　　所	南宁市民族大道17-8号
法定代表人	张全忠
注册资本	贰佰万圆整
成立日期	2014年10月8日
营业期限	2014年10月8日至2034年10月8日
经营范围	国内旅游业务，出境旅游业务，入境旅游业务，旅游咨询，商务信息咨询，会务会展服务，汽车租赁服务，飞机票、火车票、船票代售、船空揽货业务。销售旅游用品、工艺品，电子商务经营。（依法须经批准的项目，经相关部门批准后方可开展经营活动。）

实训专用

提示
1. 每年1月1日至6月30日通过企业信用信息公示系统报送上一年度年度报告；
2.《企业信息公示暂行条例》第十条规定的企业有关信息形成之日起20个工作日内，通过企业信用信息公示系统向社会公示。

登记机关

2014 年 10 月 8 日

企业信用信息公示系统网址：http://www.gxqyxygs.gov.cn

中华人民共和国国家工商行政管理总局监制

二、职工名单

部门	姓名	职务	部分	姓名	职务
行政部	张全忠	总经理	导游组	陈梓恒	组长
	李安泰	副总经理		张曼妮	干事
	吴新	行政经理		符庆伟	干事
	李玲芳	干事		孙婷婷	干事
财务部	赵锦廷	财务经理	司机组	彭明辉	组长
	何华娟	会计		唐晓 峰	干事
	李阳	出纳			
业务部	王奋发	业务经理			
	周优明	干事			

三、经营场所

该公司经营场所为租赁得来，总面积 125 平方米，年租金 96 000 元，在每个季度初按季支付租金。

备注：1. 设立任何类型旅行社，都必须要向相关的旅游行政管理部门提出申请。申请时，应将事先准备好的文件呈交受理申请的旅游行政管理部门，申请获得批准后，旅游行政管理部门应当向申请获批准的申请人颁发《旅行社营业许可证》，并向旅游行政管理部存入一定金额的质量保证金。未取得旅行社业务营业许可证的，不得从事旅游业务。

2. 国家税务总局公告 2016 年第 23 号："按照现行增值产政策规定适用差额征税办法缴纳增值税，且不得全额开具增值税发票的（财政部、税务总局另有规定的除外），纳税人自行开具或者税务机关代开增值税发票时，通过新系统中差额征税开票功能，录入含税销售额（或含税评估额）和扣除额，系统自动计算税额和不含税金额，备注栏自动打印"差额征税"字样，发票开具不应与其他应税行为混开。"

第三节　核算程序与核算所需的基本资料

一、账务处理程序

（1）根据 1 月份发生的经济业务，分类整理、粘贴原始凭证，根据原始凭证编制记账凭证。

（2）根据记账凭证编制科目汇总表。

（3）登记总账。

（4）登记现金日记账和银行存款日记账。

（5）登记三栏式明细账。

(6) 登记数量金额式明细账。
(7) 登记多栏式明细账。
(8) 月终总账、日记账和各明细账进行对账。
(9) 根据总账和各明细账编制会计报表，包括资产负债表、利润表和现金流量表。
(10) 填写1月份纳税申报表。
(11) 装订会计凭证。

二、企业财务会计制度摘录

(1) 收入的确认以旅游结束的时间为确认点：跨境游的境外旅行团在国内旅行结束后离境；跨境游的境内旅行团在国外旅行结束后返境；国内旅游客在国内旅游结束后返回本地。

(2) 根据国家税务总局公告2016年第23号文相关项定，本企业旅游收入实际全额开票制度。

(3) 每月末由业务部根据当月实际发团情况汇总编制结算单据。收取的现金团费汇总编制现金收入单。

(4) 工资管理：福利费按实际发生额入账，并且不超过工资总额的14%，职工教育经费按实际发生额入账，并且不超过工资总额的2.5%。

(5) 固定资产：按平均年限法（直线法）计提固定资产折旧。

(6) 税金及附加税：城市维护建设税、教育费附加、地方教育费附加的税率分别为：7%、3%、2%

(7) 其他：年末按税后净利润的10%提取法定盈余公积。

(8) 公司各项费用开支均由总经理审批，报销程序为：当事人填写报销单，会计进行真实性、合法性和完整性审批，总经理签字批准，财务部方可办理报销手续。

(9) 公司按本地现行政策规定为职工缴纳和代扣五险：养老保险公司缴纳20%，个人缴纳8%；医疗保险公司缴纳8%，个人缴纳2%；失业保险公司缴纳2%，个人缴纳1%；工伤保险公司缴纳1%；生育保险公司缴纳1%；缴费基数为个人基本工资与岗位工资之和。

三、相关税收政策

(1) 国家税务总局公告2014年第57号，增值税小规模纳税人，月销售额或营业额不超过3万元，季度不超过9万元，免征增值税。若季度超过9万元的，则全额征收增值税。

(2) 财税［2016］12号，决定从2016年2月1日起，将免征教育费附加、地方教育附加、水利建设基金的范围：月销售额或营业额不超过10万元，季度不超过30万元的缴纳义务人。

(3) 财税［2015］34号：自2015年1月1日至2017年12月31日，对年应纳税所得额低于20万元（含20万元）的小型微利企业，其所得减按50%计入应纳税所得额，按20%的税率缴纳企业所得税。

财税［2015］99：自2015年10月1日起至2017年12月31日，对年应纳税所得额在20万元到30万元（含30万元）之间的小型微利企业，其所得减按50%计入应纳税所得额，按20%的税率缴纳企业所得税。

财税［2017］43 号：自 2017 年 1 月 1 日至 2019 年 12 月 31 日，将小型微利企业的年应纳税所得额上限由 30 万元提高至 50 万元，对年应纳税所得额低于 50 万元（含 50 万元）的小型微利企业，其所得减按 50% 计入应纳税所得额，按 20% 的税率缴纳企业所得税。

四、实训需要准备会计用品

（1）总分类账 1 本。

（2）现金日记账和银行存款日记账各 1 本。

（3）三栏式明细账、多栏式明细账各 1 本。

（4）资产负债表、利润表、现金流量表各 1 张。

（5）小规模纳税人增值税申报表、个人所得税申报表、企业所得税申报表、通用申报表、印花税申报表各 1 份。

第四节　期初建账资料

一、期初余额数据

总分类账户	明细分类账户	借方余额	贷方余额
库存现金		5 819.50	
银行存款		308 376.91	
	基本户	308 376.91	
预付账款		157 900.00	
	厦门市阳淇旅游服务有限公司	57 500.00	
	成都万海众兴旅游服务有限公司	20 000.00	
	海南省高银旅游服务有限公司	80 400.00	
其他应收款		424 742.00	
	旅游局质量保证金	200 000.00	
	中国南方航空集团公司南宁分公司	145 000.00	
	广西代四方航空服务有限公司	50 000.00	
	广西民族印刷包装集团有限公司	24 000.00	
	养老保险	4 176.00	
	医疗保险	1 044.00	
	失业保险	522.00	
固定资产		1 807 630.00	
	税控开票电脑	4 500.00	
	税控专用针式打印机	1 680.00	
	保险柜	5 000.00	
	台式电脑	32 000.00	
	挂式格力空调	15 000.00	
	佳能激光打印机	10 500.00	
	柜式美的空调	13 600.00	
	起亚小轿车	123 900.00	

续　表

总分类账户	明细分类账户	借方余额	贷方余额
	戴尔笔记本	12 450.00	
	投影仪	9 000.00	
	丰田牌中巴车	500 000.00	
	丰田牌中巴车	480 000.00	
	别克商务车	600 000.00	
累计折旧			138 416.40
	税控开票电脑		2 048.38
	税控专用针式打印机		764.75
	保险柜		910.34
	台式电脑		13 299.93
	挂式格力空调		5 640.72
	佳能激光打印机		3 948.39
	柜式美的空调		4 845.06
	起亚小轿车		24 521.85
	戴尔笔记本		2 379.69
	投影仪		890.65
	丰田牌中巴车		79 166.64
	丰田牌中巴车		
	别克商务车		
预收账款			180 150.00
	广西国华鑫旅游服务有限公司		66 180.00
	南宁昆海旅游服务有限公司		15 460.00
	广西绍嘉旅游服务有限公司		2 900.00
	广西瑞德盛旅游服务有限公司		16 900.00
	12.29－1.3 鼓浪屿散客团费		35 750.00
	12.28－1.2 海南散客团费		42 960.00
应交税费			4 654.02
	应交增值税		3 985.36
	城市建设维护税		278.98
	教育费附加		119.56
	地方教育费附加		79.71
	个人所得税		190.41
其他应付款			200 000.00
	张全忠		200 000.00
应付职工薪酬			50 600.00
实收资本			2 000 000.00
	张全忠		1 200 000.00
	李安泰		600 000.00
	吴新		200 000.00
盈余公积			13 064.80
	法定盈余公积		13 064.80
本年利润			
利润分配			117 583.19
	未分配利润		117 583.19
合计		2 704 468.41	2 704 468.41

二、固定资产折旧表

序号	品名	数量	单位	原值	购买时间	使用年限	残值率	月折旧额	截止2016年12月累计折旧额
1	税控开票电脑	1	台	4 500.00	2015.1	4	5%	89.06	2 048.38
2	税控打印机	1	台	1 680.00	2015.1	4	5%	33.25	764.75
3	保险柜	1	个	5 000.00	2015.1	10	5%	39.58	910.34
4	台式电脑	10	台	32 000.00	2015.3	4	5%	633.33	13 299.93
5	挂式格力空调	5	台	15 000.00	2015.5	4	5%	296.88	5 640.72
6	佳能激光打印机	5	台	10 500.00	2015.5	4	5%	207.81	3 948.39
7	柜式美的空调	2	台	13 600.00	2015.6	4	5%	269.17	4 845.06
8	起亚小轿车	1	辆	123 900.00	2015.9	6	5%	1 634.79	24 521.85
9	戴尔笔记本	3	台	12 450.00	2016.3	4	5%	264.41	2 379.69
10	投影仪	2	台	9 000.00	2016.7	4	5%	178.13	890.65
11	丰田牌中巴车	1	辆	500 000.00	2015.12	6	5%	6 597.22	79 166.64
12	丰田牌中巴车	1	辆	480 000.00	2016.12	6	5%	6 333.33	0.00
13	别克商务车	2	辆	600 000.00	2016.12	6	5%	7 916.67	0.00
				1 807 630.00				24 493.63	138 416.40

三、公司 2017 年 1 月主要业务的介绍

1. 1 月 1 日，业务部周优明预借出差环江的差旅费。
2. 1 月 2 日，行政办公室李玲芳报销办公用汽车的燃油费。
3. 1 月 5 日，对 12.28 – 1.2 团海南路线进行结算。
4. 1 月 6 日，收到和景公司租用别克商务车的租赁费及押金。
5. 1 月 7 日，周优明出差回来报销差旅费。
6. 1 月 8 日，缴纳税款。
7. 1 月 9 日，司机预支去靖西的差旅费。
8. 1 月 10 日，对 12.29 – 1.3 团鼓浪屿路线进行结算。
9. 1 月 13 日，对 1.10 – 1.12 团靖西路线进行结算。
10. 1 月 13 日，司机报销去靖西的燃油费及高速公路过路费。
11. 1 月 13 日，行政部吴新报销高速公路过路费、停车费及燃油费。
12. 1 月 13 日，支付房租。
13. 1 月 14 日，报销办公费。
14. 1 月 15 日，缴纳 2017 年 1 月社保。
15. 1 月 15 日，提取现金用于发放工资。
16. 1 月 15 日，发放 12 月份的工资。
17. 1 月 16 日，支付 1 月份的广告费。
18. 1 月 18 日，预支出差西宁的差旅费。
19. 1 月 19 日，对 1.5 – 1.10 团九寨沟路线进行结算。
20. 1 月 20 日，购买激光打印机。
21. 1 月 22 日，对会展服务进行结算。
22. 1 月 22 日，收到存款利息。
23. 1 月 23 日，对 1.12 – 1.17 团海南路线进行结算。
24. 1 月 24 日，报销西宁差旅费。
25. 1 月 27 日，和景公司租车结束，并于 1 月 27 日晚将别克商务车归还公司，司机彭明辉检查车子没有发现异常情况，完成接车手续。1 月 28 日确认收入，并退回押金。
26. 1 月 30 日，对 1.20 – 1.25 团鼓浪屿路线进行结算。
27. 1 月 30 日，预付 2.3 –2.8 团鼓浪屿旅游费。
28. 1 月 31 日，1.21 – 1.26 团海南路线进行结算。
29. 1 月 31 日，预付 2.2 –2.7 团海南路线旅游费。
30. 1 月 31 日，预付 2.1 –2.6 团九寨沟旅游费
31. 1 月 31 日，预收 2.2 –2.7 团海南旅游费。
32. 1 月 31 日，预收 2.1 –2.6 团九寨沟旅游费。
33. 1 月 31 日，计提 2017 年 1 月份工资。
34. 计提当月固定资产折旧。
35. 税金处理略（小规模的增值税，附加税、水利建设基金按季度申报，计提税金在季度末处理）。
36. 结转当月损益。
37. 完成当月个人所得税申报（增值税、附加税、水利建设基金按季度申报）。

1 – 1

借 款 单

2017 年 1 月 1 日　　　　　　　　　　单位：元

工作部门	业务部		姓名		周优明
借款理由	出差环江考察项目				
借款金额	¥1 500.00		批准金额		¥1 500.00
人民币（大写）	壹仟伍佰元整			付款方式	现金
借款人签字	周优明	财务经理	赵锦廷	单位领导审批	张全忠

2 – 1

费用报销单单

2017 年 1 月 2 日　　　　　　　　　　单位：元

部门	行政部			姓名	李玲芳
报销事由	起亚小轿车油费				
报销单据 壹 张	合计金额(大写):贰佰元整				小写:¥200.00 元
单位领导	张全忠	部门领导	吴新	填报人	李玲芳

财务主管：赵锦廷　　　　审核会计：何华娟　　　　出纳：李阳

2 – 2

广西壮族自治区国家税务局通用机打发票

发票联

中国石油天然气股份有限公司广西桂林销售分公司

中国石油

发票代码：145001612525

发票号码：73060858

查询码：16493441[illegible]104

机器编号：000500120601911

开票日期 2017/01/02 15:03:50

付款单位：广西南宁博美旅游服务有限公司

项目	单价	数量	金额
92号 车用汽油(Ⅴ)	30.58	6.54	200.00

应收金额：¥200.00

优惠金额：¥0.00

小写合计：¥200.00

大写合计：贰佰元整

税务登记号：

收款员：黎少华

金额合计超仟元位无效　报销凭证

桂国税　发印字（2016）第 1717 号，2016年12月

3－1

海南路线

	旅客来源	客户人数	单价	金额
12.28－1.2 团	广西国华鑫旅游服务有限公司	11	3 380	37 180
	南宁昆海旅游服务有限公司	2	3 380	6 760
	广西瑞德盛大游服务有限公司	5	3 380	16 900
	散客	12	3 580	42 960
	总收入合计	30		103 800
	地接费（海南省高银旅游服务有限公司）	30	2 680	80 400
	总成本支出	30		80 400

3－2

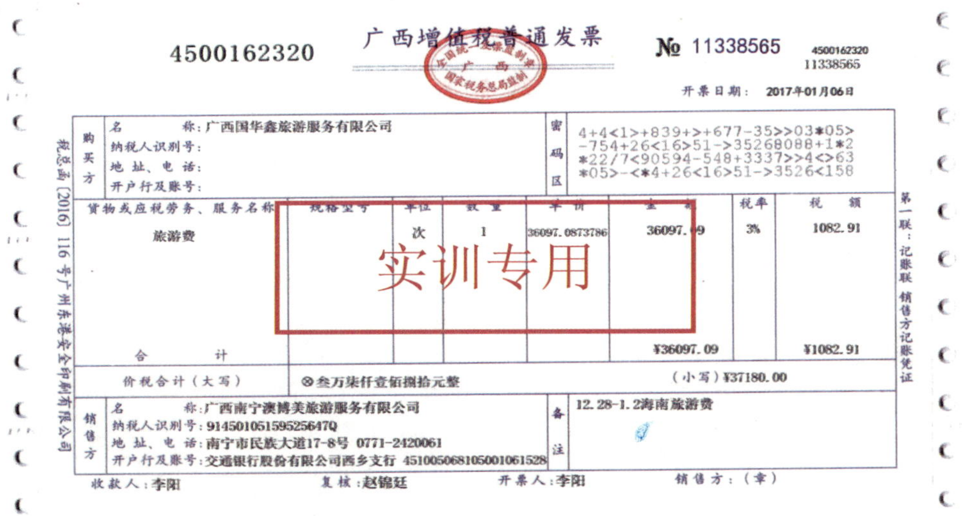

广西增值税普通发票

4500162320 №11338565

开票日期：2017年01月06日

购买方 名称：广西国华鑫旅游服务有限公司

货物或应税劳务、服务名称	规格型号	单位	数量	单价	金额	税率	税额
旅游费		次	1	36097.0873786	36097.09	3%	1082.91
合计					¥36097.09		¥1082.91

价税合计（大写）⊗叁万柒仟壹佰捌拾元整 （小写）¥37180.00

销售方 名称：广西南宁澳博美旅游服务有限公司
纳税人识别号：914501051595256470
地址、电话：南宁市民族大道17-8号 0771-2420061
开户行及账号：交通银行股份有限公司西乡支行 451005068105001061528

备注：12.28-1.2海南旅游费

收款人：李阳 复核：赵锦廷 开票人：李阳 销售方：（章）

第一联：记账联 销售方记账凭证

实训专用

3－3

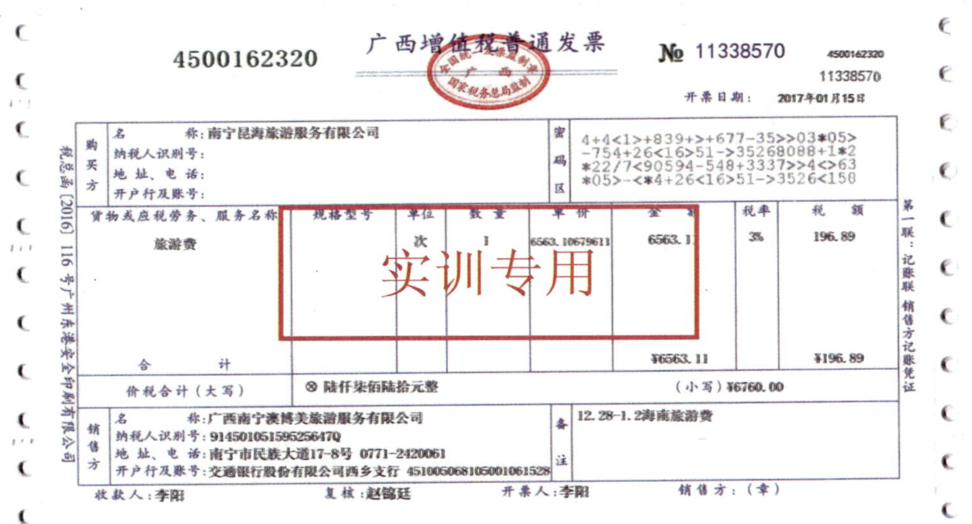

广西增值税普通发票

4500162320 №11338570

开票日期：2017年01月15日

购买方 名称：南宁昆海旅游服务有限公司

货物或应税劳务、服务名称	规格型号	单位	数量	单价	金额	税率	税额
旅游费		次	1	6563.10679611	6563.11	3%	196.89
合计					¥6563.11		¥196.89

价税合计（大写）⊗陆仟柒佰陆拾元整 （小写）¥6760.00

销售方 名称：广西南宁澳博美旅游服务有限公司
纳税人识别号：914501051595256470
地址、电话：南宁市民族大道17-8号 0771-2420061
开户行及账号：交通银行股份有限公司西乡支行 451005068105001061528

备注：12.28-1.2海南旅游费

收款人：李阳 复核：赵锦廷 开票人：李阳 销售方：（章）

第一联：记账联 销售方记账凭证

实训专用

3－4

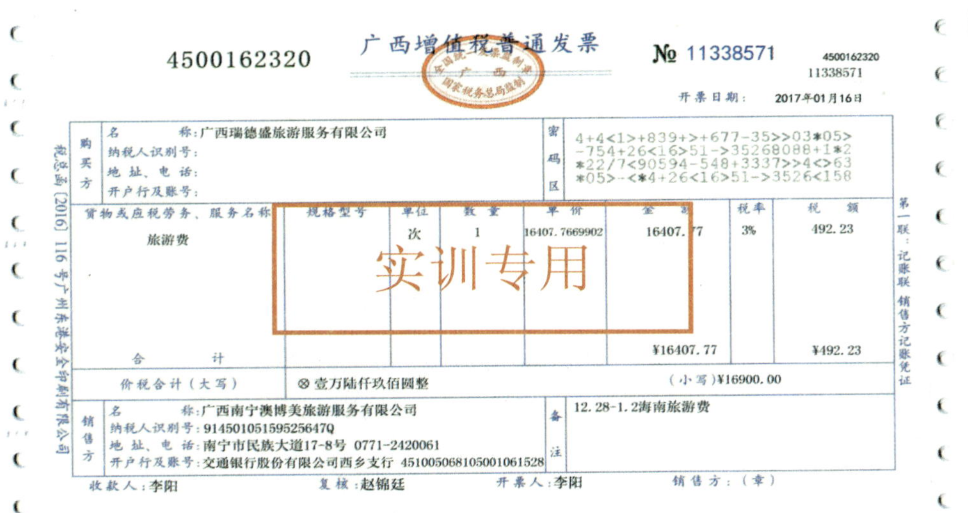

4500162320　广西增值税普通发票　№ 11338571　4500162320　11338571

开票日期：2017年01月16日

购买方	名称：广西瑞德盛旅游服务有限公司 纳税人识别号： 地址、电话： 开户行及账号：	密码区	4+4<1>+839+>+677-35>>03*05> -754+26<16>51->35268088+1*2 *22/7<90594-548+3337>>4<>63 *05>-<*4+26<16>51->3526<158

货物或应税劳务、服务名称	规格型号	单位	数量	单价	金额	税率	税额
旅游费		次	1	16407.7669902	16407.77	3%	492.23
合计					¥16407.77		¥492.23
价税合计（大写）	⊗壹万陆仟玖佰圆整				（小写）¥16900.00		

销售方	名称：广西南宁澳博美旅游服务有限公司 纳税人识别号：91450105159525647Q 地址、电话：南宁市民族大道17-8号 0771-2420061 开户行及账号：交通银行股份有限公司西乡支行 451005068105001061528	备注	12.28-1.2海南旅游费

收款人：李阳　复核：赵锦廷　开票人：李阳　销售方：（章）

税总函［2016］116号广州东港安全印刷有限公司

第一联：记账联　销售方记账凭证

实训专用

3－5

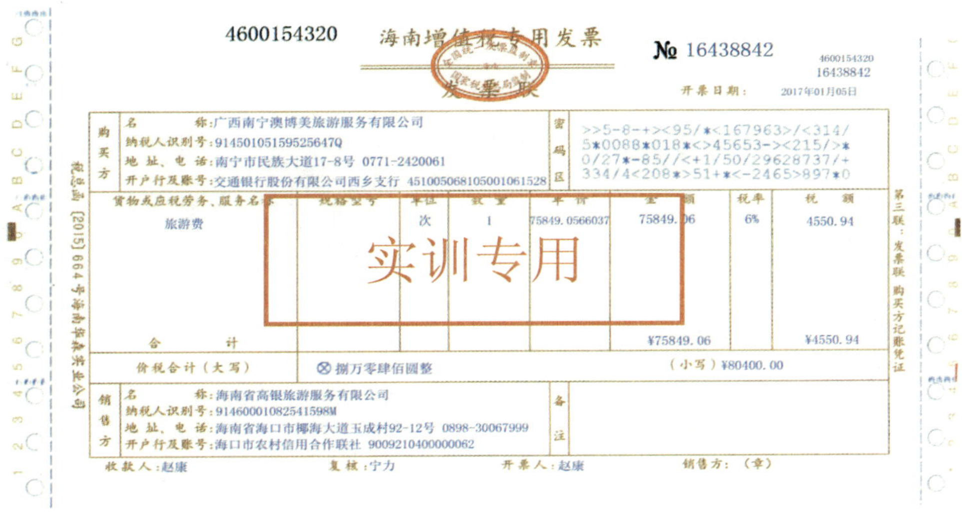

4600154320　海南增值税专用发票　№ 16438842　4600154320　16438842

发票联

开票日期：2017年01月05日

购买方	名称：广西南宁澳博美旅游服务有限公司 纳税人识别号：91450105159525647Q 地址、电话：南宁市民族大道17-8号 0771-2420061 开户行及账号：交通银行股份有限公司西乡支行 451005068105001061528	密码区	>>5-8-+><95/*<167963>/<314/ 5*0088*018*<>45653-><215/>* 0/27*-85//<+1/50/29628737/+ 334/4<208*>51+*<-2465>897*0

货物或应税劳务、服务名称	规格型号	单位	数量	单价	金额	税率	税额
旅游费		次	1	75849.0566037	75849.06	6%	4550.94
合计					¥75849.06		¥4550.94
价税合计（大写）	⊗捌万零肆佰圆整				（小写）¥80400.00		

销售方	名称：海南省高银旅游服务有限公司 纳税人识别号：91460001082541598M 地址、电话：海南省海口市椰海大道玉成村92-12号 0898-30067999 开户行及账号：海口市农村信用合作联社 90092104000000062	备注	

收款人：赵康　复核：宁力　开票人：赵康　销售方：（章）

税总函［2015］664号海南华森实业公司

第三联：发票联　购买方记账凭证

实训专用

4－1

中国交通银行 进 账 单（收账通知）

2017 年 1 月 6 日

付款人	全称	广西和景信息科技有限公司	收款人	全称	广西南宁澳博美旅游服务有限公司
	账号	8001254698125763		账号	451005068105001061528
	开户银行	中信银行福建路支行		开户银行	交通银行西乡支行

人民币（大写）贰万元整	千	百	十	万	千	百	十	元	角	分
			¥	2	0	0	0	0	0	0

票据种类		
摘要	汽车租赁费及押金	收款人开户银行盖章
单位主管　会计　复核　记账		

中国交通银行 南宁市西乡支行 2017.01.06

（此联是银行给收款人的收账通知）

5-1

差旅费报销单

单位名称：广西南宁澳博美旅游服务有限公司　　2017 年 1 月 7 日　　单位：元

项目	火车票	飞机票	船票	长途汽车票	市内交通费	住宿费	公出补助			其他	合计金额
							天数	标准	金额		
金额				290		500	5	100	500		1 290

合计人民币（大写）壹仟贰佰玖拾元整：					
出差人姓名	周优明	出差事由	考察项目	所属部门	业务部
出差地点	环江	出差起止日期	2017.1.2 日 至 2017.1.6	原借款额	1 500.00
实报金额	1 290.00	长退或短补	-210.00	出差人签字	周优明
部门负责人签字		财务负责人签字	赵锦廷	单位领导签字	张全忠

附件 4 张

5-2

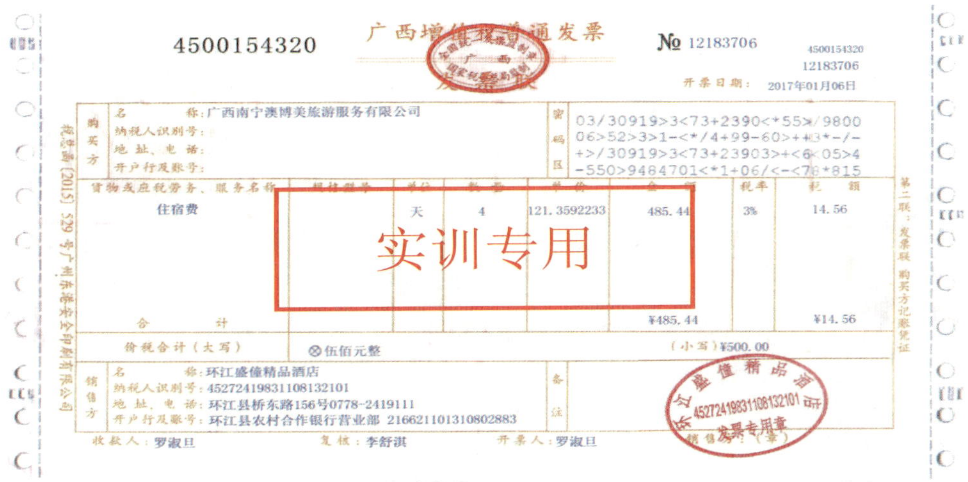

4500154320　　广西增值税普通发票　　№ 12183706

4500154320
12183706
开票日期：2017年01月06日

购买方　名　　称：广西南宁澳博美旅游服务有限公司
纳税人识别号：
地 址、电 话：
开户行及账号：

密码区：
03/30919>3<73+2390<*55>/9800
06>52>3>1-<*/4+99-60>++3*-/-
+>/30919>3<73+23903>+<6<05>4
-550>9484701<*1+06/<-<78*815

货物或应税劳务、服务名称	规格型号	单位	数量	单价	金额	税率	税额
住宿费		天	4	121.3592233	485.44	3%	14.56
合　　计					¥485.44		¥14.56
价税合计（大写）	⊗伍佰元整				（小写）¥500.00		

销售方　名　　称：环江盛僮精品酒店
纳税人识别号：452724198311108132101
地 址、电 话：环江县桥东路156号0778-2419111
开户行及账号：环江县农村合作银行营业部 216621101310802883

备注

收款人：罗淑旦　　复核：李舒淇　　开票人：罗淑旦　　销售方：（章）

第二联：发票联 购买方记账凭证

税总函〔2015〕529 号广州东港安全印刷有限公司

实训专用

5-3

广西壮族自治区国家税务局通用机打发票

乘车请系好安全带

发票代码：145011622511
发票号码：02073257

南宁-金城江(直达)
日期：2017年01月02日　时间：11:50
座位：3　　检票口：8号检票口
票价：130元全票　　车型：AJ直达
乘车点安吉站　　售票点：安吉站
姓名：孙婷婷　　身份证号：
保费：¥5　保额：医疗：¥40000.00，身故：¥10……
保险期间：限乘当日当车次　保单号：
人保保险(95518 或 www.epicc.com.cn 查询)
合计：壹佰叁拾伍元整元(135)
班线：0804 金城江　　(带免票儿童0人)
0227611368 2017-01-02 11:08(2151)

金额合计过超佰元位无效

实训专用

5－4

广西壮族自治区国家税务局通用机打发票

03530986 179 20170102 15:15:09

金城江北站至 环江快

票　价：￥20（全）　座　位：4（无免票儿童）

乘车时间：2017年01月02日15:30

乘车地点：金城江北站2号检票口

发票代码：145121622228

发票号码：03530986

查 询 码：162617231746

桂国税 发印字（2016）第1236号

广西飞翔印务股份有限公司承印，2016年9月

5－5

广西壮族自治区国家税务局通用机打发票

0111734699 0536 2017-01-06 13:25:29

环江至南宁安吉（快）

票　价：￥140（优）　座　位：9

乘车时间：2017年01月06日14时00分

乘车地点：环江汽车总站1号检票口

发票代码：145121622208

发票号码：00247301

查 询 码：161108576148

桂国税 发印字（2016）第70号

广西飞翔印务股份有限公司承印，2016年1月

6－1

交通银行股份有限公司电子缴税付款凭证

转账日期：2017 年 01 月 08 日　　　　凭证字号：2017010801

纳税人全称及纳税人识别号：广西南宁澳博美旅游服务有限公司　91450105159525647Q

付款人全称：广西南宁澳博美旅游服务有限公司

付款人账号：451005068105001061528　　　　征收机关名称：南宁市青秀区地方税务局

付款人开户银行：交通银行西乡支行　　　　收款国库（银行）名称：国家金库南宁市青秀区支库

金额合计（小写）：￥3985.36　　　　缴款书交易流水号：8632027956

金额合计（大写）：叁仟玖佰捌拾伍元叁角陆分　　　　税票号码：ZWBNN00000002729841

税（费）种名称	日期（起）	日期（止）	实缴金额（单位：元）
增值税	20161201	20161231	3985.36

交通银行
南宁市西乡支行
2017.01.13

第一次打印　　　　打印时间：2017 年 01 月 13 日

6－2

交通银行股份有限公司电子缴税付款凭证

转账日期：2017 年 01 月 08 日　　　　凭证字号：2017010801

纳税人全称及纳税人识别号：广西南宁澳博美旅游服务有限公司　91450105159525647Q

付款人全称：广西南宁澳博美旅游服务有限公司

付款人账号：451005068105001061528　　　　征收机关名称：南宁市青秀区地方税务局

付款人开户银行：交通银行西乡支行　　　　收款国库（银行）名称：国家金库南宁市青秀区支库

金额合计（小写）：￥478.25　　　　缴款书交易流水号：5632021246

金额合计（大写）：肆佰柒拾捌元贰角伍分　　　　税票号码：ZWBNN0000000272569

税（费）种名称	日期（起）	日期（止）	实缴金额（单位：元）
城市维护建设税	20161201	20161231	278.98
教育费附加税	20161201	20161231	119.56
地方教育费附加	20161201	20161231	79.71

交通银行
南宁市西乡支行
2017.01.13

第一次打印　　　　打印时间：2017 年 01 月 13 日

6－3

交通银行股份有限公司电子缴税付款凭证

转账日期：2017 年 01 月 08 日　　　　凭证字号：2017010825

纳税人全称及纳税人识别号：广西南宁澳博美旅游服务有限公司 91450105159525647Q

付款人全称：广西南宁澳博美旅游服务有限公司

付款人账号：451005068105001061528　　　　征收机关名称：南宁市青秀区地方税务局

付款人开户银行：交通银行西乡支行　　　　收款国库（银行）名称：国家金库南宁市青秀区支库金

额合计（小写）：￥190.41　　　　缴款书交易流水号：6770018935

金额合计（大写）：壹佰玖拾元零肆角壹分　　　　税票号码：ZWBNN0000000700981

税（费）种名称	日期（起）—日期（止）	实缴金额（单位：元）
个人所得税	20161201　2016231	190.41

第一次打印　　　　打印时间：2017 年 01 月 13 日

7－1

借 款 单

2017 年 1 月 9 日　　　　单位：元

工作部门	司机组		姓名		彭明辉	
借款理由	1 月 10 日靖西路线差旅费					
借款金额	￥2 000.00		批准金额		￥2 000.00	
人民币（大写）	贰仟元整				付款方式	现金
借款人签字	彭明辉	财务经理	赵锦廷	单位领导审批	张全忠	

8－1

鼓浪屿路线

	旅客来源	客户人数	单价	金额
12.29－1.3 团	广西国华鑫旅游服务有限公司	10	2 900	29 000
	南宁昆海旅游服务有限公司	3	2 900	8 700
	广西绍嘉旅游服务有限公司	1	2 900	2 900
	散客	11	3 250	35 750
	总收入合计	25		76 350
	地接费（厦门市阳淇旅游服务有限公司）	25	2 300	57 500
	总成本支出			57 500

8－2

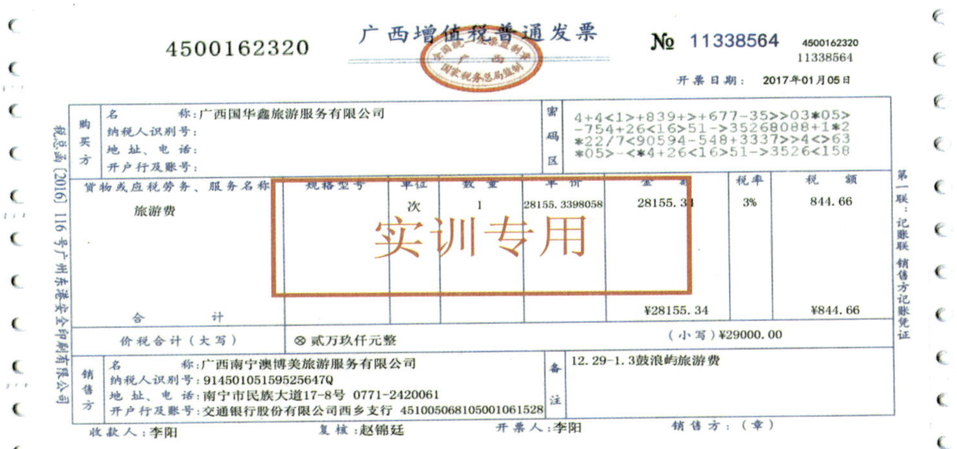

4500162320　　广西增值税普通发票　　№ 11338564　4500162320　11338564

开票日期：2017年01月05日

购买方　名称：广西国华鑫旅游服务有限公司　纳税人识别号：　地址、电话：　开户行及账号：

密码区：4+4<1>+839+>+677-35>>03*05> -754+26<16>51->35268088+1*2 *22/7<90594-548+3337>>4<>63 *05>-<*4+26<16>51->3526<158

货物或应税劳务、服务名称	规格型号	单位	数量	单价	金额	税率	税额
旅游费		次	1	28155.3398058	28155.34	3%	844.66
合计					¥28155.34		¥844.66

价税合计（大写）⊗贰万玖仟元整　（小写）¥29000.00

销售方　名称：广西南宁澳博美旅游服务有限公司　纳税人识别号：91450105159525647Q　地址、电话：南宁市民族大道17-8号 0771-2420061　开户行及账号：交通银行股份有限公司西乡支行 451005068105001061528

备注：12.29-1.3鼓浪屿旅游费

收款人：李阳　复核：赵锦廷　开票人：李阳　销售方：（章）

实训专用

第一联：记账联　销售方记账凭证

税总函[2016]116号广州东港安全印刷有限公司

8－3

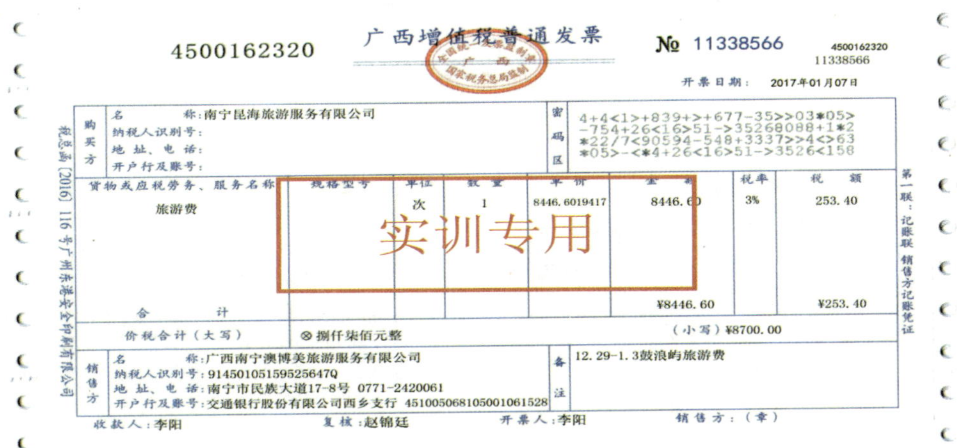

4500162320　　广西增值税普通发票　　№ 11338566　4500162320　11338566

开票日期：2017年01月07日

购买方　名称：南宁昆海旅游服务有限公司　纳税人识别号：　地址、电话：　开户行及账号：

密码区：4+4<1>+839+>+677-35>>03*05> -754+26<16>51->35268088+1*2 *22/7<90594-548+3337>>4<>63 *05>-<*4+26<16>51->3526<158

货物或应税劳务、服务名称	规格型号	单位	数量	单价	金额	税率	税额
旅游费		次	1	8446.6019417	8446.60	3%	253.40
合计					¥8446.60		¥253.40

价税合计（大写）⊗捌仟柒佰元整　（小写）¥8700.00

销售方　名称：广西南宁澳博美旅游服务有限公司　纳税人识别号：91450105159525647Q　地址、电话：南宁市民族大道17-8号 0771-2420061　开户行及账号：交通银行股份有限公司西乡支行 451005068105001061528

备注：12.29-1.3鼓浪屿旅游费

收款人：李阳　复核：赵锦廷　开票人：李阳　销售方：（章）

实训专用

第一联：记账联　销售方记账凭证

税总函[2016]116号广州东港安全印刷有限公司

8－4

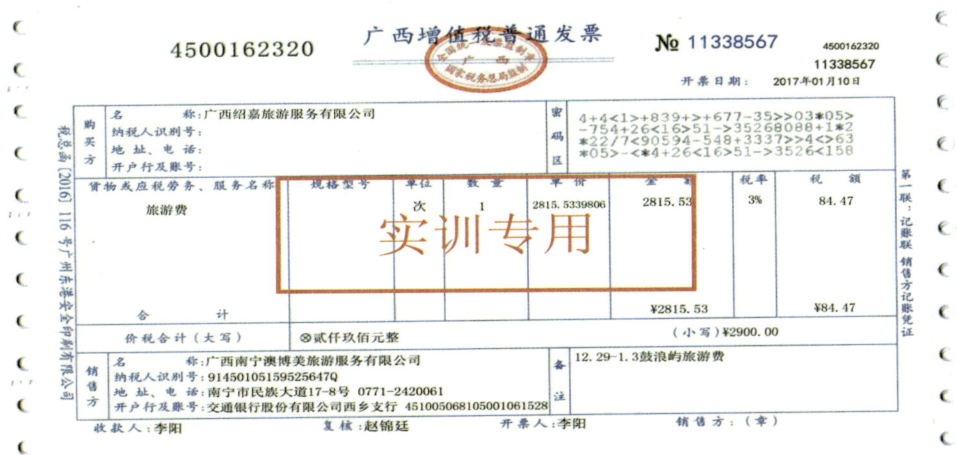

4500162320　　广西增值税普通发票　　№ 11338567　4500162320　11338567

开票日期：2017年01月10日

购买方　名称：广西绍嘉旅游服务有限公司　纳税人识别号：　地址、电话：　开户行及账号：

密码区：4+4<1>+839+>+677-35>>03*05> -754+26<16>51->35268088+1*2 *22/7<90594-548+3337>>4<>63 *05>-<*4+26<16>51->3526<158

货物或应税劳务、服务名称	规格型号	单位	数量	单价	金额	税率	税额
旅游费		次	1	2815.5339806	2815.53	3%	84.47
合计					¥2815.53		¥84.47

价税合计（大写）⊗贰仟玖佰元整　（小写）¥2900.00

销售方　名称：广西南宁澳博美旅游服务有限公司　纳税人识别号：91450105159525647Q　地址、电话：南宁市民族大道17-8号 0771-2420061　开户行及账号：交通银行股份有限公司西乡支行 451005068105001061528

备注：12.29-1.3鼓浪屿旅游费

收款人：李阳　复核：赵锦廷　开票人：李阳　销售方：（章）

实训专用

第一联：记账联　销售方记账凭证

税总函[2016]116号广州东港安全印刷有限公司

8－5

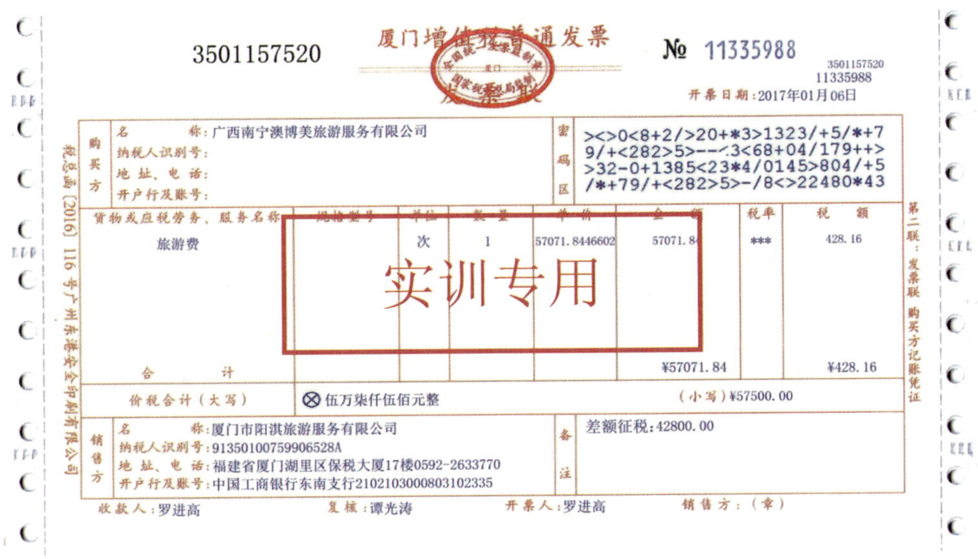

厦门增值税普通发票

3501157520　　№ 11335988

3501157520
11335988
开票日期：2017年01月06日

购买方	名称：广西南宁澳博美旅游服务有限公司 纳税人识别号： 地址、电话： 开户行及账号：	密码区	><>0<8+2/>20+*3>1323/+5/*+7 9/+<282>5>--:3<68+04/179++> >32-0+1385<23*4/0145>804/+5 /*+79/+<282>5>-/8<>22480*43

货物或应税劳务、服务名称	规格型号	单位	数量	单价	金额	税率	税额
旅游费		次	1	57071.8446602	57071.84	***	428.16
合计					¥57071.84		¥428.16
价税合计（大写）	⊗伍万柒仟伍佰元整				（小写）¥57500.00		

销售方	名称：厦门市阳淇旅游服务有限公司 纳税人识别号：91350100759906528A 地址、电话：福建省厦门湖里区保税大厦17楼0592-2633770 开户行及账号：中国工商银行东南支行2102103000803102335	备注	差额征税：42800.00

收款人：罗进高　　复核：谭光涛　　开票人：罗进高　　销售方：（章）

第二联：发票联　购买方记账凭证

税总函〔2016〕116号广州东港安全印刷有限公司

实训专用

9－1

靖西路线

	旅客来源	客户人数	单价	金额
1.10－1.12 团	散客	20	900	18 000
	总收入合计	20		18 000
	靖西县华银旅游服务有限公司	20	423	8 460
	靖西县龙临大酒店			2 400
	靖西县通录农家乐连锁饭店			2 400
	总成本支出			13 260

9－2

现 金 收 入 凭 单

顺序______号

2017年01月7日　　　　第　　号

兹收到　李源源、陆香元、唐远妮、杨红、伍贝贝

交　来　1.10—1.12　靖西团费　　款

计人民币（大写）　⊗ 拾 ⊗ 万肆仟伍佰零拾零元零角零分

交款人（盖章）　　¥ 4 500.00

主管会计：赵锦廷　　记账员：　　出纳员：李阳

9－3

现金收入凭单

顺序______号

2017年01月7日　　第　号

兹收到　林冬雪、农彩玲、李丽华、余君静、陈杨帆、李果

交　来　1.10—1.12　靖西团费　款

计人民币　（大写）　ⓧ 拾 ⓧ 万伍仟肆佰零拾零元零角零分

交款人（盖章）　¥ 5 400.00

主管会计：赵锦廷　　记账员：　　出纳员：李阳

9－4

现金收入凭单

顺序______号

2017年01月7日　　第　号

兹收到　何深、李洁媚、覃静、魏欣、

交　来　1.10—1.12　靖西团费　款

计人民币　（大写）　ⓧ 拾 ⓧ 万叁仟陆佰零拾零元零角零分

交款人（盖章）　¥ 3 600.00

主管会计：赵锦廷　　记账员：　　出纳员：李阳

9－5

现金收入凭单

顺序______号

2017年01月7日　　第　号

兹收到　李小婉、张兰慧

交　来　1.10—1.12　靖西团费　款

计人民币　（大写）　ⓧ 拾 ⓧ 万壹仟捌佰零拾零元零角零分

交款人（盖章）　¥ 1 800.00

主管会计：赵锦廷　　记账员：　　出纳员：李阳

9－6

现金收入凭单

顺序______号

2017年01月7日　　第　号

兹收到　龙云云、杨燕梅、姚佳

交　来　1.10—1.12　靖西团费　款

计人民币　（大写）　ⓧ 拾 ⓧ 万贰仟柒佰零拾零元零角零分

交款人（盖章）　¥ 2 700.00

主管会计：赵锦廷　　记账员：　　出纳员：李阳

9－7

中国交通银行现金存款凭证

2017 年 1 月 7 日

存款人	全称	广西南宁澳博美旅游服务有限公司		
	账号	451005068105001061528	款项来源	现金收入
	开户行	交通银行西乡支行	交款人	李阳
金额（大写）：壹万捌仟元整			金额（小写）：18 000.00	
票据种类		中国交通银行 南宁市西乡支行 2017.01.07	收款人开户银行盖章	
摘要	1.10-1.12 靖西团费			
单位主管　会计　复核　记账				

（此联是银行给收款人的收账通知）

9－8

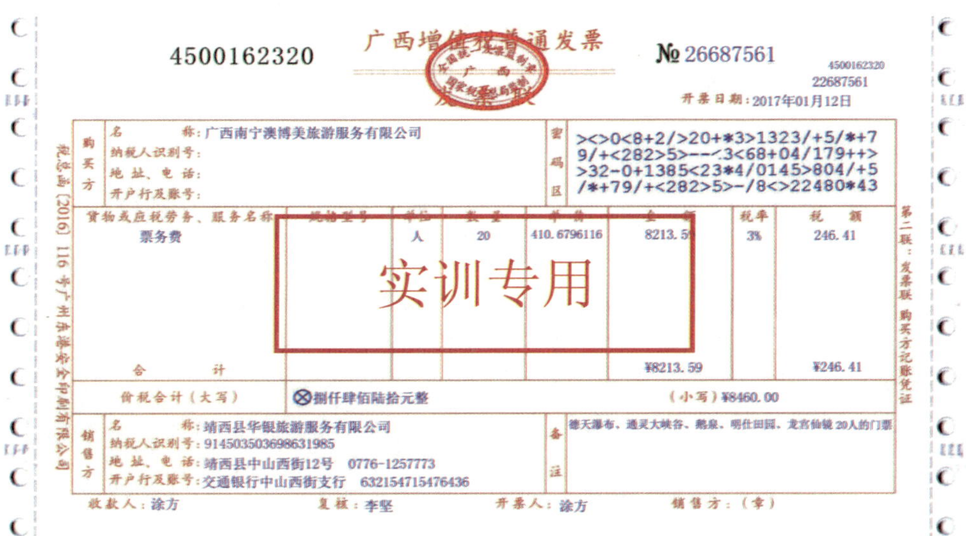

广西增值税普通发票　　发票联

4500162320　　№ 26687561　　4500162320　22687561

开票日期：2017年01月12日

购买方	名　　称：广西南宁澳博美旅游服务有限公司 纳税人识别号： 地 址、电 话： 开户行及账号：	密码区	><>0<8+2/>20+*3>1323/+5/*+7 9/+<282>5>--<3<68+04/179++> >32-0+1385<23*4/0145>804/+5 /*+79/+<282>5>-/8<>22480*43

货物或应税劳务、服务名称	规格型号	单位	数量	单价	金额	税率	税额
票务费		人	20	410.6796116	8213.59	3%	246.41
合　计					¥8213.59		¥246.41
价税合计（大写）	⊗捌仟肆佰陆拾元整				（小写）¥8460.00		

销售方	名　　称：靖西县华银旅游服务有限公司 纳税人识别号：914503503698631985 地 址、电 话：靖西县中山西街12号　0776-1257773 开户行及账号：交通银行中山西街支行　632154715476436	备注	德天瀑布、通灵大峡谷、鹅泉、明仕田园、龙宫仙镜 20人的门票

收款人：涂方　　复核：李坚　　开票人：涂方　　销售方：（章）

实训专用

第二联：发票联　购买方记账凭证

税总函〔2016〕116 号广州东港安全印刷有限公司

9－9

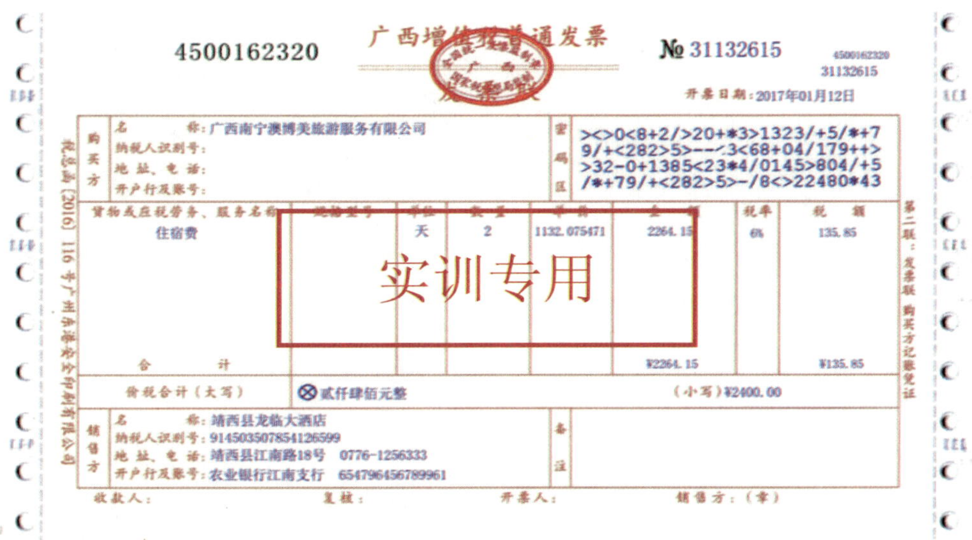

广西增值税普通发票　　发票联

4500162320　　№ 31132615　　4500162320　31132615

开票日期：2017年01月12日

购买方	名　　称：广西南宁澳博美旅游服务有限公司 纳税人识别号： 地 址、电 话： 开户行及账号：	密码区	><>0<8+2/>20+*3>1323/+5/*+7 9/+<282>5>--<3<68+04/179++> >32-0+1385<23*4/0145>804/+5 /*+79/+<282>5>-/8<>22480*43

货物或应税劳务、服务名称	规格型号	单位	数量	单价	金额	税率	税额
住宿费		天	2	1132.075471	2264.15	6%	135.85
合　计					¥2264.15		¥135.85
价税合计（大写）	⊗贰仟肆佰元整				（小写）¥2400.00		

销售方	名　　称：靖西县龙临大酒店 纳税人识别号：914503507854126599 地 址、电 话：靖西县江南路18号　0776-1256333 开户行及账号：农业银行江南支行　654796456789961	备注	

收款人：　　复核：　　开票人：　　销售方：（章）

实训专用

第二联：发票联　购买方记账凭证

税总函〔2016〕116 号广州东港安全印刷有限公司

9－10

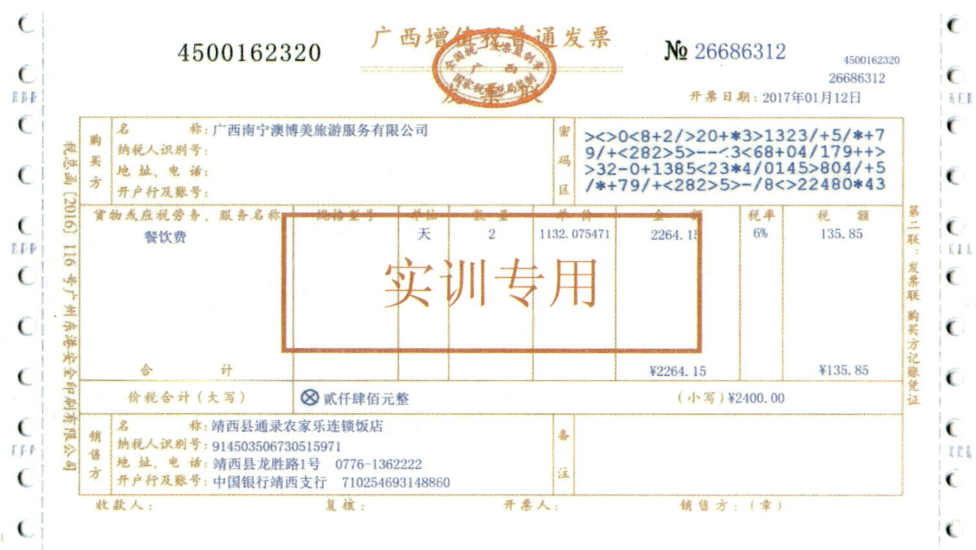

4500162320　广西增值税普通发票　№ 26686312

4500162320
26686312
开票日期：2017年01月12日

购买方	名　　称：广西南宁澳博美旅游服务有限公司 纳税人识别号： 地 址、电 话： 开户行及账号：	密码区	><>0<8+2/>20+*3>1323/+5/*+7 9/+<282>5>---<3<68+04/179++> >32-0+1385<23*4/0145>804/+5 /*+79/+<282>5>-/8<>22480*43

货物或应税劳务、服务名称	规格型号	单位	数量	单价	金额	税率	税额
餐饮费		天	2	1132.075471	2264.15	6%	135.85
合　　计					¥2264.15		¥135.85
价税合计（大写）	⊗贰仟肆佰元整				（小写）¥2400.00		

销售方	名　　称：靖西县通录农家乐连锁饭店 纳税人识别号：914503506730515971 地 址、电 话：靖西县龙胜路1号　0776-1362222 开户行及账号：中国银行靖西支行　710254693148860	备注	

收款人：　　复核：　　开票人：　　销售方：（章）

实训专用

税总函〔2016〕116号广州东港安全印刷有限公司

第二联：发票联　购买方记账凭证

9－11

中国交通银行　进　账　单（收账通知）

委托日期：　2017 年 1 月 8 日

汇款人	全　称	广西南宁澳博美旅游服务有限公司			收款人	全　称	靖西县华银旅游服务有限公司		
	账　号	451005068105001061528				账　号	632154715476436		
	汇出地点	南宁	汇出行名称	西乡支行		汇入地点	靖西县	汇入行名称	交通银行中山街支行

汇入金额	人民币（大写）捌仟肆佰陆拾元整	千	百	十	万	千	百	十	元	角	分
					¥	8	4	6	0	0	0
汇款用途：付 1.10-1.12 靖西景点门票		汇出银行盖章									
单位主管　　会计　　复核　　记账											

（此联汇出行给汇款人的回单）

中国交通银行
南宁市西乡支行
2017.01.08

9－12

中国交通银行　收费凭证

2017 年 1 月 8 日

单位名称	广西南宁澳博美旅游服务有限公司	账号	451005068105001061528	
项目名称	工本费/汇款手续费/手续费	数量	单价	金额 / 元
收费	电汇手续费			10
合计人民币（小写）：¥10.00				
合计人民币（大写）：壹拾元整				

填票人：　　　　单位名称(盖章有效)

中国交通银行
南宁市西乡支行
2017.01.08

9－13

中国交通银行 电汇凭证（回 单）

委托日期：　2017 年 1 月 8 日

<table>
<tr><td rowspan="3">汇
款
人</td><td>全 称</td><td colspan="3">广西南宁澳博美旅游服务有限公司</td><td rowspan="3">收
款
人</td><td>全 称</td><td colspan="10">靖西县龙临大酒店</td></tr>
<tr><td>账 号</td><td colspan="3">451005068105001061528</td><td>账 号</td><td colspan="10">654796456789961</td></tr>
<tr><td>汇 出
地 点</td><td>南宁</td><td>汇出行
名　称</td><td>西乡支
行</td><td>汇 入
地 点</td><td>靖西
县</td><td colspan="4">汇入行名称</td><td colspan="5">农业银行行江南支行</td></tr>
<tr><td rowspan="2">汇 入
金额</td><td colspan="6" rowspan="2">人民币（大写）贰仟肆佰元整</td><td>千</td><td>百</td><td>十</td><td>万</td><td>千</td><td>百</td><td>十</td><td>元</td><td>角</td><td>分</td></tr>
<tr><td></td><td></td><td></td><td>¥</td><td>2</td><td>4</td><td>0</td><td>0</td><td>0</td><td>0</td></tr>
<tr><td colspan="7">汇款用途：付 1.10-1.12 靖西住宿费</td><td colspan="10" rowspan="2">汇出银行盖章</td></tr>
<tr><td colspan="7">单位主管　　　会计　　　复核　　　记账</td></tr>
</table>

中国交通银行 南宁市西乡支行 2017.01.08

（此联汇出行给汇款人的回单）

9－14

中国交通银行　收费凭证

2017 年 1 月 8 日

<table>
<tr><td>单位名称</td><td>广西南宁澳博美旅游服务有限公司</td><td>账号</td><td colspan="2">451005068105001061528</td></tr>
<tr><td>项目名称</td><td>工本费/汇款手续费/手续费</td><td>数量</td><td>单价</td><td>金额 / 元</td></tr>
<tr><td>收费</td><td>电汇手续费</td><td></td><td></td><td>10</td></tr>
<tr><td></td><td></td><td></td><td></td><td></td></tr>
<tr><td></td><td colspan="4"></td></tr>
<tr><td colspan="5">合计人民币（小写）：¥10.00</td></tr>
<tr><td colspan="5">合计人民币（大写）：壹拾元整</td></tr>
</table>

填票人：　　　　　　　　　　　　　单位名称(盖章有效)

中国交通银行 南宁市西乡支行 2017.01.08

9－15

中国交通银行 电汇凭证（回 单）

委托日期：　2017 年 1 月 8 日

<table>
<tr><td rowspan="3">汇
款
人</td><td>全 称</td><td colspan="3">广西南宁澳博美旅游服务有限公司</td><td rowspan="3">收
款
人</td><td>全 称</td><td colspan="10">靖西县通录农家乐连锁饭店</td></tr>
<tr><td>账 号</td><td colspan="3">451005068105001061528</td><td>账 号</td><td colspan="10">710254693148860</td></tr>
<tr><td>汇 出
地 点</td><td>南宁</td><td>汇出行
名　称</td><td>西乡支
行</td><td>汇 入
地 点</td><td>靖西
县</td><td colspan="4">汇入行名称</td><td colspan="5">中国银行靖西支行</td></tr>
<tr><td rowspan="2">汇 入
金额</td><td colspan="6" rowspan="2">人民币（大写）贰仟肆佰元整</td><td>千</td><td>百</td><td>十</td><td>万</td><td>千</td><td>百</td><td>十</td><td>元</td><td>角</td><td>分</td></tr>
<tr><td></td><td></td><td></td><td>¥</td><td>2</td><td>4</td><td>0</td><td>0</td><td>0</td><td>0</td></tr>
<tr><td colspan="7">汇款用途：付 1.10-1.12 靖西住宿费</td><td colspan="10" rowspan="2">汇出银行盖章</td></tr>
<tr><td colspan="7">单位主管　　　会计　　　复核　　　记账</td></tr>
</table>

中国交通银行 南宁市西乡支行 2017.01.08

（此联汇出行给汇款人的回单）

9－16

中国交通银行　收费凭证

2017 年 1 月 8 日

单位名称	广西南宁澳博美旅游服务有限公司	账号	451005068105001061528	
项目名称	工本费/汇款手续费/手续费	数量	单价	金额／元
收费	电汇手续费			10
合计人民币（小写）：¥10.00				
合计人民币（大写）：壹拾元整				

填票人：　　　　　单位名称(盖章有效)

中国交通银行
南宁市西乡支行
2017.01.08

10－1

差旅费报销单

单位名称：广西南宁澳博美旅游服务有限公司　　2017 年 1 月 13 日　　单位：元

项目	火车票	飞机票	船票	长途汽车票	市内交通费	住宿费	公出补助			其他	合计金额
							天数	标准	金额		
金额										2 300	2 300

合计人民币（大写）贰仟叁佰元整：

出差人姓名	彭明辉	出差事由	靖西路线	所属部门	司机组
出差地点	靖西	出差起止日期	2017.1.10	原借款额	2 000
实报金额	2 300.00	长退或短补	300	出差人签字	彭明辉
部门负责人签字	彭明辉	财务负责人签字	赵锦廷	单位领导签字	张全忠

附件 3 张

10－2

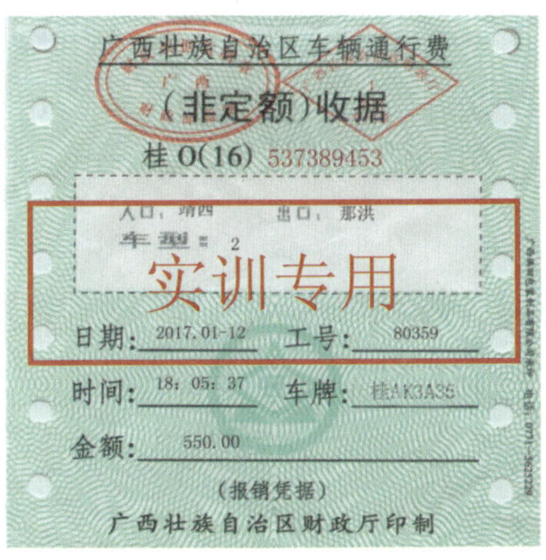

广西壮族自治区车辆通行费
（非定额）收据
桂 O(16) 537389453
入口：靖西　出口：那洪
车型：2
实训专用
日期：2017.01.12　工号：80359
时间：18:05:37　车牌：桂AK3A35
金额：550.00
（报销凭据）
广西壮族自治区财政厅印制

10－3

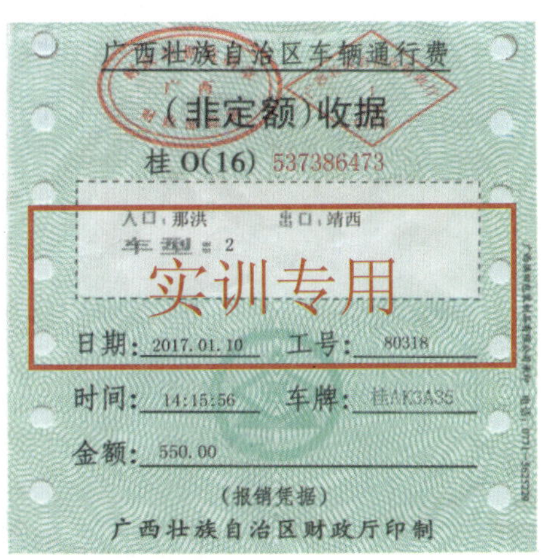

广西壮族自治区车辆通行费
（非定额）收据
桂 O(16) 537386473
入口：那洪　出口：靖西
车型：2
实训专用
日期：2017.01.10　工号：80318
时间：14:15:56　车牌：桂AK3A35
金额：550.00
（报销凭据）
广西壮族自治区财政厅印制

10－4

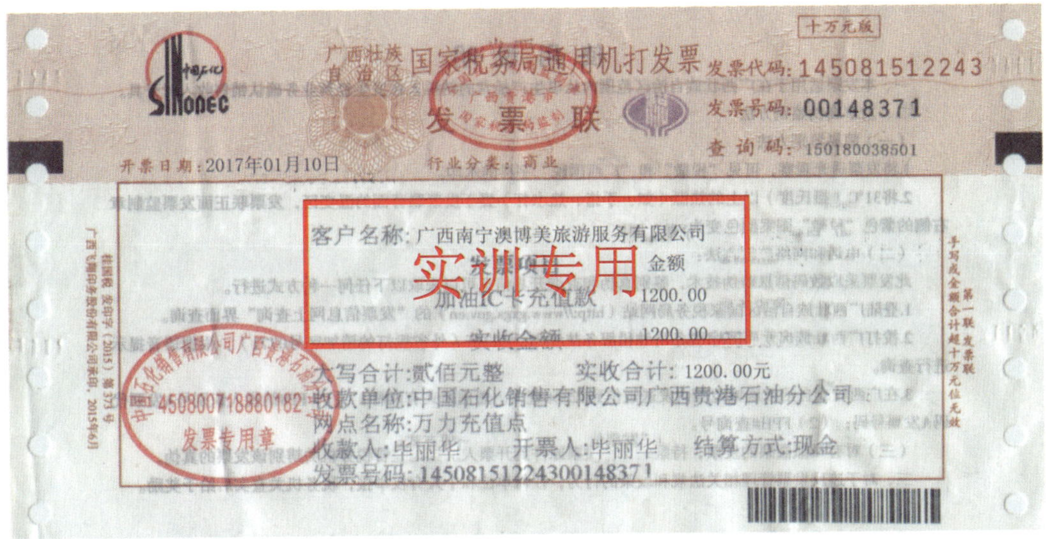

十万元版

广西壮族自治区国家税务局通用机打发票　发票代码:145081512243

发票联　发票号码: 00148371

查询码: 150180038501

开票日期:2017年01月10日　行业分类:商业

客户名称:广西南宁澳博美旅游服务有限公司

项目	金额
加油IC卡充值款	1200.00
实收金额	1200.00

大写合计:贰佰元整　实收合计:1200.00元

收款单位:中国石化销售有限公司广西贵港石油分公司

网点名称:万力充值点

收款人:毕丽华　开票人:毕丽华　结算方式:现金

发票号码:14508151224300148371

中国石化销售有限公司广西贵港石油分公司 450800718880182 发票专用章

实训专用

11－1

费用报销单单

2017年1月12日　　单位：元

部门	业务部	姓名	王奋发
报销事由	1、高速公路过路费　小计¥130.00		
	2、停车费　小计¥10.00		
	3、油费　小计¥200.00		
报销单据　伍　张	合计金额(大写):叁佰肆拾元整		小写:¥340.00元

单位领导	张全忠	部门领导	吴新	填报人	王奋发

财务主管：　赵锦廷　　审核会计：何华娟　　出纳：李阳

11－2

广西壮族自治区车辆通行费

(非定额)收据

桂O(16)　537386498

入口：沙井　出口：祥周

车型：1

实训专用

日期：2017.01.12　工号：80528

时间：20:32:18　车牌：桂AB4A53

金额：65:00

(报销凭据)

广西壮族自治区财政厅印制

11－3

广西壮族自治区车辆通行费

(非定额)收据

桂O(16)　537386473

入口：祥周　出口：沙井

车型：1

实训专用

日期：2017.01.12　工号：80318

时间：08:14:56　车牌：桂AB4A53

金额：65:00

(报销凭据)

广西壮族自治区财政厅印制

11－4

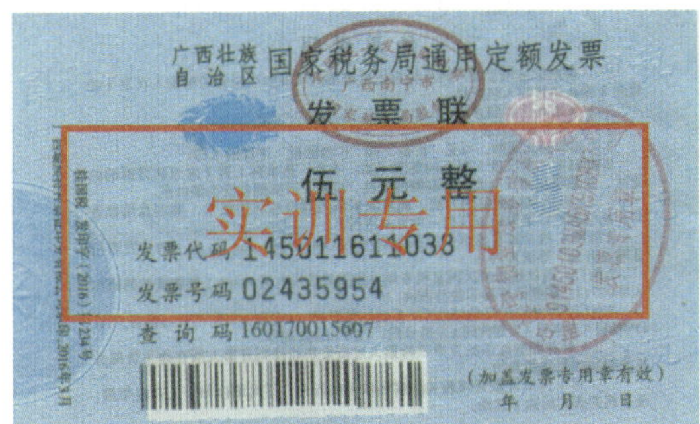

广西壮族自治区 国家税务局通用定额发票

发票联

伍元整

实训专用

发票代码 145011611038

发票号码 02435954

查询码 160170015607

（加盖发票专用章有效）

年　月　日

11－5

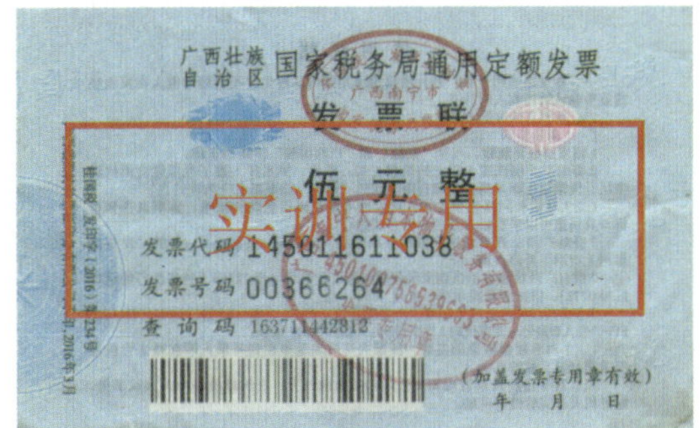

广西壮族自治区 国家税务局通用定额发票

发票联

伍元整

实训专用

发票代码 145011611038

发票号码 00366264

查询码 163711442812

（加盖发票专用章有效）

年　月　日

11－6

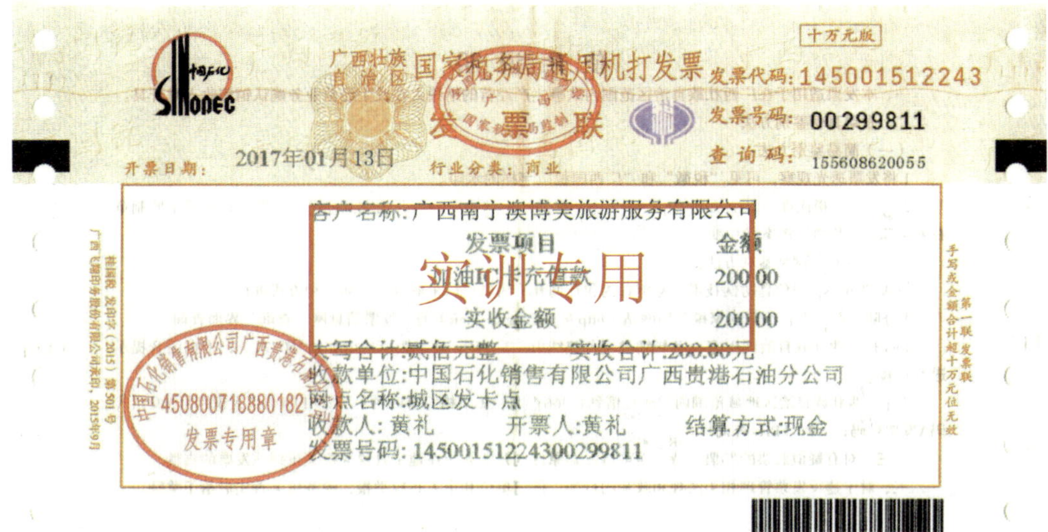

十万元版

广西壮族自治区 国家税务局通用机打发票

发票联

发票代码：145001512243

发票号码：00299811

查询码：155608620055

开票日期：2017年01月13日　行业分类：商业

客户名称：广西南宁澳博美旅游服务有限公司

发票项目	金额
加油IC卡充值款	200.00
实收金额	200.00

实训专用

大写合计：贰佰元整　实收合计：200.00元

收款单位：中国石化销售有限公司广西贵港石油分公司

网点名称：城区发卡点

收款人：黄礼　开票人：黄礼　结算方式：现金

发票号码：14500151224300299811

中国石化销售有限公司广西贵港石油分公司 450800718880182 发票专用章

12－1

中国交通银行

转账支票存根（桂）

VI II 30138906

附加信息 ____________________

出票日期　2017 年 1 月 13 日

收款人	广西民族印刷包装集团有限公司
金　额	￥8 000.00
用　途	付房租
备　注	

单位主管：张全忠　　会计：赵锦廷

12－2

中国交通银行 广西区分行 进 账 单（回 单）

2017 年 1 月 13 日

出票人			收款人		
出票人	全　称	广西南宁澳博美旅游服务有限公司	收款人	全　称	广西民族印刷包装集团有限公司
出票人	账　号	451005068105001061528	收款人	账　号	623671380528662513
出票人	开户银行	交通银行西乡支行	收款人	开户银行	中国银行南宁市科园大道支行

人民币（大写）捌仟元整	千	百	十	万	千	百	十	元	角	分
				¥	8	0	0	0	0	0

票据种类	转账	中国交通银行 南宁市西乡支行 2017.01.13 收款人开户银行盖章
票据张数	1 张	
单位主管　会计　复核　记账		

（此联是开户银行交给持票人的回单）

12－3

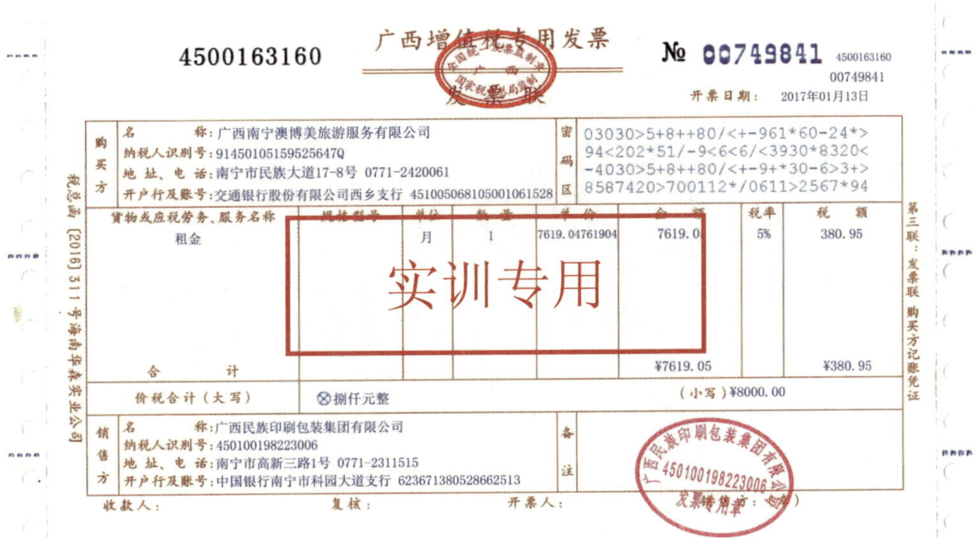

4500163160　广西增值税专用发票　№ 00749841　4500163160　00749841

发票联

开票日期：2017年01月13日

购买方	名　　称：广西南宁澳博美旅游服务有限公司 纳税人识别号：91450105159525647Q 地 址、电 话：南宁市民族大道17-8号 0771-2420061 开户行及账号：交通银行股份有限公司西乡支行 451005068105001061528	密码区	03030>5+8++80/<+-961*60-24*> 94<202*51/-9<6<6/<3930*8320< -4030>5+8++80/<+-9+*30-6>3+> 8587420>700112*/0611>2567*94

货物或应税劳务、服务名称	规格型号	单位	数量	单价	金额	税率	税额
租金		月	1	7619.04761904	7619.05	5%	380.95
合　计					¥7619.05		¥380.95
价税合计（大写）	⊗捌仟元整				（小写）¥8000.00		

销售方	名　　称：广西民族印刷包装集团有限公司 纳税人识别号：450100198223006 地 址、电 话：南宁市高新三路1号 0771-2311515 开户行及账号：中国银行南宁市科园大道支行 623671380528662513	备注	广西民族印刷包装集团有限公司 450100198223006 发票专用章

收款人：　　复核：　　开票人：　　销售方：（章）

税总函〔2016〕311号海南华森实业公司

第三联：发票联　购买方记账凭证

实训专用

13－1

费用报销单单

2017 年 1 月 12 日　　单位：元

部门	行政部		姓名	李玲芳	
报销事由	购买打印纸和白板笔				
报销单据 壹 张	合计金额(大写):肆佰玖拾捌元整				小写:¥498.00 元
单位领导	张全忠	部门领导	吴新	填报人	李玲芳

财务主管：　赵锦廷　　审核会计：何华娟　　出纳：李阳

13－2

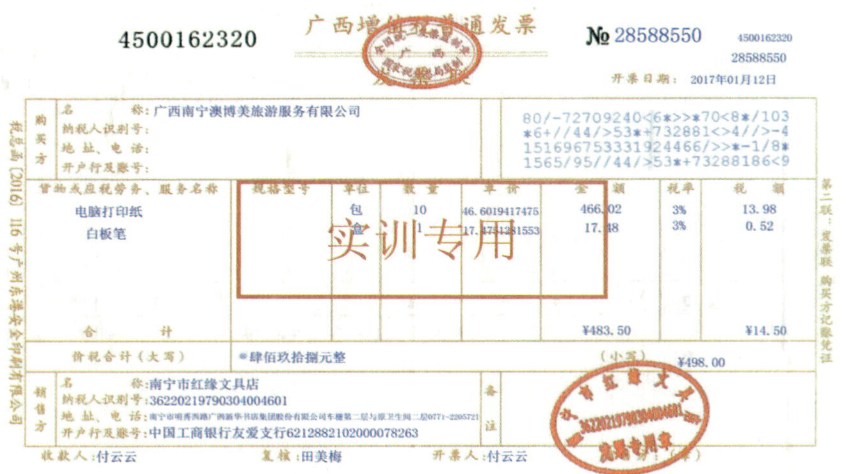

4500162320　　广西增值税普通发票　　№ 28588550　　4500162320　28588550

发票联

开票日期：2017年01月12日

购买方	名称：广西南宁澳博美旅游服务有限公司 纳税人识别号： 地址、电话： 开户行及账号：	密码区	80/-72709240<6*>>*70<8*/103 *6+//44/>53*+732881<>4//>-4 151696753331924466/>>*-1/8* 1565/95//44/>53*+73288186<9

货物或应税劳务、服务名称	规格型号	单位	数量	单价	金额	税率	税额
电脑打印纸		包	10	46.6019417475	466.02	3%	13.98
白板笔		盒	1	17.4757281553	17.48	3%	0.52
合计					¥483.50		¥14.50
价税合计（大写）	⊗肆佰玖拾捌元整				（小写）¥498.00		

实训专用

销售方	名称：南宁市红缘文具店 纳税人识别号：362202197903004004601 地址、电话：南宁市明秀西路广西新华书店集团股份有限公司车棚第二层与原卫生间二层0771-2205721 开户行及账号：中国工商银行友爱支行6212882102000078263	备注	

收款人：付云云　　复核：田美梅　　开票人：付云云　　销售方：（章）

税总函〔2016〕116号广州东港安全印刷有限公司

第二联：发票联　购买方记账凭证

14－1

交通银行股份有限公司电子缴税付款凭证

转账日期：2017 年 01 月 15 日　　　　凭证字号：2017011539

纳税人全称及纳税人识别号：广西南宁澳博美旅游服务有限公司 91450105159525647Q

付款人全称：广西南宁澳博美旅游服务有限公司

付款人账号：451005068105001061528　　　　征收机关名称：南宁市青秀区地方税务局

付款人开户银行：交通银行西乡支行　　　　收款国库（银行）名称：国家金库南宁市青秀区支库金

金额合计（小写）：¥22446.00　　　　缴款书交易流水号：101917626287

金额合计（大写）：贰万贰仟肆佰肆拾陆元整　　　　税票号码：ZWBNN0000000200905

税（费）种名称	日期（起）—日期（止）	缴费人数	单位应缴	个人应缴金额
基本养老保险	20161201　20161231	12	10440.00	4176.00
基本医疗保险	20161201　20161231	12	4176.00	1044.00
失业保险	20161201　20161231	12	1044.00	522.00
工伤保险	20161201　20161231	12	522.00	0.00
生育保险	20161201　20161231	12	522.00	0.00
合计			16704.00	5742.00

第一次打印　　　　打印时间：2017 年 01 月 20 日

交通银行 南宁市西乡 2017.01.20

15－1

中国工商银行
现金支票存根（桂）

VI II

附加信息 ________________

出票日期　2017 年 01 月 15 日

收款人	广西南宁澳博美旅游服务有限公司
金　额	¥61000.00
用　途	发放工资
备　注	

单位主管：张全忠　　会计：赵锦廷

16－1

2016 年 12 月工资表

单位：广西南宁澳博美旅游服务有限公司

编号	姓名	基本工资	岗位工资	业务提成	出团补贴	应扣事病假	其他扣款	应发工资	应扣款项					实发工资	签字
									养老保险	医疗保险	失业保险	个税	扣款合计		
1	张全忠	4000.00	500.00					4500.00	360.00	90.00	45.00	15.15	510.15	3989.85	
2	李安泰	4000.00	500.00					4500.00	360.00	90.00	45.00	15.15	510.15	3989.85	
3	吴新	4000.00	500.00					4500.00	360.00	90.00	45.00	15.15	510.15	3989.85	
4	李玲芳	3000.00	300.00					3300.00	264.00	66.00	33.00		363.00	2937.00	
5	赵锦廷	3500.00	500.00					4000.00	320.00	80.00	40.00	1.80	441.80	3558.20	
6	何华娟	3000.00	300.00					3300.00	264.00	66.00	33.00		363.00	2937.00	
7	李阳	3000.00	300.00					3300.00	264.00	66.00	33.00		363.00	2937.00	
8	王奋发	3000.00	500.00	1500.00				5000.00	280.00	70.00	35.00	33.45	418.45	4581.55	
9	周优明	2500.00	300.00	1300.00		100.00		4000.00	224.00	56.00	28.00	5.76	313.76	3686.24	
10	陈梓恒	2500.00	500.00		2000.00			5000.00	240.00	60.00	30.00	35.10	365.10	4634.90	
11	张曼妮	2200.00	300.00		1500.00			4000.00	200.00	50.00	25.00	6.75	281.75	3718.25	
12	符庆伟	2200.00	300.00		1500.00			4000.00	200.00	50.00	25.00	6.75	281.75	3718.25	
13	孙婷婷	2200.00	300.00		2000.00			4500.00	200.00	50.00	25.00	21.75	296.75	4203.25	
14	彭明辉	3000.00	1000.00		500.00			4500.00	320.00	80.00	40.00	16.80	456.80	4043.20	
15	唐晓峰	3000.00	1000.00		500.00			4500.00	320.00	80.00	40.00	16.80	456.80	4043.20	
合计		45100.00	7100.00	2800.00	8000.00	100.00	0.00	62900.00	4176.00	1044.00	522.00	190.41	5932.41	56967.59	

单位领导：张全忠　　会计：何华娟　　复核：赵锦廷　　制表：李阳

17 -1

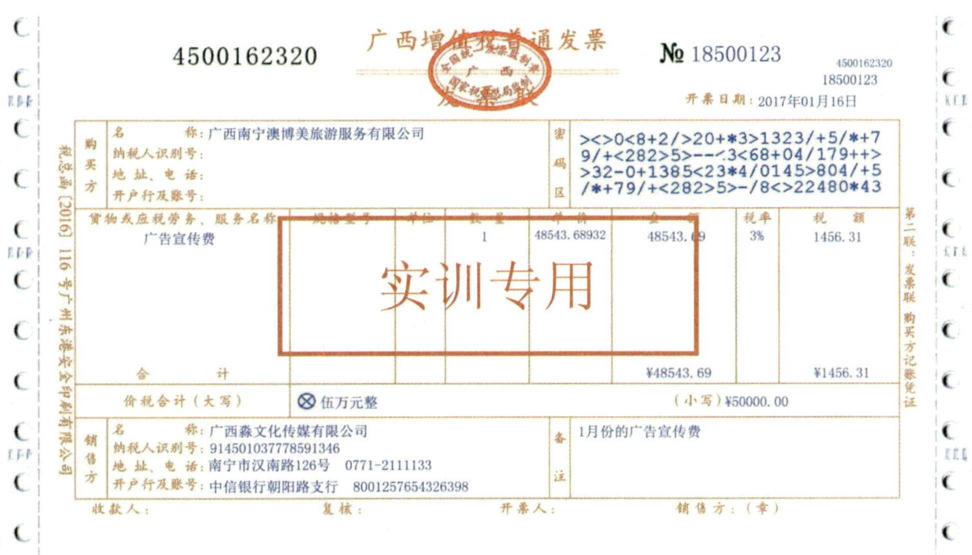
4500162320　　广西增值税普通发票　　№ 18500123
开票日期：2017年01月16日

购买方	名　称：广西南宁澳博美旅游服务有限公司 纳税人识别号： 地址、电话： 开户行及账号：	密码区	><>0<8+2/>20+*3>1323/+5/*+7 9/+<282>5>--<3<68+04/179++> >32-0+1385<23*4/0145>804/+5 /*+79/+<282>5>-/8<>22480*43

货物或应税劳务、服务名称	规格型号	单位	数量	单价	金额	税率	税额
广告宣传费			1	48543.68932	48543.69	3%	1456.31
合计					¥48543.69		¥1456.31
价税合计（大写）	⊗伍万元整				（小写）¥50000.00		

销售方	名　称：广西淼文化传媒有限公司 纳税人识别号：914501037778591346 地址、电话：南宁市汉南路126号　0771-2111133 开户行及账号：中信银行朝阳路支行　8001257654326398	备注	1月份的广告宣传费

收款人：　　复核：　　开票人：　　销售方：（章）

实训专用

17 -2

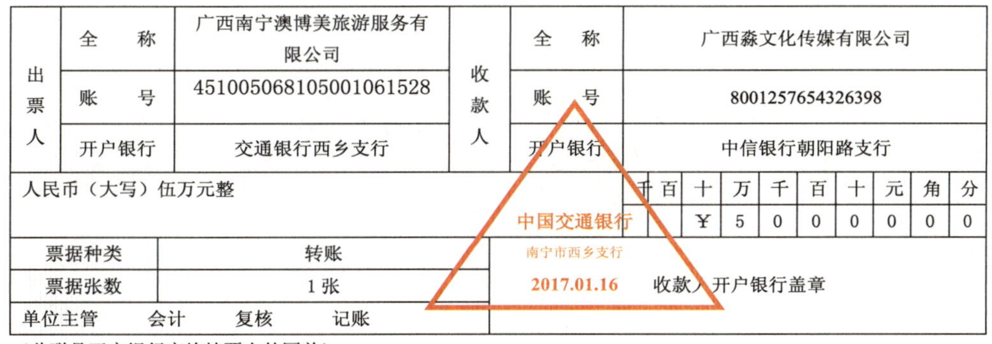
中国交通银行 广西区分行 进 账 单（回 单）

2017 年 1 月 16 日

出票人	全称	广西南宁澳博美旅游服务有限公司	收款人	全称	广西淼文化传媒有限公司
	账号	451005068105001061528		账号	8001257654326398
	开户银行	交通银行西乡支行		开户银行	中信银行朝阳路支行

人民币（大写）伍万元整	千	百	十	万	千	百	十	元	角	分
			¥	5	0	0	0	0	0	0

票据种类	转账	中国交通银行 南宁市西乡支行 2017.01.16　收款人开户银行盖章
票据张数	1 张	
单位主管　会计　复核　记账		

（此联是开户银行交给持票人的回单）

17 -3

中国交通银行
转账支票存根（桂）

VI II 30138907

附加信息 ______________

出票日期　2017 年 1 月 16 日

收款人	广西淼文化传媒有限公司
金　额	¥50 000.00
用　途	付广告宣传费
备　注	

单位主管：张全忠　　会计：赵锦廷

18－1

借款单

2017年1月18日　　　　单位：元

工作部门	业务部		姓名		王奋发	
借款理由	西宁考察项目					
借款金额	￥5000.00		批准金额		￥5000.00	
人民币（大写）	贰仟元整				付款方式	现金
借款人签字	王奋发	财务经理	赵锦廷	单位领导审批	张全忠	

19－1

九寨沟路线

	旅客来源	客户人数	单价	金额
1.5－1.10团	广西国华鑫旅游服务有限公司	6	2 550	15 300
	广西南宁顺通发展旅游服务有限公司	5	2 550	12 750
	广西源茂通旅游服务有限公司	2	2 550	5 100
	广西绍嘉旅游服务有限公司	3	2 550	7 650
	散客	1	2 800	2 800
	散客	3	2 300	6 900
	总收入合计	20		50 500
	机票往返（票价1 050 机建50 保险20）	20	1 120	2 2400
	地接费（成都万海众兴旅游服务有限公司）	20	1 000	20 000
	总成本支出			42 400

19－2（共20张往返飞机票，其他略）

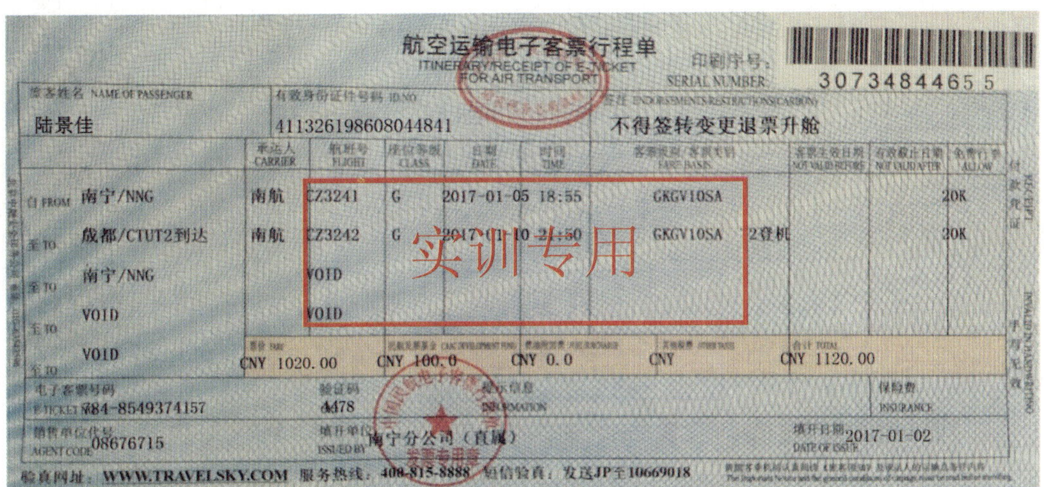

航空运输电子客票行程单
ITINERARY/RECEIPT OF E-TICKET FOR AIR TRANSPORT
印刷序号：SERIAL NUMBER: 3073484465 5

旅客姓名 NAME OF PASSENGER：陆景佳
有效身份证件号码 ID.NO：411326198608044841
签注 ENDORSEMENTS/RESTRICTIONS(CARBON)：不得签转变更退票升舱

		承运人 CARRIER	航班号 FLIGHT	座位等级 CLASS	日期 DATE	时间 TIME	客票级别/客票类别 FARE BASIS	客票生效日期 NOT VALID BEFORE	有效截止日期 NOT VALID AFTER	免费行李 ALLOW
自 FROM	南宁/NNG	南航	CZ3241	G	2017-01-05	18:55	GKGV10SA			20K
至 TO	成都/CTUT2到达	南航	CZ3242	G	2017-01-10	21:50	GKGV10SA　T2登机			20K
至 TO	南宁/NNG		VOID							
至 TO	VOID		VOID							
至 TO	VOID									

票价 FARE：CNY 1020.00　民航发展基金 CAAC DEVELOPMENT FUND：CNY 100.0　燃油附加费 FUEL SURCHARGE：CNY 0.0　其他税费 OTHER TAXES：CNY　合计 TOTAL：CNY 1120.00

电子客票号码 E-TICKET NO.：784-8549374157　验证码 CK.：4478　提示信息 INFORMATION　保险费 INSURANCE

销售单位代号 AGENT CODE：08676715　填开单位 ISSUED BY：南宁分公司（直属）　填开日期 DATE OF ISSUE：2017-01-02

验真网址：WWW.TRAVELSKY.COM　服务热线：400-815-8888　短信验真：发送JP至10669018

实训专用

19－3

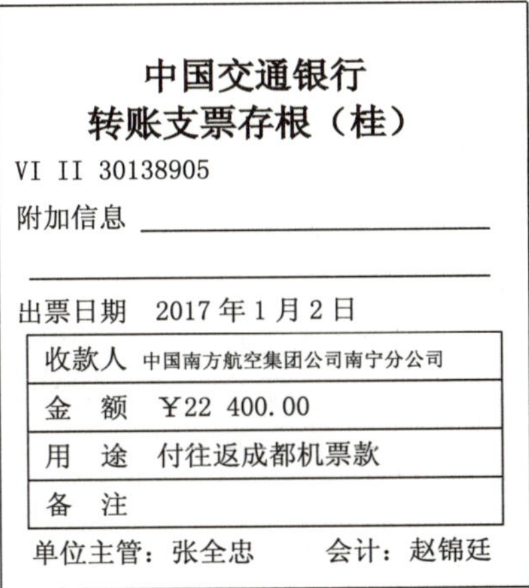

中国交通银行
转账支票存根（桂）

VI II 30138905

附加信息 ____________________

出票日期 2017 年 1 月 2 日

收款人	中国南方航空集团公司南宁分公司
金　额	￥22 400.00
用　途	付往返成都机票款
备　注	

单位主管：张全忠　　会计：赵锦廷

19－4

中国交通银行 广西区分行 **进 账 单**（回 单）

2017 年 1 月 2 日

出票人	全　称	广西南宁澳博美旅游服务有限公司	收款人	全　称	中国南方航空集团公司南宁分公司
	账　号	451005068105001061528		账　号	622003698521473214
	开户银行	交通银行西乡支行		开户银行	中国银行翡翠路支行

人民币（大写）贰万贰仟肆佰元整	千	百	十	万	千	百	十	元	角	分
			￥	2	2	4	0	0	0	0

票据种类	转账	中国交通银行 南宁市西乡支行 2017.01.02 收款人开户银行盖章
票据张数	1 张	
单位主管　会计　复核　记账		

（此联是开户银行交给持票人的回单）

19－5

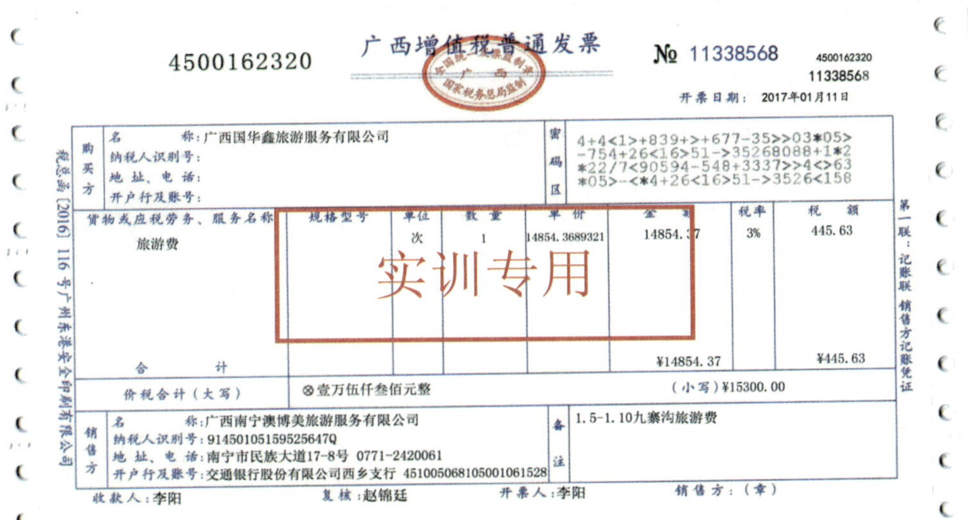

4500162320　　广西增值税普通发票　　№ 11338568　　4500162320 11338568

开票日期：2017年01月11日

购买方	名　称：广西国华鑫旅游服务有限公司 纳税人识别号： 地 址、电 话： 开户行及账号：	密码区	4+4<1>+839+>+677-35>>03*05> -754+26<16>51->35268088+1*2 *22/7<90594-548+3337>>4<>63 *05>-<*4+26<16>51->3526<158

货物或应税劳务、服务名称	规格型号	单位	数量	单价	金额	税率	税额
旅游费		次	1	14854.3689321	14854.37	3%	445.63
合　计					¥14854.37		¥445.63
价税合计（大写）	⊗壹万伍仟叁佰元整				（小写）¥15300.00		

销售方	名　称：广西南宁澳博美旅游服务有限公司 纳税人识别号：91450105159525647Q 地 址、电 话：南宁市民族大道17-8号 0771-2420061 开户行及账号：交通银行股份有限公司西乡支行 451005068105001061528	备注	1.5-1.10九寨沟旅游费

收款人：李阳　　复核：赵锦廷　　开票人：李阳　　销售方：（章）

第一联：记账联 销售方记账凭证

税总函［2016］116号广州东港安全印刷有限公司

实训专用

19－6

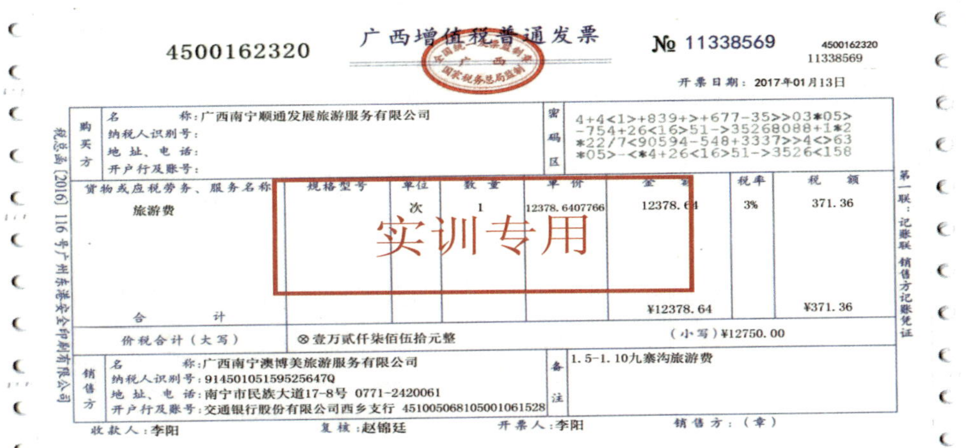

4500162320　　**广西增值税普通发票**　　№ 11338569　　4500162320 11338569

开票日期：2017年01月13日

购买方	名称：广西南宁顺通发展旅游服务有限公司 纳税人识别号： 地址、电话： 开户行及账号：	密码区	4+4<1>+839+>+677-35>>03*05> -754+26<16>51->35268088+1*2 *22/7<90594-548+3337>>4<>63 *05>-<*4+26<16>51->3526<158

货物或应税劳务、服务名称	规格型号	单位	数量	单价	金额	税率	税额
旅游费		次	1	12378.6407766	12378.64	3%	371.36
合计					¥12378.64		¥371.36
价税合计（大写）	⊗壹万贰仟柒佰伍拾元整				（小写）¥12750.00		

销售方	名称：广西南宁澳博美旅游服务有限公司 纳税人识别号：91450105159525647Q 地址、电话：南宁市民族大道17-8号 0771-2420061 开户行及账号：交通银行股份有限公司西乡支行 451005068105001061528	备注	1.5-1.10九寨沟旅游费

收款人：李阳　　复核：赵锦廷　　开票人：李阳　　销售方：（章）

实训专用

税总函[2016] 116号广州东港安全印刷有限公司

第一联：记账联 销售方记账凭证

19－7

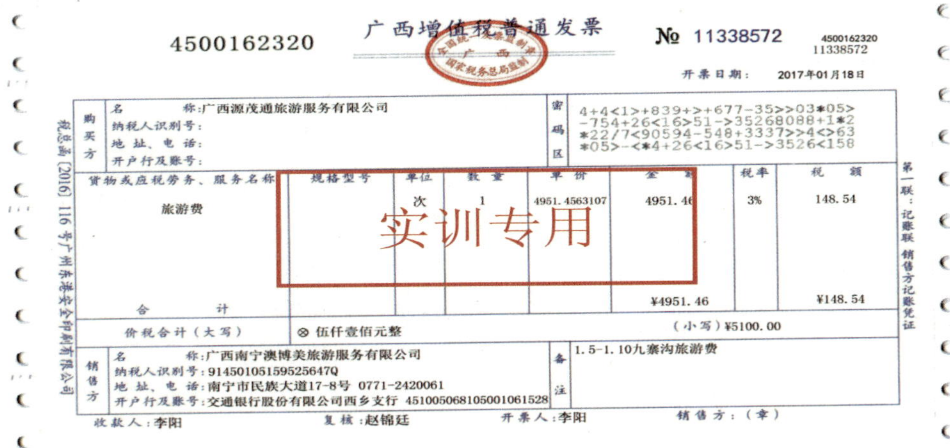

4500162320　　**广西增值税普通发票**　　№ 11338572　　4500162320 11338572

开票日期：2017年01月18日

购买方	名称：广西源茂通旅游服务有限公司 纳税人识别号： 地址、电话： 开户行及账号：	密码区	4+4<1>+839+>+677-35>>03*05> -754+26<16>51->35268088+1*2 *22/7<90594-548+3337>>4<>63 *05>-<*4+26<16>51->3526<158

货物或应税劳务、服务名称	规格型号	单位	数量	单价	金额	税率	税额
旅游费		次	1	4951.4563107	4951.46	3%	148.54
合计					¥4951.46		¥148.54
价税合计（大写）	⊗伍仟壹佰元整				（小写）¥5100.00		

销售方	名称：广西南宁澳博美旅游服务有限公司 纳税人识别号：91450105159525647Q 地址、电话：南宁市民族大道17-8号 0771-2420061 开户行及账号：交通银行股份有限公司西乡支行 451005068105001061528	备注	1.5-1.10九寨沟旅游费

收款人：李阳　　复核：赵锦廷　　开票人：李阳　　销售方：（章）

实训专用

税总函[2016] 116号广州东港安全印刷有限公司

第一联：记账联 销售方记账凭证

19－8

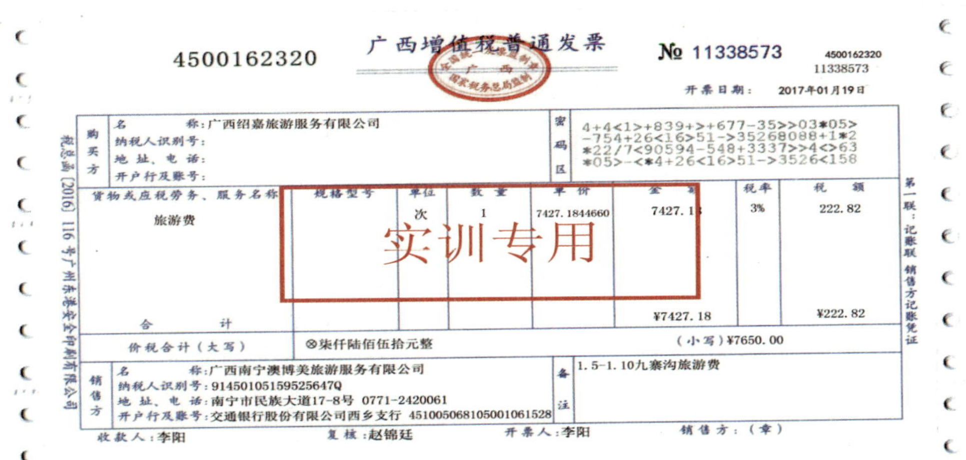

4500162320　　**广西增值税普通发票**　　№ 11338573　　4500162320 11338573

开票日期：2017年01月19日

购买方	名称：广西绍嘉旅游服务有限公司 纳税人识别号： 地址、电话： 开户行及账号：	密码区	4+4<1>+839+>+677-35>>03*05> -754+26<16>51->35268088+1*2 *22/7<90594-548+3337>>4<>63 *05>-<*4+26<16>51->3526<158

货物或应税劳务、服务名称	规格型号	单位	数量	单价	金额	税率	税额
旅游费		次	1	7427.1844660	7427.18	3%	222.82
合计					¥7427.18		¥222.82
价税合计（大写）	⊗柒仟陆佰伍拾元整				（小写）¥7650.00		

销售方	名称：广西南宁澳博美旅游服务有限公司 纳税人识别号：91450105159525647Q 地址、电话：南宁市民族大道17-8号 0771-2420061 开户行及账号：交通银行股份有限公司西乡支行 451005068105001061528	备注	1.5-1.10九寨沟旅游费

收款人：李阳　　复核：赵锦廷　　开票人：李阳　　销售方：（章）

实训专用

税总函[2016] 116号广州东港安全印刷有限公司

第一联：记账联 销售方记账凭证

19－9

中国交通银行 进 账 单（收账通知）

2017 年 1 月 3 日

付款人	全称	广西国华鑫旅游服务有限公司	收款人	全称	广西南宁澳博美旅游服务有限公司
	账号	621221880200008736		账号	451005068105001061528
	开户银行	中国银行东北支行		开户银行	交通银行西乡支行

人民币（大写）壹万伍仟叁佰元整	千	百	十	万	千	百	十	元	角	分
			¥	1	5	3	0	0	0	0

票据种类		中国交通银行 南宁市西乡支行 2017.01.03 收款人开户银行盖章
摘要	1.5-1.10 日九寨沟团费	
单位主管 会计 复核 记账		

（此联是银行给收款人的收账通知）

19－10

中国交通银行 进 账 单（收账通知）

2017 年 1 月 4 日

付款人	全称	广西南宁顺通发展旅游服务有限公司	收款人	全称	广西南宁澳博美旅游服务有限公司
	账号	216601213110820882		账号	451005068105001061528
	开户银行	北部湾银行青川分行		开户银行	交通银行西乡支行

人民币（大写）壹万贰仟柒佰伍拾元整	千	百	十	万	千	百	十	元	角	分
			¥	1	2	7	5	0	0	0

票据种类		中国交通银行 南宁市西乡支行 2017.01.04 收款人开户银行盖章
摘要	1.5-1.10 日九寨沟团费	
单位主管 会计 复核 记账		

（此联是银行给收款人的收账通知）

19－11

中国交通银行 进 账 单（收账通知）

2017 年 1 月 4 日

付款人	全称	广西源茂通旅游服务有限公司	收款人	全称	广西南宁澳博美旅游服务有限公司
	账号	20386679526438932		账号	451005068105001061528
	开户银行	桂林银行明湖路支行		开户银行	交通银行西乡支行

人民币（大写）伍仟壹佰元整	千	百	十	万	千	百	十	元	角	分
				¥	5	1	0	0	0	0

票据种类		中国交通银行 南宁市西乡支行 2017.01.04 收款人开户银行盖章
摘要	1.5-1.10 日九寨沟团费	
单位主管 会计 复核 记账		

（此联是银行给收款人的收账通知）

19－12

中国交通银行 进 账 单（收账通知）

2017 年 1 月 3 日

<table>
<tr><td rowspan="3">付款人</td><td>全　称</td><td>广西绍嘉旅游服务有限公司</td><td rowspan="3">收款人</td><td>全　称</td><td colspan="10">广西南宁澳博美旅游服务有限公司</td></tr>
<tr><td>账　号</td><td>310782594462822736</td><td>账　号</td><td colspan="10">451005068105001061528</td></tr>
<tr><td>开户银行</td><td>柳州银行西南支行</td><td>开户银行</td><td colspan="10">交通银行西乡支行</td></tr>
<tr><td colspan="5" rowspan="2">人民币（大写）柒仟陆佰伍拾元整</td><td>千</td><td>百</td><td>十</td><td>万</td><td>千</td><td>百</td><td>十</td><td>元</td><td>角</td><td>分</td></tr>
<tr><td></td><td></td><td></td><td>¥</td><td>7</td><td>6</td><td>5</td><td>0</td><td>0</td><td>0</td></tr>
<tr><td colspan="2">票据种类</td><td colspan="2"></td><td colspan="11" rowspan="3">中国交通银行
南宁市西乡支行
2017.01.03
收款人开户银行盖章</td></tr>
<tr><td colspan="2">摘要</td><td colspan="2">1.5-1.10 九寨沟团费</td></tr>
<tr><td colspan="4">单位主管　会计　复核　记账</td></tr>
</table>

（此联是银行给收款人的收账通知）

19－13

现 金 收 入 凭 单

顺序＿＿＿号

2017年1月2日　　　　第　　号

兹收到　陈天傲

交　　来　1.5—1.10　九寨沟团费　款

计人民币（大写）　⊗ 拾 ⊗ 万贰仟捌佰零拾零元零角零分

交款人（盖章）　　¥ 2 800.00

主管会计：赵锦廷　　记账员：　　出纳员：李阳

19－14

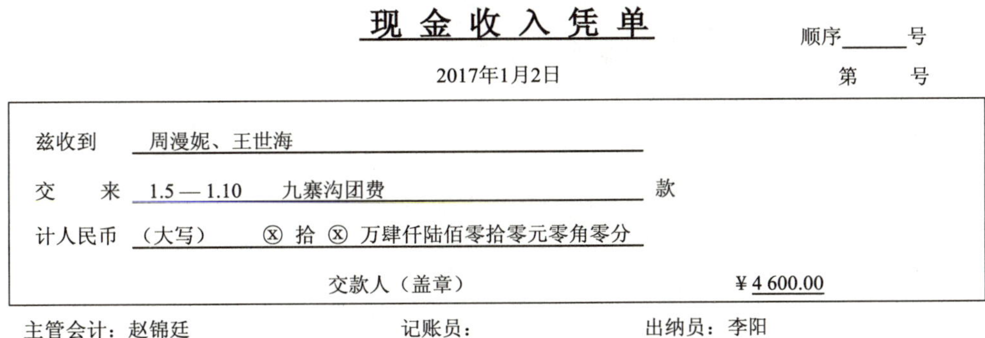

现 金 收 入 凭 单

顺序＿＿＿号

2017年1月2日　　　　第　　号

兹收到　周漫妮、王世海

交　　来　1.5—1.10　九寨沟团费　款

计人民币（大写）　⊗ 拾 ⊗ 万肆仟陆佰零拾零元零角零分

交款人（盖章）　　¥ 4 600.00

主管会计：赵锦廷　　记账员：　　出纳员：李阳

19－15

现 金 收 入 凭 单

顺序______号

2017年1月2日　　　　第　　号

兹收到　黎增庆

交　　来　1.5—1.10　九寨沟团费　款

计人民币　（大写）　ⓧ 拾 ⓧ 万贰仟叁佰零拾零元零角零分

交款人（盖章）　　　¥2 300.00

主管会计：赵锦廷　　　记账员：　　　出纳员：李阳

19－16

中国交通银行
现金存款凭证

2017 年 1 月 2 日

存款人	全称	广西南宁澳博美旅游服务有限公司		
	账号	451005068105001061528	款项来源	现金收入
	开户行	交通银行西乡支行	交款人	李阳
人民币（大写）：玖仟元整			金额（小写）：¥9 700.00	
票据种类		中国交通银行 南宁市西乡支行	收款人开户银行盖章	
摘要	1-5-1. 10 九寨沟团费			
单位主管　会计　复核　记账		2017.01.02		

（此联是银行给收款人的收账通知）

19－17

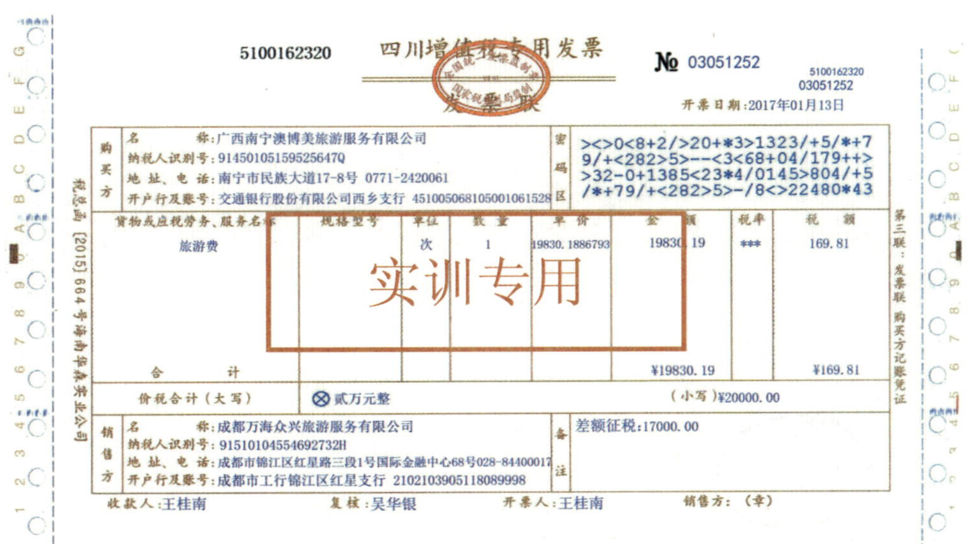

5100162320　四川增值税专用发票　№ 03051252

5100162320
03051252

发票联

开票日期：2017年01月13日

购买方	名　　称：广西南宁澳博美旅游服务有限公司 纳税人识别号：91450105159525647Q 地 址、电 话：南宁市民族大道17-8号 0771-2420061 开户行及账号：交通银行股份有限公司西乡支行 451005068105001061528	密码区	><>0<8+2/>20+*3>1323/+5/*+7 9/+<282>5>--<3<68+04/179++> >32-0+1385<23*4/0145>804/+5 /*+79/+<282>5>-/8<>22480*43

货物或应税劳务、服务名称	规格型号	单位	数量	单价	金额	税率	税额
旅游费		次	1	19830.1886793	19830.19	***	169.81
合　　计					¥19830.19		¥169.81
价税合计（大写）	ⓧ贰万元整				（小写）¥20000.00		

销售方	名　　称：成都万海众兴旅游服务有限公司 纳税人识别号：91510104554692732H 地 址、电 话：成都市锦江区红星路三段1号国际金融中心68号028-84400017 开户行及账号：成都市工行锦江区红星支行 2102103905118089998	备注	差额征税：17000.00

收款人：王桂南　　复核：吴华银　　开票人：王桂南　　销售方：（章）

第三联：发票联　购买方记账凭证

税总函〔2015〕664号海南华森实业公司

实训专用

20－1

中国交通银行
转账支票存根（桂）

VI II 30138906

附加信息 ______________________

____

出票日期　2017 年 1 月 19 日

收款人	南宁万通电脑经营部
金　额	￥2 400.00
用　途	购买打印机
备　注	

单位主管：张全忠　　会计：赵锦廷

20－2

中国交通银行 广西区分行 进 账 单（回 单）

2017 年 1 月 19 日

出票人	全　称	广西南宁澳博美旅游服务有限公司	收款人	全　称	南宁市万通电脑经营部
	账　号	451005068105001061528		账　号	6228480830117829416
	开户银行	交通银行西乡支行		开户银行	农行七星支行

人民币（大写）贰仟肆佰元整	千	百	十	万	千	百	十	元	角	分
				￥	2	4	0	0	0	0

票据种类	转账	中国交通银行 南宁市西乡支行 2017.01.19　收款人开户银行盖章
票据张数	1 张	
单位主管　会计　复核　记账		

（此联是开户银行交给持票人的回单）

20－3

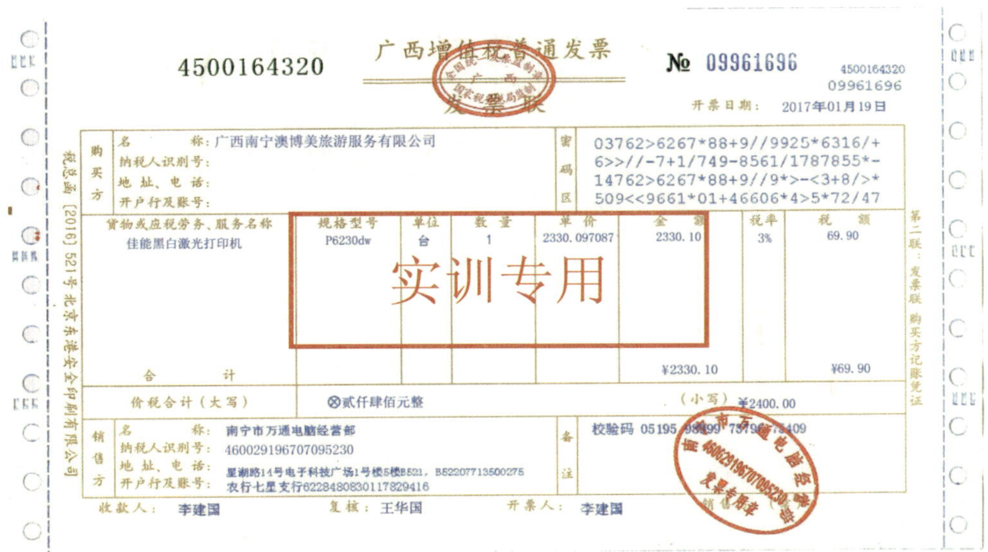

4500164320　　广西增值税普通发票　　№ 09961696　　4500164320 09961696

发票联

开票日期：2017年01月19日

购买方	名称：广西南宁澳博美旅游服务有限公司 纳税人识别号： 地址、电话： 开户行及账号：	密码区	03762>6267*88+9//9925*6316/+ 6>>//-7+1/749-8561/1787855*- 14762>6267*88+9//9*>-<3+8/>* 509<<9661*01+46606*4>5*72/47

货物或应税劳务、服务名称	规格型号	单位	数量	单价	金额	税率	税额
佳能黑白激光打印机	P6230dw	台	1	2330.097087	2330.10	3%	69.90
合　计					￥2330.10		￥69.90
价税合计（大写）	⊗贰仟肆佰元整				（小写）￥2400.00		

销售方	名称：南宁市万通电脑经营部 纳税人识别号：460029196707095230 地址、电话：星湖路14号电子科技广场1号楼5楼B521，B52207713500275 开户行及账号：农行七星支行6228480830117829416	备注	校验码 05195 98[illegible]99 7379[illegible]75409

收款人：李建国　　复核：王华国　　开票人：李建国

实训专用

税总函〔2016〕521号北京东港安全印刷有限公司

第二联：发票联 购买方记账凭证

21－1

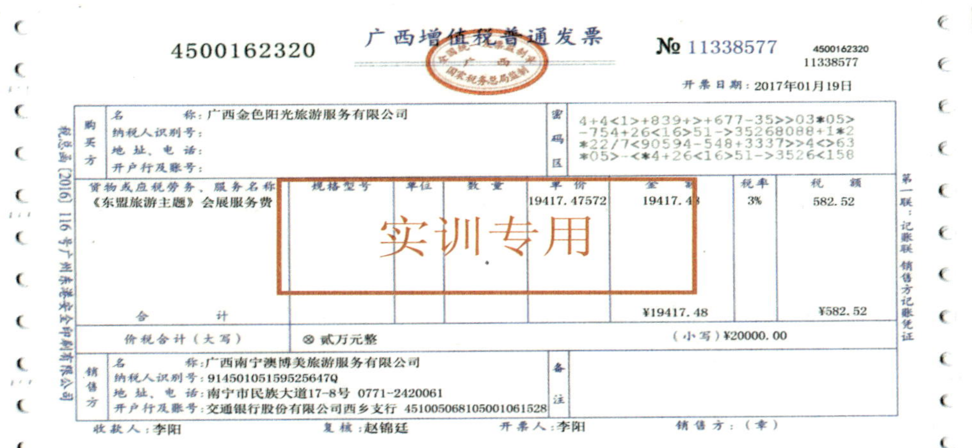

广西增值税普通发票

4500162320　　№ 11338577　　4500162320 11338577

开票日期：2017年01月19日

购买方	名称：广西金色阳光旅游服务有限公司 纳税人识别号： 地址、电话： 开户行及账号：					密码区	4+4<1>+839+>+677-35>>03*05> -754+26<16>51->35268088+1*2 *22/7<90594-548+3337>>4<>63 *05>-<*4+26<16>51->3526<158
货物或应税劳务、服务名称	规格型号	单位	数量	单价	金额	税率	税额
《东盟旅游主题》会展服务费				19417.47572	19417.48	3%	582.52
合计					¥19417.48		¥582.52
价税合计（大写）	⊗贰万元整				（小写）¥20000.00		
销售方	名称：广西南宁澳博美旅游服务有限公司 纳税人识别号：91450105159525647Q 地址、电话：南宁市民族大道17-8号 0771-2420061 开户行及账号：交通银行股份有限公司西乡支行 451005068105001061528					备注	

收款人：李阳　　复核：赵锦廷　　开票人：李阳　　销售方：（章）

实训专用

税总函[2016] 116号广州东港安全印刷有限公司

第一联：记账联　销售方记账凭证

21－2

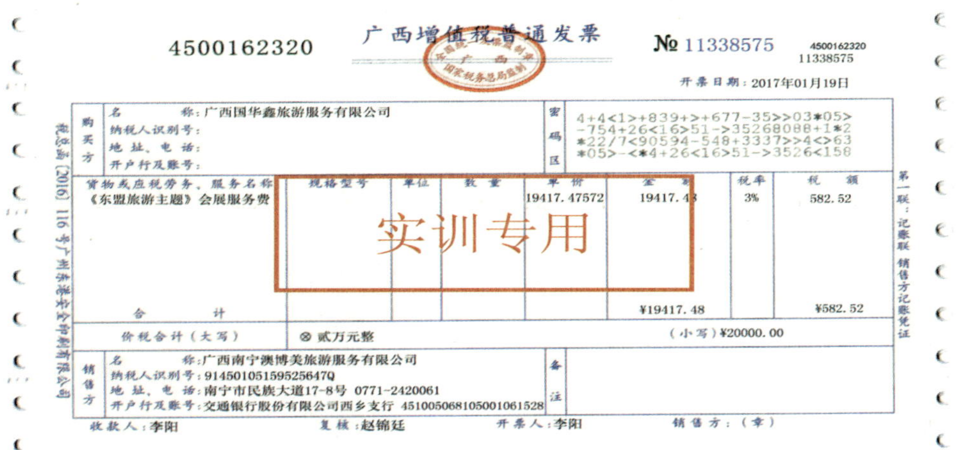

广西增值税普通发票

4500162320　　№ 11338575　　4500162320 11338575

开票日期：2017年01月19日

购买方	名称：广西国华鑫旅游服务有限公司 纳税人识别号： 地址、电话： 开户行及账号：					密码区	4+4<1>+839+>+677-35>>03*05> -754+26<16>51->35268088+1*2 *22/7<90594-548+3337>>4<>63 *05>-<*4+26<16>51->3526<158
货物或应税劳务、服务名称	规格型号	单位	数量	单价	金额	税率	税额
《东盟旅游主题》会展服务费				19417.47572	19417.48	3%	582.52
合计					¥19417.48		¥582.52
价税合计（大写）	⊗贰万元整				（小写）¥20000.00		
销售方	名称：广西南宁澳博美旅游服务有限公司 纳税人识别号：91450105159525647Q 地址、电话：南宁市民族大道17-8号 0771-2420061 开户行及账号：交通银行股份有限公司西乡支行 451005068105001061528					备注	

收款人：李阳　　复核：赵锦廷　　开票人：李阳　　销售方：（章）

实训专用

税总函[2016] 116号广州东港安全印刷有限公司

第一联：记账联　销售方记账凭证

21－3

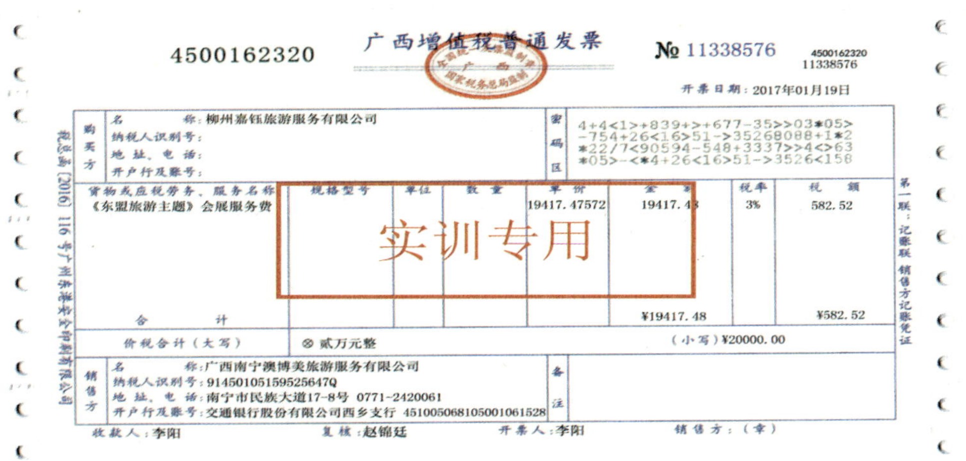

广西增值税普通发票

4500162320　　№ 11338576　　4500162320 11338576

开票日期：2017年01月19日

购买方	名称：柳州嘉钰旅游服务有限公司 纳税人识别号： 地址、电话： 开户行及账号：					密码区	4+4<1>+839+>+677-35>>03*05> -754+26<16>51->35268088+1*2 *22/7<90594-548+3337>>4<>63 *05>-<*4+26<16>51->3526<158
货物或应税劳务、服务名称	规格型号	单位	数量	单价	金额	税率	税额
《东盟旅游主题》会展服务费				19417.47572	19417.48	3%	582.52
合计					¥19417.48		¥582.52
价税合计（大写）	⊗贰万元整				（小写）¥20000.00		
销售方	名称：广西南宁澳博美旅游服务有限公司 纳税人识别号：91450105159525647Q 地址、电话：南宁市民族大道17-8号 0771-2420061 开户行及账号：交通银行股份有限公司西乡支行 451005068105001061528					备注	

收款人：李阳　　复核：赵锦廷　　开票人：李阳　　销售方：（章）

实训专用

税总函[2016] 116号广州东港安全印刷有限公司

第一联：记账联　销售方记账凭证

21-4

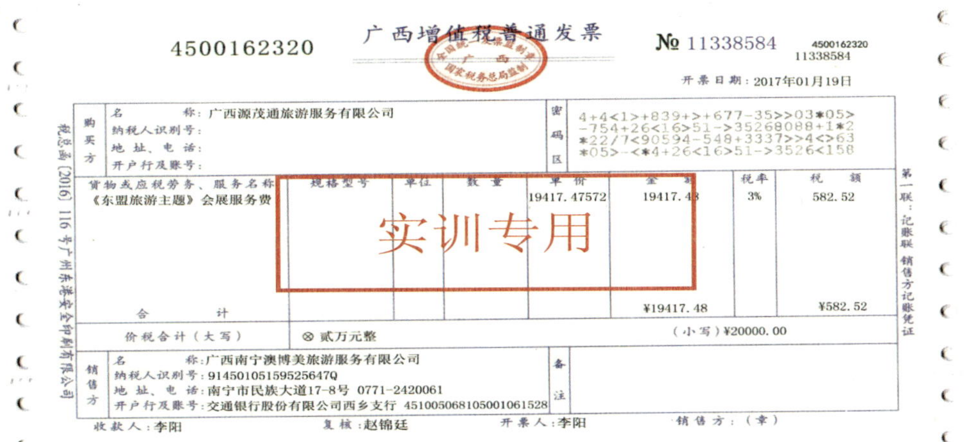

4500162320　　广西增值税普通发票　　№ 11338584　4500162320 11338584

开票日期：2017年01月19日

购买方	名　　称：广西源茂通旅游服务有限公司 纳税人识别号： 地址、电话： 开户行及账号：	密码区	4+4<1>+839+>+677-35>>03*05> -754+26<16>51->35268088+1*2 *22/7<90594-548+3337>>4<>63 *05>-<*4+26<16>51->3526<158

货物或应税劳务、服务名称	规格型号	单位	数量	单价	金额	税率	税额
《东盟旅游主题》会展服务费				19417.47572	19417.48	3%	582.52
合　　计					¥19417.48		¥582.52
价税合计（大写）	⊗贰万元整				（小写）¥20000.00		

实训专用

销售方	名　　称：广西南宁澳博美旅游服务有限公司 纳税人识别号：91450105159525647Q 地址、电话：南宁市民族大道17-8号 0771-2420061 开户行及账号：交通银行股份有限公司西乡支行 451005068105001061528	备注	

收款人：李阳　　复核：赵锦廷　　开票人：李阳　　销售方：（章）

税总函〔2016〕116号广州东港安全印刷有限公司

第一联：记账联　销售方记账凭证

21-5

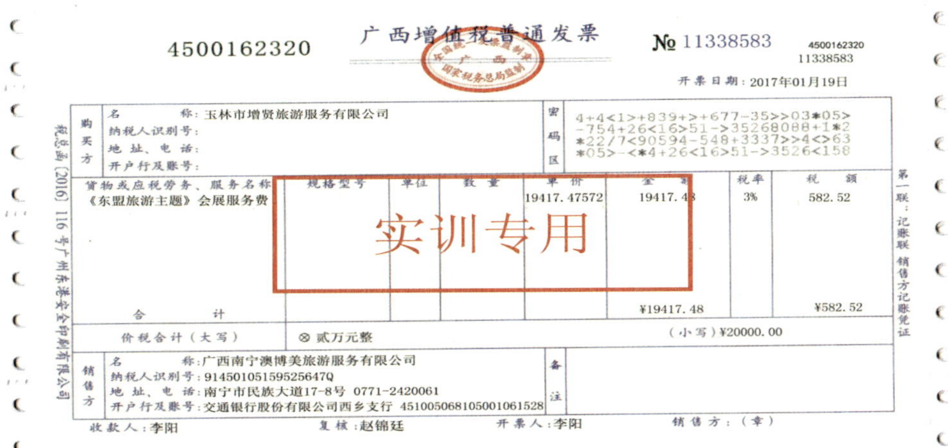

4500162320　　广西增值税普通发票　　№ 11338583　4500162320 11338583

开票日期：2017年01月19日

购买方	名　　称：玉林市增贸旅游服务有限公司 纳税人识别号： 地址、电话： 开户行及账号：	密码区	4+4<1>+839+>+677-35>>03*05> -754+26<16>51->35268088+1*2 *22/7<90594-548+3337>>4<>63 *05>-<*4+26<16>51->3526<158

货物或应税劳务、服务名称	规格型号	单位	数量	单价	金额	税率	税额
《东盟旅游主题》会展服务费				19417.47572	19417.48	3%	582.52
合　　计					¥19417.48		¥582.52
价税合计（大写）	⊗贰万元整				（小写）¥20000.00		

实训专用

销售方	名　　称：广西南宁澳博美旅游服务有限公司 纳税人识别号：91450105159525647Q 地址、电话：南宁市民族大道17-8号 0771-2420061 开户行及账号：交通银行股份有限公司西乡支行 451005068105001061528	备注	

收款人：李阳　　复核：赵锦廷　　开票人：李阳　　销售方：（章）

税总函〔2016〕116号广州东港安全印刷有限公司

第一联：记账联　销售方记账凭证

21-6

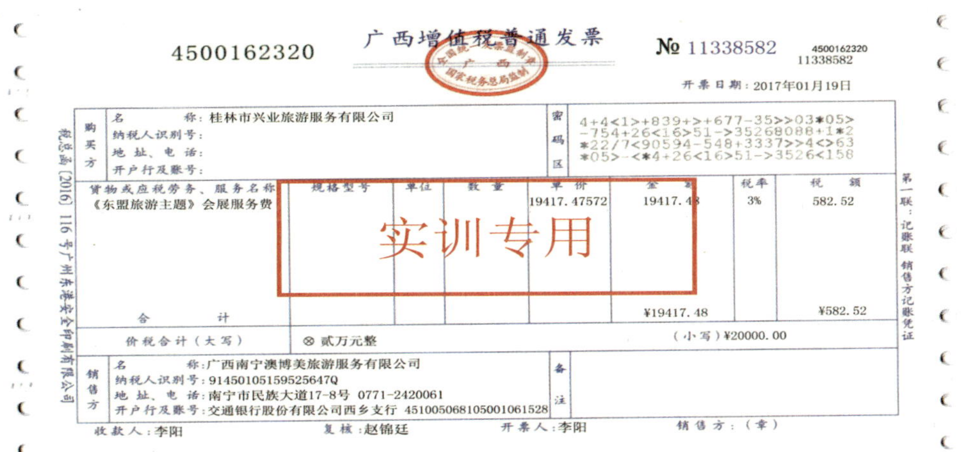

4500162320　　广西增值税普通发票　　№ 11338582　4500162320 11338582

开票日期：2017年01月19日

购买方	名　　称：桂林市兴业旅游服务有限公司 纳税人识别号： 地址、电话： 开户行及账号：	密码区	4+4<1>+839+>+677-35>>03*05> -754+26<16>51->35268088+1*2 *22/7<90594-548+3337>>4<>63 *05>-<*4+26<16>51->3526<158

货物或应税劳务、服务名称	规格型号	单位	数量	单价	金额	税率	税额
《东盟旅游主题》会展服务费				19417.47572	19417.48	3%	582.52
合　　计					¥19417.48		¥582.52
价税合计（大写）	⊗贰万元整				（小写）¥20000.00		

实训专用

销售方	名　　称：广西南宁澳博美旅游服务有限公司 纳税人识别号：91450105159525647Q 地址、电话：南宁市民族大道17-8号 0771-2420061 开户行及账号：交通银行股份有限公司西乡支行 451005068105001061528	备注	

收款人：李阳　　复核：赵锦廷　　开票人：李阳　　销售方：（章）

税总函〔2016〕116号广州东港安全印刷有限公司

第一联：记账联　销售方记账凭证

21－7

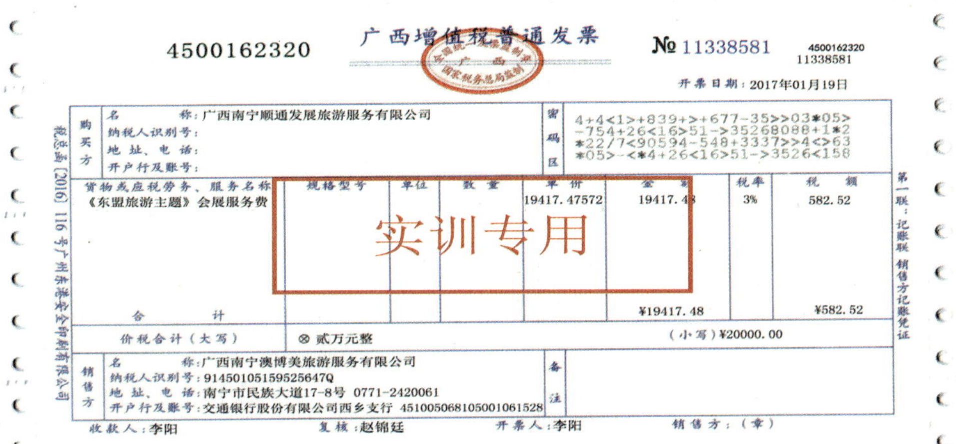

广西增值税普通发票

4500162320　　№ 11338581　　4500162320 11338581

开票日期：2017年01月19日

购买方	名称：广西南宁顺通发展旅游服务有限公司 纳税人识别号： 地址、电话： 开户行及账号：	密码区	4+4<1>+839+>+677-35>>03*05> -754+26<16>51->35268088+1*2 *22/7<90594-548+3337>>4<>63 *05>-<*4+26<16>51->3526<158

货物或应税劳务、服务名称	规格型号	单位	数量	单价	金额	税率	税额
《东盟旅游主题》会展服务费				19417.47572	19417.4	3%	582.52
合计					¥19417.48		¥582.52
价税合计（大写）	⊗贰万元整				（小写）¥20000.00		

销售方	名称：广西南宁澳博美旅游服务有限公司 纳税人识别号：91450105159525647Q 地址、电话：南宁市民族大道17-8号 0771-2420061 开户行及账号：交通银行股份有限公司西乡支行 451005068105001061528	备注	

收款人：李阳　　复核：赵锦廷　　开票人：李阳　　销售方：（章）

实训专用

税总函[2016]116号广州东港安全印刷有限公司

第一联：记账联 销售方记账凭证

21－8

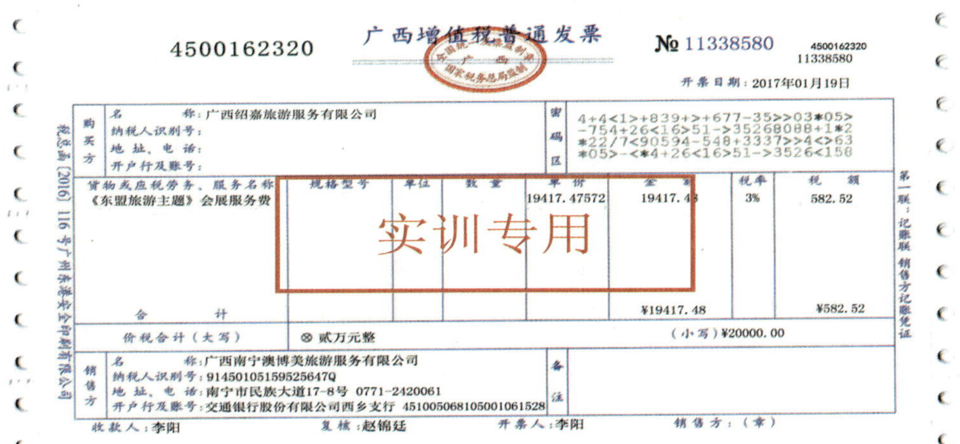

广西增值税普通发票

4500162320　　№ 11338580　　4500162320 11338580

开票日期：2017年01月19日

购买方	名称：广西绍嘉旅游服务有限公司 纳税人识别号： 地址、电话： 开户行及账号：	密码区	4+4<1>+839+>+677-35>>03*05> -754+26<16>51->35268088+1*2 *22/7<90594-548+3337>>4<>63 *05>-<*4+26<16>51->3526<158

货物或应税劳务、服务名称	规格型号	单位	数量	单价	金额	税率	税额
《东盟旅游主题》会展服务费				19417.47572	19417.4	3%	582.52
合计					¥19417.48		¥582.52
价税合计（大写）	⊗贰万元整				（小写）¥20000.00		

销售方	名称：广西南宁澳博美旅游服务有限公司 纳税人识别号：91450105159525647Q 地址、电话：南宁市民族大道17-8号 0771-2420061 开户行及账号：交通银行股份有限公司西乡支行 451005068105001061528	备注	

收款人：李阳　　复核：赵锦廷　　开票人：李阳　　销售方：（章）

实训专用

税总函[2016]116号广州东港安全印刷有限公司

第一联：记账联 销售方记账凭证

21－9

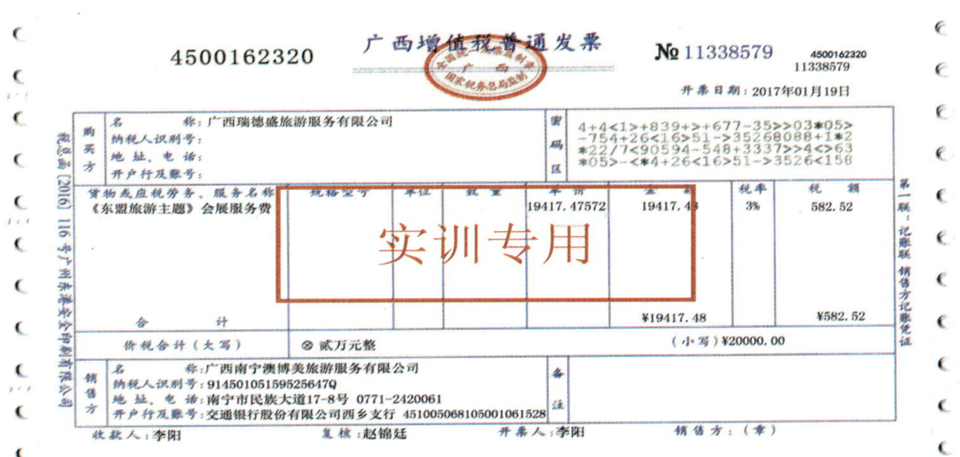

广西增值税普通发票

4500162320　　№ 11338579　　4500162320 11338579

开票日期：2017年01月19日

购买方	名称：广西瑞德盛旅游服务有限公司 纳税人识别号： 地址、电话： 开户行及账号：	密码区	4+4<1>+839+>+677-35>>03*05> -754+26<16>51->35268088+1*2 *22/7<90594-548+3337>>4<>63 *05>-<*4+26<16>51->3526<158

货物或应税劳务、服务名称	规格型号	单位	数量	单价	金额	税率	税额
《东盟旅游主题》会展服务费				19417.47572	19417.4	3%	582.52
合计					¥19417.48		¥582.52
价税合计（大写）	⊗贰万元整				（小写）¥20000.00		

销售方	名称：广西南宁澳博美旅游服务有限公司 纳税人识别号：91450105159525647Q 地址、电话：南宁市民族大道17-8号 0771-2420061 开户行及账号：交通银行股份有限公司西乡支行 451005068105001061528	备注	

收款人：李阳　　复核：赵锦廷　　开票人：李阳　　销售方：（章）

实训专用

税总函[2016]116号广州东港安全印刷有限公司

第一联：记账联 销售方记账凭证

21－10

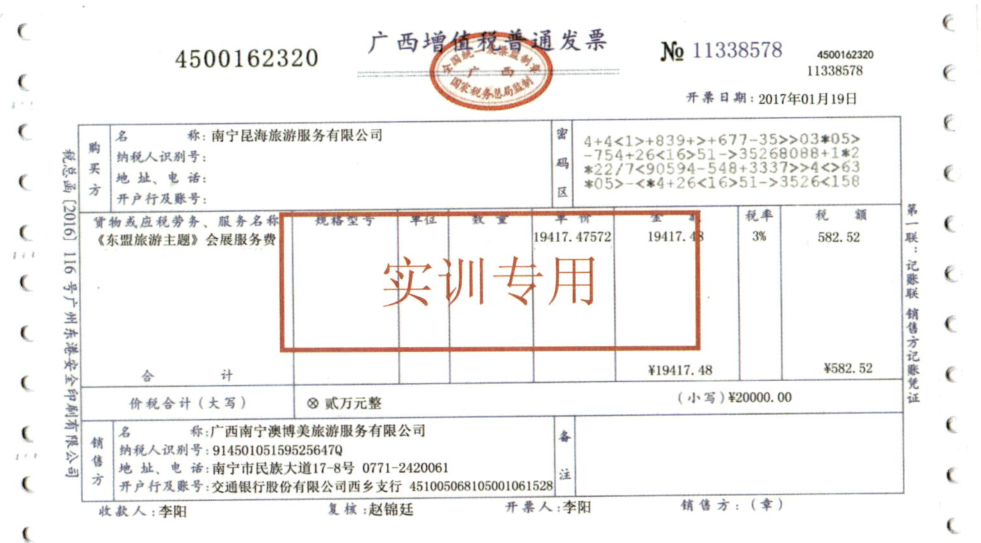

广西增值税普通发票

4500162320　　№ 11338578　　4500162320 11338578

开票日期：2017年01月19日

购买方	名称：南宁昆海旅游服务有限公司 纳税人识别号： 地址、电话： 开户行及账号：					密码区	4+4<1>+839+>+677-35>>03*05> -754+26<16>51->35268088+1*2 *22/7<90594-548+3337>>4<>63 *05>-<*4+26<16>51->3526<158	
货物或应税劳务、服务名称	规格型号	单位	数量	单价	金额	税率	税额	
《东盟旅游主题》会展服务费				19417.47572	19417.48	3%	582.52	
合计					¥19417.48		¥582.52	
价税合计（大写）	⊗ 贰万元整				（小写）¥20000.00			
销售方	名称：广西南宁澳博美旅游服务有限公司 纳税人识别号：91450105159525647Q 地址、电话：南宁市民族大道17-8号 0771-2420061 开户行及账号：交通银行股份有限公司西乡支行 451005068105001061528					备注		

收款人：李阳　　复核：赵锦廷　　开票人：李阳　　销售方：（章）

实训专用

第一联：记账联 销售方记账凭证

税总函［2016］116号广州东港安全印刷有限公司

21－11

中国交通银行 进 账 单（收账通知）

2017 年 1 月 5 日

付款人	全称	玉林市增贤旅游服务有限公司	收款人	全称	广西南宁澳博美旅游服务有限公司
	账号	634498261125779698		账号	451005068105001061528
	开户银行	交行永华路支行		开户银行	交通银行西乡支行

人民币（大写）贰万元整	千	百	十	万	千	百	十	元	角	分
			¥	2	0	0	0	0	0	0

票据种类		收款人开户银行盖章
摘要	1 月 19 日《东盟旅游主题》会展费	
单位主管　会计　复核　记账		

中国交通银行 南宁市西乡支行 2017.01.05

（此联是银行给收款人的收账通知）

21－12

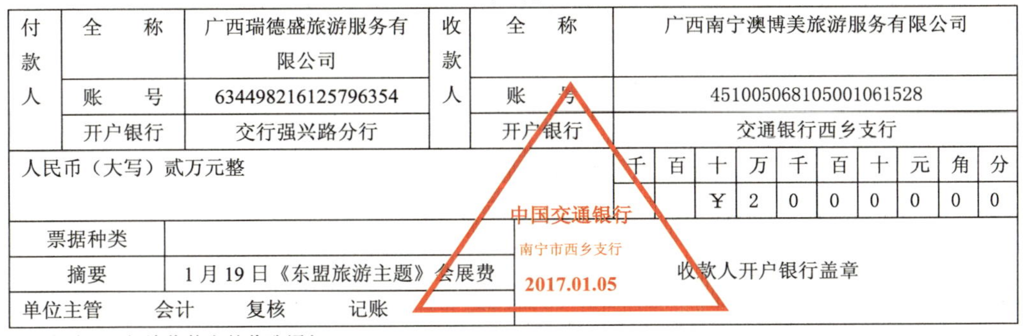

中国交通银行 进 账 单（收账通知）

2017 年 1 月 5 日

付款人	全称	广西瑞德盛旅游服务有限公司	收款人	全称	广西南宁澳博美旅游服务有限公司
	账号	634498216125796354		账号	451005068105001061528
	开户银行	交行强兴路分行		开户银行	交通银行西乡支行

人民币（大写）贰万元整	千	百	十	万	千	百	十	元	角	分
			¥	2	0	0	0	0	0	0

票据种类		收款人开户银行盖章
摘要	1 月 19 日《东盟旅游主题》会展费	
单位主管　会计　复核　记账		

中国交通银行 南宁市西乡支行 2017.01.05

（此联是银行给收款人的收账通知）

21－13

中国交通银行 进 账 单（收账通知）

2017 年 1 月 6 日

付款人			收款人		
	全称	南宁昆海旅游服务有限公司		全称	广西南宁澳博美旅游服务有限公司
	账号	201146953879826543		账号	451005068105001061528
	开户银行	农行华星路支行		开户银行	交通银行西乡支行

人民币（大写）贰万元整	千	百	十	万	千	百	十	元	角	分
			¥	2	0	0	0	0	0	0

票据种类		中国交通银行 南宁市西乡支行 2017.01.06 收款人开户银行盖章
摘要	1 月 19 日《东盟旅游主题》会展费	
单位主管 会计 复核 记账		

（此联是银行给收款人的收账通知）

21－14

中国交通银行 进 账 单（收账通知）

2017 年 1 月 7 日

付款人			收款人		
	全称	广西绍嘉旅游服务有限公司		全称	广西南宁澳博美旅游服务有限公司
	账号	310782594462822736		账号	451005068105001061528
	开户银行	柳州银行西南支行		开户银行	交通银行西乡支行

人民币（大写）贰万元整	千	百	十	万	千	百	十	元	角	分
			¥	2	0	0	0	0	0	0

票据种类		中国交通银行 南宁市西乡支行 2017.0107 收款人开户银行盖章
摘要	1 月 19 日《东盟旅游主题》会展费	
单位主管 会计 复核 记账		

（此联是银行给收款人的收账通知）

21－15

中国交通银行 进 账 单（收账通知）

2017 年 1 月 7 日

付款人			收款人		
	全称	广西源茂通旅游服务有限公司		全称	广西南宁澳博美旅游服务有限公司
	账号	20386679526438932		账号	451005068105001061528
	开户银行	桂林银行明湖路支行		开户银行	交通银行西乡支行

人民币（大写）贰万元整	千	百	十	万	千	百	十	元	角	分
			¥	2	0	0	0	0	0	0

票据种类		中国交通银行 南宁市西乡支行 2017.01.07 收款人开户银行盖章
摘要	1 月 19 日《东盟旅游主题》会展费	
单位主管 会计 复核 记账		

（此联是银行给收款人的收账通知）

21－16

中国交通银行 进 账 单（收账通知）

2017 年 1 月 9 日

付款人	全　称	广西南宁顺通发展旅游服务有限公司	收款人	全　称	广西南宁澳博美旅游服务有限公司
	账　号	216601213110820882		账　号	451005068105001061528
	开户银行	北部湾银行青川分行		开户银行	交通银行西乡支行

人民币（大写）贰万元整	千	百	十	万	千	百	十	元	角	分
			¥	2	0	0	0	0	0	0

票据种类		中国交通银行 南宁市西乡支行 2017.01.09 收款人开户银行盖章
摘要	1 月 19 日《东盟旅游主题》会展费	
单位主管　会计　复核　记账		

（此联是银行给收款人的收账通知）

21－17

中国交通银行 进 账 单（收账通知）

2017 年 1 月 10 日

付款人	全　称	广西国华鑫旅游服务有限公司	收款人	全　称	广西南宁澳博美旅游服务有限公司
	账　号	621221880200008736		账　号	451005068105001061528
	开户银行	中国银行东北支行		开户银行	交通银行西乡支行

人民币（大写）贰万元整	千	百	十	万	千	百	十	元	角	分
			¥	2	0	0	0	0	0	0

票据种类		中国交通银行 南宁市西乡支行 2017.01.10 收款人开户银行盖章
摘要	1 月 19 日《东盟旅游主题》会展费	
单位主管　会计　复核　记账		

（此联是银行给收款人的收账通知）

21－18

中国交通银行 进 账 单（收账通知）

2017 年 1 月 13 日

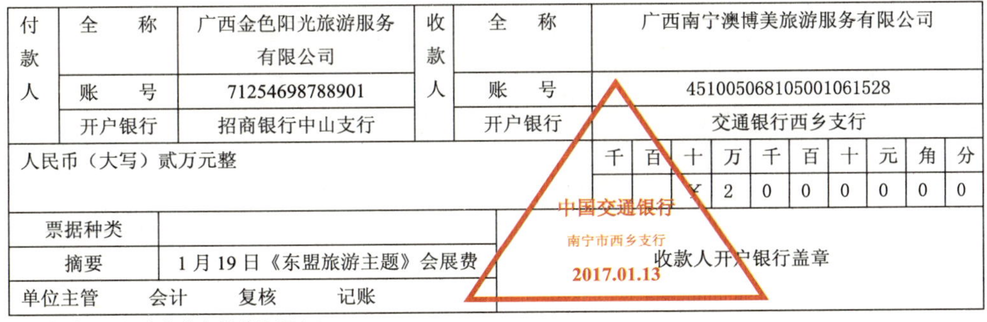

付款人	全　称	广西金色阳光旅游服务有限公司	收款人	全　称	广西南宁澳博美旅游服务有限公司
	账　号	71254698788901		账　号	451005068105001061528
	开户银行	招商银行中山支行		开户银行	交通银行西乡支行

人民币（大写）贰万元整	千	百	十	万	千	百	十	元	角	分
			¥	2	0	0	0	0	0	0

票据种类		中国交通银行 南宁市西乡支行 2017.01.13 收款人开户银行盖章
摘要	1 月 19 日《东盟旅游主题》会展费	
单位主管　会计　复核　记账		

（此联是银行给收款人的收账通知）

21 –19

中国交通银行 进 账 单（收账通知）

2017 年 1 月 13 日

付款人	全　称	桂林市兴业旅游服务有限公司	收款人	全　称	广西南宁澳博美旅游服务有限公司
	账　号	523698802257763		账　号	451005068105001061528
	开户银行	桂林银行永华支行		开户银行	交通银行西乡支行

人民币（大写）贰万元整	千	百	十	万	千	百	十	元	角	分
			¥	2	0	0	0	0	0	0

票据种类		中国交通银行 南宁市西乡支行 2017.01.13 收款人开户银行盖章
摘要	1 月 19 日《东盟旅游主题》会展费	
单位主管　会计　复核　记账		

（此联是银行给收款人的收账通知）

21 –20

中国交通银行 进 账 单（收账通知）

2017 年 1 月 15 日

付款人	全　称	柳州嘉钰旅游服务有限公司	收款人	全　称	广西南宁澳博美旅游服务有限公司
	账　号	621221820560137562		账　号	451005068105001061528
	开户银行	中国银行柳北支行		开户银行	交通银行西乡支行

人民币（大写）贰万元整	千	百	十	万	千	百	十	元	角	分
			¥	2	0	0	0	0	0	0

票据种类		中国交通银行 南宁市西乡支行 2017.01.15 收款人开户银行盖章
摘要	1 月 19 日《东盟旅游主题》会展费	
单位主管　会计　复核　记账		

（此联是银行给收款人的收账通知）

21 –21

中国交通银行
转账支票存根（桂）

VI II 30138908

附加信息 ____________

出票日期　2017 年 1 月 17 日

收款人	广西国际大酒店
金　额	¥50 000.00
用　途	支付会展的场地费
备　注	

单位主管：张全忠　　会计：赵锦廷

21－22

中国交通银行 广西区分行 进 账 单（回 单）

2017 年 1 月 17 日

出票人			收款人		
出票人	全　　称	广西南宁澳博美旅游服务有限公司	收款人	全　　称	广西国际大酒店
	账　　号	451005068105001061528		账　　号	216601213110831757
	开户银行	交通银行西乡支行		开户银行	北部湾银行古城分行
人民币（大写）伍万元整				千百十万千百十元角分	¥5000000
票据种类	转账		中国交通银行 南宁市西乡支行 2017.01.16 收款人开户银行盖章		
票据张数	1 张				
单位主管　　会计　　复核　　记账					

（此联是开户银行交给持票人的回单）

21－23

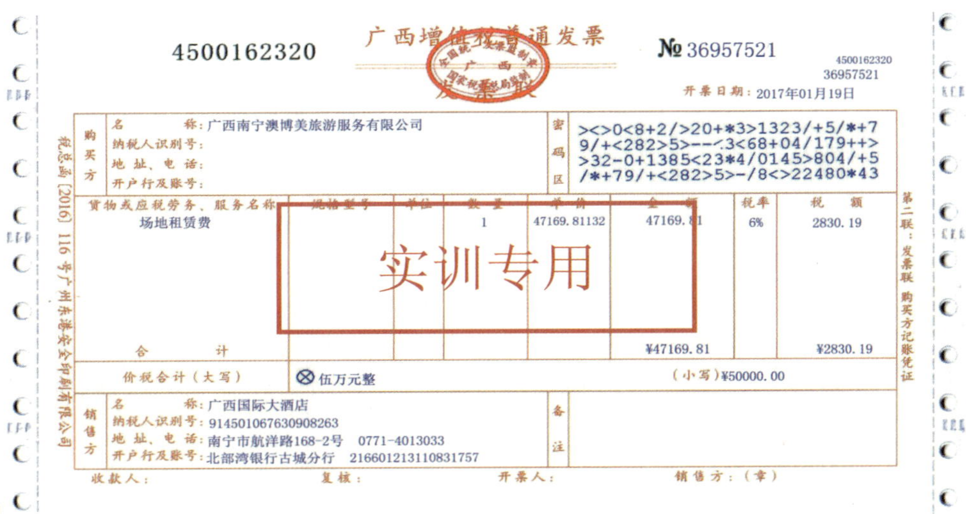

4500162320　　广西增值税普通发票　　№ 36957521

4500162320
36957521

发票联

开票日期：2017年01月19日

购买方	名称：广西南宁澳博美旅游服务有限公司 纳税人识别号： 地址、电话： 开户行及账号：				密码区	><>0<8+2/>20+*3>1323/+5/*+7 9/+<282>5>--<3<68+04/179++> >32-0+1385<23*4/0145>804/+5 /*+79/+<282>5>-/8<>22480*43	
货物或应税劳务、服务名称	规格型号	单位	数量	单价	金额	税率	税额
场地租赁费			1	47169.81132	47169.81	6%	2830.19
合　　计					¥47169.81		¥2830.19
价税合计（大写）	⊗伍万元整				（小写）¥50000.00		
销售方	名称：广西国际大酒店 纳税人识别号：914501067630908263 地址、电话：南宁市航洋路168-2号　0771-4013033 开户行及账号：北部湾银行古城分行　216601213110831757				备注		

收款人：　　复核：　　开票人：　　销售方：（章）

实训专用

税总函[2016]116号广州东港安全印刷有限公司

第二联：发票联　购买方记账凭证

21－24

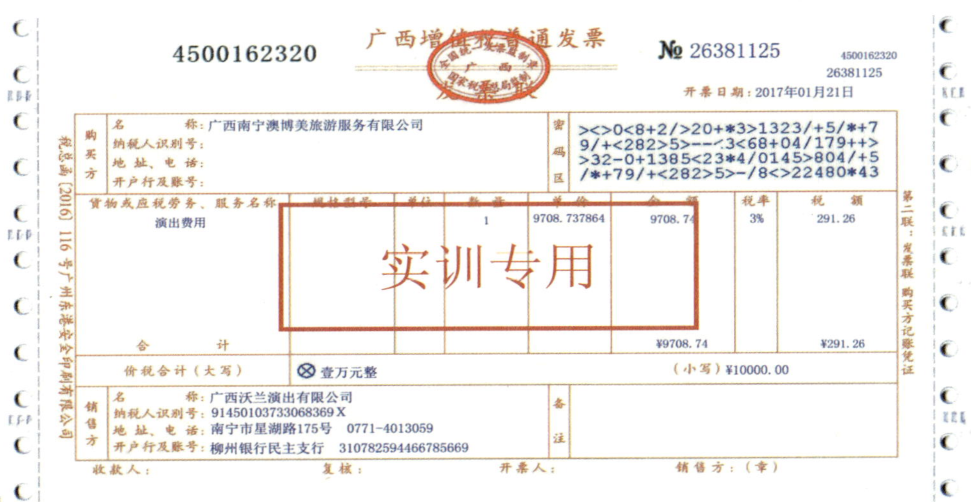

4500162320　　广西增值税普通发票　　№ 26381125

4500162320
26381125

发票联

开票日期：2017年01月21日

购买方	名称：广西南宁澳博美旅游服务有限公司 纳税人识别号： 地址、电话： 开户行及账号：				密码区	><>0<8+2/>20+*3>1323/+5/*+7 9/+<282>5>--<3<68+04/179++> >32-0+1385<23*4/0145>804/+5 /*+79/+<282>5>-/8<>22480*43	
货物或应税劳务、服务名称	规格型号	单位	数量	单价	金额	税率	税额
演出费用			1	9708.737864	9708.74	3%	291.26
合　　计					¥9708.74		¥291.26
价税合计（大写）	⊗壹万元整				（小写）¥10000.00		
销售方	名称：广西沃兰演出有限公司 纳税人识别号：91450103733068369X 地址、电话：南宁市星湖路175号　0771-4013059 开户行及账号：柳州银行民主支行　310782594466785669				备注		

收款人：　　复核：　　开票人：　　销售方：（章）

实训专用

税总函[2016]116号广州东港安全印刷有限公司

第二联：发票联　购买方记账凭证

21－25

中国交通银行
转账支票存根（桂）

VI II 30138909

附加信息 ________________

出票日期　2017 年 1 月 21 日

收款人	广西沃兰演出有限公司
金　额	￥10 000.00
用　途	演出费用
备　注	

单位主管：张全忠　　会计：赵锦廷

21－26

中国交通银行 广西区分行 进 账 单（回 单）

2017 年 1 月 21 日

出票人	全　称	广西南宁澳博美旅游服务有限公司	收款人	全　称	广西沃兰演出有限公司
	账　号	451005068105001061528		账　号	310782594466785669
	开户银行	交通银行西乡支行		开户银行	柳州银行民主支行

人民币（大写）壹万元整	千	百	十	万	千	百	十	元	角	分
			￥	1	0	0	0	0	0	0

票据种类	转账	收款人开户银行盖章
票据张数	1 张	
单位主管　会计　复核　记账		

中国交通银行
南宁市西乡支行
2017.01.21

（此联是开户银行交给持票人的回单）

22－1

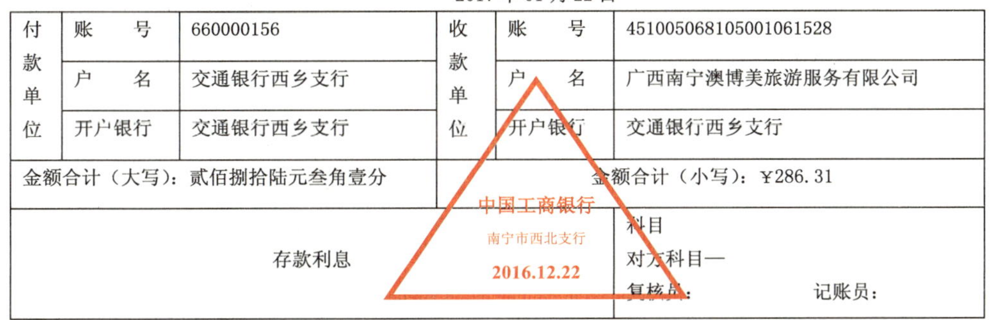

中国交通银行南宁市西乡支行存款利息凭证

2017 年 01 月 22 日

付款单位	账　号	660000156	收款单位	账　号	451005068105001061528
	户　名	交通银行西乡支行		户　名	广西南宁澳博美旅游服务有限公司
	开户银行	交通银行西乡支行		开户银行	交通银行西乡支行
金额合计（大写）：贰佰捌拾陆元叁角壹分			金额合计（小写）：￥286.31		
存款利息				科目 对方科目— 复核员：　　记账员：	

中国工商银行
南宁市西北支行
2016.12.22

23 －1

海南路线

	旅客来源	客户人数	单价	金额
1. 12－1. 17 团	广西南宁顺通发展旅游服务有限公司	7	3 100	21 700
	广西源茂通旅游服务有限公司	8	3 100	24 800
	广西绍嘉旅游服务有限公司	4	3 100	12 400
	散客	11	3 380	37 180
	总收入合计	30		96 080
	地接费（海南省高银旅游服务有限公司）	30	2 750	82 500
	总成本支出	30		82 500

23 －2

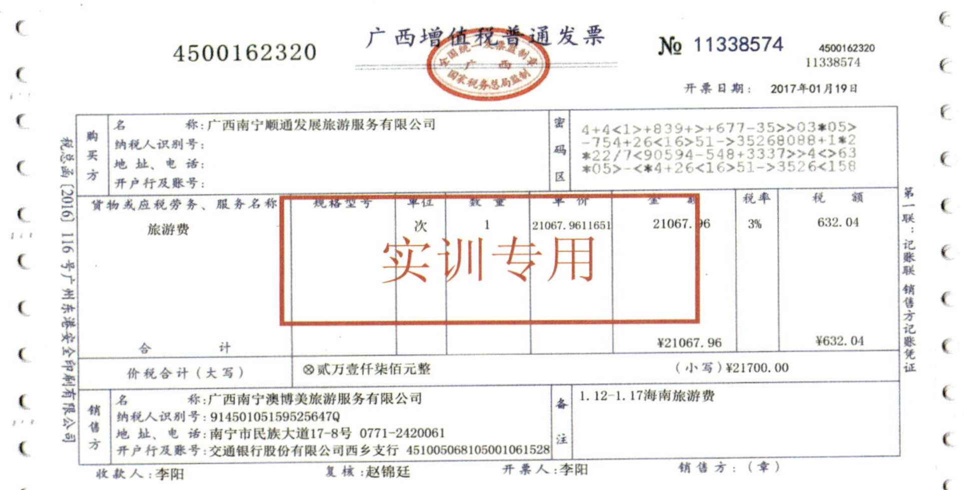
广西增值税普通发票
4500162320　№ 11338574　4500162320 11338574
开票日期：2017年01月19日
购买方　名称：广西南宁顺通发展旅游服务有限公司；纳税人识别号：；地址、电话：；开户行及账号：
密码区　4+4<1>+839+>+677-35>>03*05>-754+26<16>51->35268088+1*2*22/7<90594-548+3337>>4<>63*05>-<*4+26<16>51->3526<158

货物或应税劳务、服务名称	规格型号	单位	数量	单价	金额	税率	税额
旅游费		次	1	21067.9611651	21067.96	3%	632.04
合计					¥21067.96		¥632.04
价税合计（大写）	⊗贰万壹仟柒佰元整				（小写）¥21700.00		

实训专用
销售方　名称：广西南宁澳博美旅游服务有限公司；纳税人识别号：91450105159525647Q；地址、电话：南宁市民族大道17-8号 0771-2420061；开户行及账号：交通银行股份有限公司西乡支行 451005068105001061528
备注：1. 12-1. 17海南旅游费
收款人：李阳　复核：赵锦廷　开票人：李阳　销售方：（章）
第一联：记账联 销售方记账凭证
税总函[2016] 116 号广州东港安全印刷有限公司

23 －3

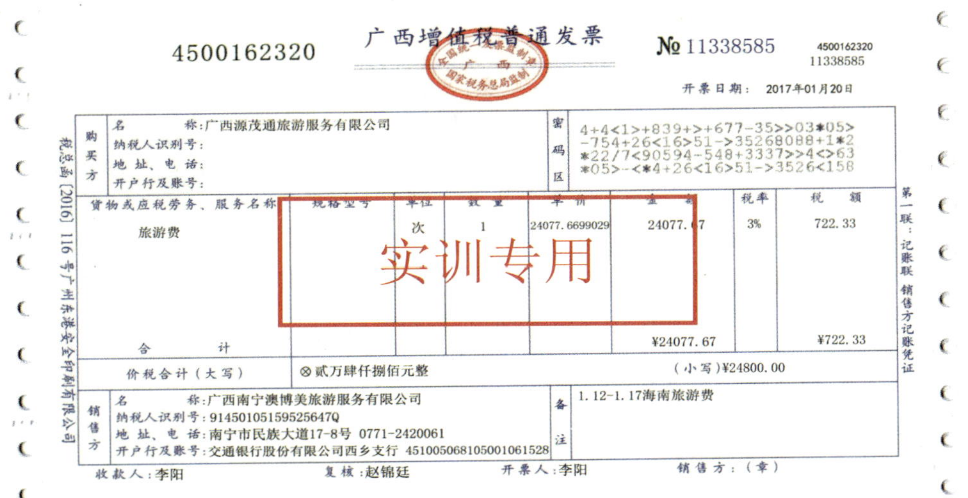
广西增值税普通发票
4500162320　№ 11338585　4500162320 11338585
开票日期：2017年01月20日
购买方　名称：广西源茂通旅游服务有限公司；纳税人识别号：；地址、电话：；开户行及账号：
密码区　4+4<1>+839+>+677-35>>03*05>-754+26<16>51->35268088+1*2*22/7<90594-548+3337>>4<>63*05>-<*4+26<16>51->3526<158

货物或应税劳务、服务名称	规格型号	单位	数量	单价	金额	税率	税额
旅游费		次	1	24077.6699029	24077.67	3%	722.33
合计					¥24077.67		¥722.33
价税合计（大写）	⊗贰万肆仟捌佰元整				（小写）¥24800.00		

实训专用
销售方　名称：广西南宁澳博美旅游服务有限公司；纳税人识别号：91450105159525647Q；地址、电话：南宁市民族大道17-8号 0771-2420061；开户行及账号：交通银行股份有限公司西乡支行 451005068105001061528
备注：1. 12-1. 17海南旅游费
收款人：李阳　复核：赵锦廷　开票人：李阳　销售方：（章）
第一联：记账联 销售方记账凭证
税总函[2016] 116 号广州东港安全印刷有限公司

23 －4

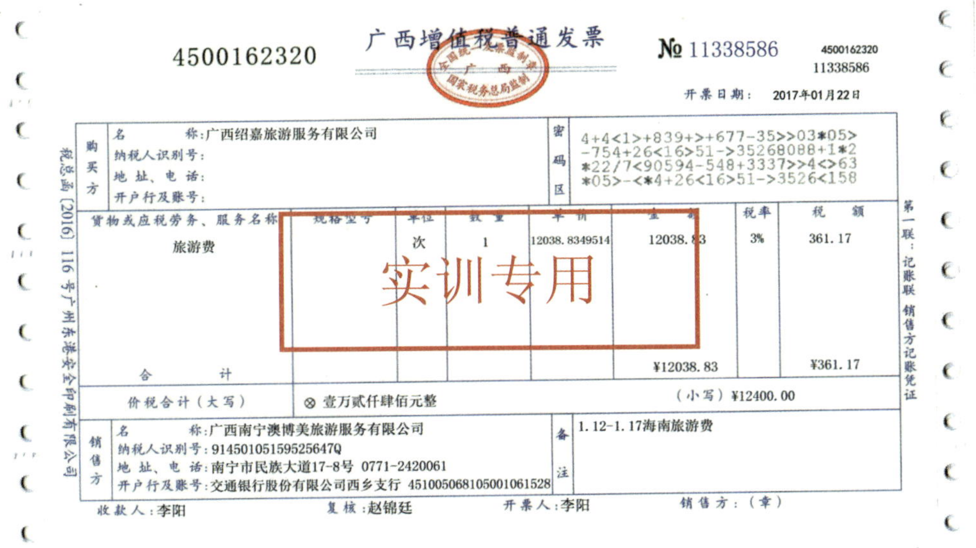

4500162320　　广西增值税普通发票　　№ 11338586　　4500162320 11338586

开票日期：2017年01月22日

购买方	名称：广西绍嘉旅游服务有限公司 纳税人识别号： 地址、电话： 开户行及账号：	密码区	4+4<1>+839+>+677-35>>03*05> -754+26<16>51->35268088+1*2 *22/7<90594-548+3337>>4<>63 *05>-<*4+26<16>51->3526<158

货物或应税劳务、服务名称	规格型号	单位	数量	单价	金额	税率	税额
旅游费		次	1	12038.8349514	12038.83	3%	361.17
合计					¥12038.83		¥361.17
价税合计（大写）	⊗ 壹万贰仟肆佰元整				（小写）¥12400.00		

销售方	名称：广西南宁澳博美旅游服务有限公司 纳税人识别号：91450105159525647Q 地址、电话：南宁市民族大道17-8号 0771-2420061 开户行及账号：交通银行股份有限公司西乡支行 451005068105001061528	备注	1.12-1.17海南旅游费

收款人：李阳　　复核：赵锦廷　　开票人：李阳　　销售方：（章）

第一联：记账联　销售方记账凭证

税总函〔2016〕116号广州东港安全印刷有限公司

实训专用

23 －5

中国交通银行 进 账 单（收账通知）

2017 年 1 月 11 日

付款人	全称	广西南宁顺通发展旅游服务有限公司	收款人	全称	广西南宁澳博美旅游服务有限公司
	账号	216601213110820882		账号	451005068105001061528
	开户银行	北部湾银行青川分行		开户银行	交通银行西乡支行

人民币（大写）贰万壹仟柒佰元整	千	百	十	万	千	百	十	元	角	分
			¥	2	1	7	0	0	0	0

票据种类		收款人开户银行盖章
摘要	1.12-1.17 日海南团费	
单位主管　会计　复核　记账		

中国交通银行 南宁市西乡支行 2017.01.11

（此联是银行给收款人的收账通知）

23 －6

中国交通银行 进 账 单（收账通知）

2017 年 1 月 10 日

付款人	全称	广西源茂通旅游服务有限公司	收款人	全称	广西南宁澳博美旅游服务有限公司
	账号	20386679526438932		账号	451005068105001061528
	开户银行	桂林银行明湖路支行		开户银行	交通银行西乡支行

人民币（大写）贰万肆仟捌佰元整	千	百	十	万	千	百	十	元	角	分
			¥	2	4	8	0	0	0	0

票据种类		收款人开户银行盖章
摘要	1.12-1.17 日海南团费	
单位主管　会计　复核　记账		

中国交通银行 南宁市西乡支行 2017.01.10

（此联是银行给收款人的收账通知）

23 －7

中国交通银行 进 账 单（收账通知）

2017 年 1 月 11 日

付款人	全　称	广西绍嘉旅游服务有限公司	收款人	全　称	广西南宁澳博美旅游服务有限公司
	账　号	310782594462822736		账　号	451005068105001061528
	开户银行	柳州银行西南支行		开户银行	交通银行西乡支行

人民币（大写）壹万贰仟肆佰元整	千	百	十	万	千	百	十	元	角	分
			¥	1	2	4	0	0	0	0

票据种类		收款人开户银行盖章
摘要	1.12-1.17 海南团费	
单位主管　会计　复核　记账		

中国交通银行 南宁市西乡支行 2017.01.11

（此联是银行给收款人的收账通知）

23 －8

中国交通银行 电汇凭证（回 单）

委托日期：2017 年 1 月 11 日

汇款人	全 称	广西南宁澳博美旅游服务有限公司				收款人	全 称	海南省高银旅游服务有限公司		
	账 号	451005068105001061528					账 号	9009210400000062		
	汇出地点	南宁	汇出行名称	西乡支行			汇入地点	海口市	汇入行名称	农村信用合作联社

汇入金额	人民币（大写）捌万贰仟伍佰元整	千	百	十	万	千	百	十	元	角	分
				¥	8	2	5	0	0	0	0

汇款用途：付 1. 12-1. 17 旅游团费	汇出银行盖章
单位主管　会计　复核　记账	

中国交通银行 南宁市西乡支行 2017.01.11

（此联汇出行给汇款人的回单）

23 －9

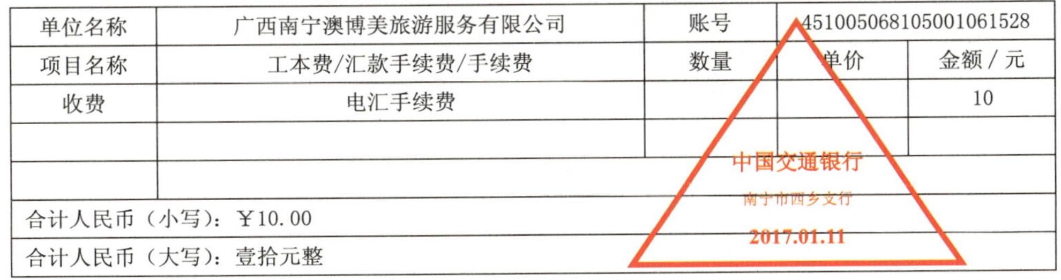

中国交通银行　收费凭证

2017 年 1 月 11 日

单位名称	广西南宁澳博美旅游服务有限公司	账号	451005068105001061528	
项目名称	工本费/汇款手续费/手续费	数量	单价	金额 / 元
收费	电汇手续费			10
合计人民币（小写）：¥10. 00				
合计人民币（大写）：壹拾元整				

中国交通银行 南宁市西乡支行 2017.01.11

填票人：　　　　　单位名称（盖章有效）

23－10

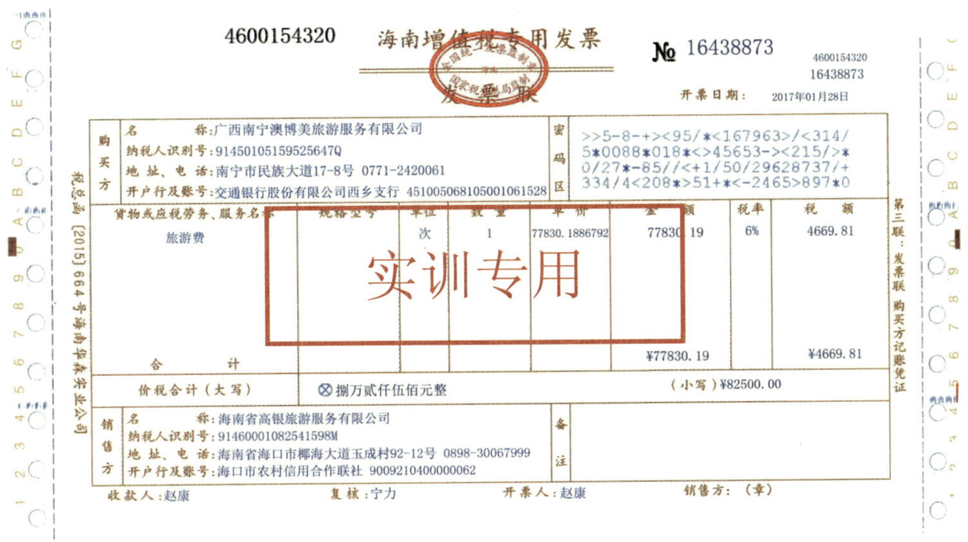

4600154320　　海南增值税专用发票　　№ 16438873　　4600154320 16438873

发票联

开票日期：2017年01月28日

购买方	名　　称：广西南宁澳博美旅游服务有限公司 纳税人识别号：91450105159525647Q 地 址、电 话：南宁市民族大道17-8号 0771-2420061 开户行及账号：交通银行股份有限公司西乡支行 451005068105001061528			密码区	>>5-8-+><95/*<167963>/<314/ 5*0088*018*<>45653-><215/>* 0/27*-85//<+1/50/29628737/+ 334/4<208*>51+*<-2465>897*0		
货物或应税劳务、服务名称	规格型号	单位	数量	单价	金额	税率	税额
旅游费		次	1	77830.1886792	77830.19	6%	4669.81
合　　计					¥77830.19		¥4669.81
价税合计（大写）	⊗捌万贰仟伍佰元整				（小写）¥82500.00		
销售方	名　　称：海南省高银旅游服务有限公司 纳税人识别号：91460001082541598M 地 址、电 话：海南省海口市椰海大道玉成村92-12号 0898-30067999 开户行及账号：海口市农村信用合作联社 9009210400000062			备注			

收款人：赵康　　复核：宁力　　开票人：赵康　　销售方：（章）

税总函〔2015〕664号海南华森实业公司

第三联：发票联　购买方记账凭证

实训专用

23－11

现 金 收 入 凭 单

顺序_____号

2017年1月7日　　　　第　　号

兹收到　梁开毅、王瑞芳

交　　来　1.12—1.17　海南团费　　款

计人民币　（大写）　⊗ 拾 ⊗ 万陆仟柒佰陆拾零元零角零分

交款人（盖章）　　　　¥ 6 760.00

主管会计：赵锦廷　　记账员：　　出纳员：李阳

23－12

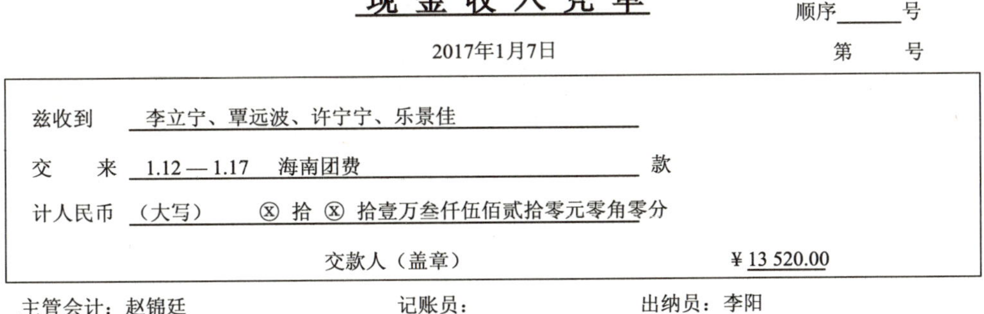

现 金 收 入 凭 单

顺序_____号

2017年1月7日　　　　第　　号

兹收到　李立宁、覃远波、许宁宁、乐景佳

交　　来　1.12—1.17　海南团费　　款

计人民币　（大写）　⊗ 拾 ⊗ 拾壹万叁仟伍佰贰拾零元零角零分

交款人（盖章）　　　　¥ 13 520.00

主管会计：赵锦廷　　记账员：　　出纳员：李阳

23－13

中国交通银行
现金存款凭证

2017 年 1 月 7 日

存款人	全称	广西南宁澳博美旅游服务有限公司		
	账号	451005068105001061528	款项来源	现金收入
	开户行	交通银行西乡支行	交款人	李阳
人民币（大写）：贰万零贰佰捌拾元整			金额（小写）：¥20 280.00	
票据种类		中国交通银行 南宁市西乡支行 2017.01.7	收款人开户银行盖章	
摘要	1. 12-1. 17 海南团费			
单位主管　会计　复核　记账				

（此联是银行给收款人的收账通知）

23－14

现 金 收 入 凭 单

顺序______号

2017年1月8日　　　　第　　号

兹收到　李永钊、黄祥国、伍海平

交　来　1.12 — 1.17　海南团费　款

计人民币　（大写）　ⓧ 拾 ⓧ 拾壹万零仟壹佰肆拾零元零角零分

交款人（盖章）　　¥ 10 140.00

主管会计：赵锦廷　　记账员：　　出纳员：李阳

23－15

现 金 收 入 凭 单

顺序______号

2017年1月8日　　　　第　　号

兹收到　蒋光涛、徐金玲

交　来　1.12 — 1.17　海南团费　款

计人民币　（大写）　ⓧ 拾 ⓧ 万陆仟柒佰陆拾零元零角零分

交款人（盖章）　　¥ 6 760.00

主管会计：赵锦廷　　记账员：　　出纳员：李阳

23 –16

中国交通银行
现金存款凭证

2017 年 1 月 8 日

存款人	全称	广西南宁澳博美旅游服务有限公司		
	账号	451005068105001061528	款项来源	现金收入
	开户行	交通银行西乡支行	交款人	李阳
人民币（大写）：壹万陆仟玖佰元整			金额（小写）：¥16 900.00	
票据种类		中国交通银行 南宁市西乡支行 2017.01.8	收款人开户银行盖章	
摘要	1.12-1.17 海南团费			
单位主管　会计　复核　记账				

（此联是银行给收款人的收账通知）

24 –1

差 旅 费 报 销 单

单位名称：广西南宁澳博美旅游服务有限公司　　2017 年 1 月 24 日　　单位：元

项目	火车票	飞机票	船票	长途汽车票	市内交通费	住宿费	公出补助			其他	合计金额
							天数	标准	金额		
金额		3 000				500	5	100	500		4 000

合计人民币（大写）贰仟叁佰元整：					
出差人姓名	王奋发	出差事由	考察项目	所属部门	业务部
出差地点	西宁	出差起止日期	2017.1.19日至2017.1.23	原借款额	5 000.00
实报金额	4 000.00	长退或短补	-1 000.00	出差人签字	王奋发
部门负责人签字	王奋发	财务负责人签字	赵锦廷	单位领导签字	张全忠

附件 2 张

24 –2

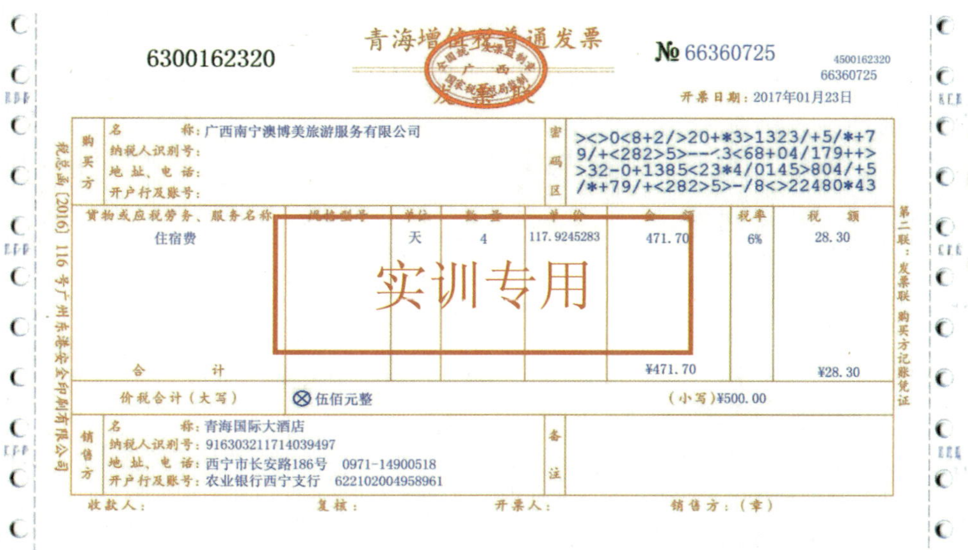

6300162320　　青海增值税普通发票　　№ 66360725　　4500162320　66360725

发票联

开票日期：2017年01月23日

购买方	名称：广西南宁澳博美旅游服务有限公司 纳税人识别号： 地址、电话： 开户行及账号：	密码区	><>0<8+2/>20+*3>1323/+5/*+7 9/+<282>5>--<3<68+04/179++> >32-0+1385<23*4/0145>804/+5 /*+79/+<282>5>-/8<>22480*43

货物或应税劳务、服务名称	规格型号	单位	数量	单价	金额	税率	税额
住宿费		天	4	117.9245283	471.70	6%	28.30
合计					¥471.70		¥28.30
价税合计（大写）	⊗伍佰元整				（小写）¥500.00		

销售方	名称：青海国际大酒店 纳税人识别号：916303211714039497 地址、电话：西宁市长安路186号　0971-14900518 开户行及账号：农业银行西宁支行　622102004958961	备注	

收款人：　　复核：　　开票人：　　销售方：（章）

税总函〔2016〕116号广州东港安全印刷有限公司

第二联：发票联　购买方记账凭证

实训专用

24－3

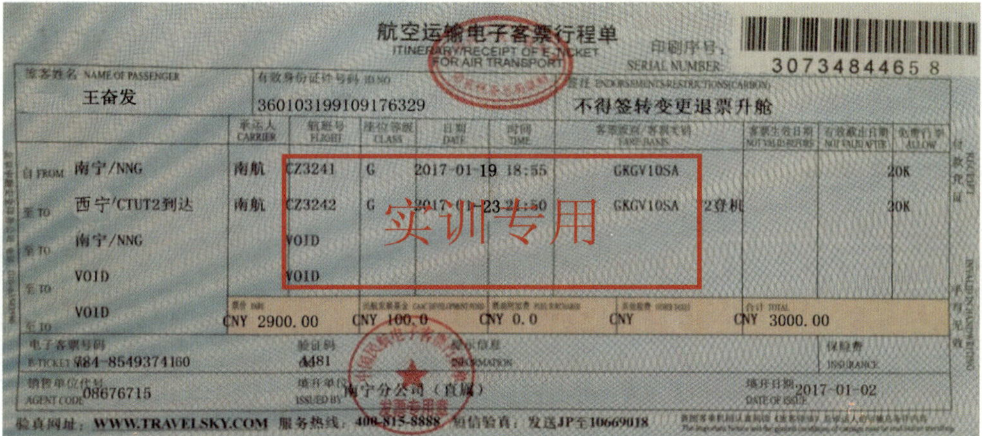

航空运输电子客票行程单
ITINERARY/RECEIPT OF E-TICKET FOR AIR TRANSPORT

印刷序号：SERIAL NUMBER：3073484465 8

旅客姓名 NAME OF PASSENGER	有效身份证件号码 ID.NO	签注 ENDORSEMENTS/RESTRICTIONS(CARBON)
王奋发	360103199109176329	不得签转变更退票升舱

		承运人 CARRIER	航班号 FLIGHT	座位等级 CLASS	日期 DATE	时间 TIME	客票级别/客票类别 FARE BASIS		客票生效日期 NOT VALID BEFORE	有效截止日期 NOT VALID AFTER	免费行李 ALLOW
自 FROM	南宁/NNG	南航	CZ3241	G	2017-01-19	18:55	GKGV10SA				20K
至 TO	西宁/CTUT2到达	南航	CZ3242	G	2017-01-23	21:50	GKGV10SA	2登机			20K
至 TO	南宁/NNG		VOID								
至 TO	VOID		VOID								
至 TO	VOID										

票价 FARE	民航发展基金 CAAC DEVELOPMENT FUND	燃油附加费 FUEL SURCHARGE	其他税费 OTHER TAXES	合计 TOTAL
CNY 2900.00	CNY 100.0	CNY 0.0	CNY	CNY 3000.00

电子客票号码 E-TICKET NO. 784-8549374160　验证码 4481　提示信息 INFORMATION　保险费 INSURANCE

销售单位代号 AGENT CODE 08676715　填开单位 ISSUED BY 南宁分公司（直属）　填开日期 DATE OF ISSUE 2017-01-02

验真网址：WWW.TRAVELSKY.COM　服务热线：400-815-8888　短信验真：发送JP至10669018

实训专用

25－1

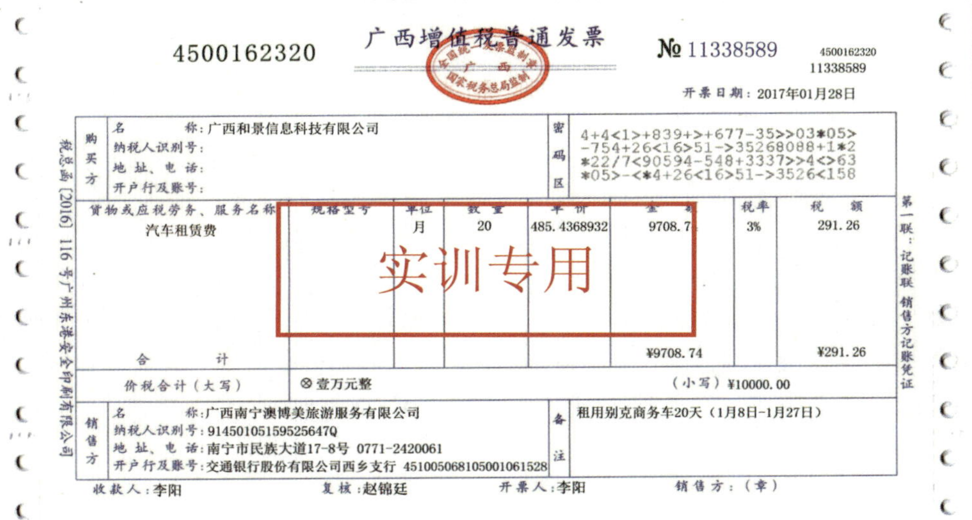

4500162320　广西增值税普通发票　№ 11338589　4500162320 11338589

开票日期：2017年01月28日

购买方	名称：广西和景信息科技有限公司 纳税人识别号： 地址、电话： 开户行及账号：	密码区	4+4<1>+839+>+677-35>>03*05> -754+26<16>51->35268088+1*2 *22/7<90594-548+3337>>4<>63 *05>-<*4+26<16>51->3526<158

货物或应税劳务、服务名称	规格型号	单位	数量	单价	金额	税率	税额
汽车租赁费		月	20	485.4368932	9708.74	3%	291.26
合计					¥9708.74		¥291.26
价税合计（大写）	⊗壹万元整				（小写）¥10000.00		

销售方	名称：广西南宁澳博美旅游服务有限公司 纳税人识别号：91450105159525647Q 地址、电话：南宁市民族大道17-8号 0771-2420061 开户行及账号：交通银行股份有限公司西乡支行 451005068105001061528	备注	租用别克商务车20天（1月8日-1月27日）

收款人：李阳　复核：赵锦廷　开票人：李阳　销售方：（章）

第一联：记账联 销售方记账凭证

税总函［2016］116号广州东港安全印刷有限公司

实训专用

25－2

中国交通银行
转账支票存根（桂）

VI II 301389010

附加信息 ______________________

出票日期　2017 年 1 月 29 日

收款人	广西和景信息科技有限公司
金　额	¥10 000.00
用　途	退回租车押金
备　注	

单位主管：张全忠　会计：赵锦廷

25 －3

中国交通银行 广西区分行 进 账 单（回 单）

2017 年 1 月 29 日

出票人	全　　称	广西南宁澳博美旅游服务有限公司	收款人	全　　称	广西和景信息科技有限公司
	账　　号	451005068105001061528		账　　号	8001254698125763
	开户银行	交通银行西乡支行		开户银行	中信银行福建路支行
人民币（大写）壹万元整				千 百 十 万 千 百 十 元 角 分	¥ 1 0 0 0 0 0 0
票据种类	转账		中国交通银行 南宁市西乡支行 2017.01.29	收款人开户银行盖章	
票据张数	1 张				
单位主管　　会计　　复核　　记账					

（此联是开户银行交给持票人的回单）

26 －1

鼓浪屿路线

	旅客来源	客户人数	单价	金额
1.20－1.25 团	广西南宁顺通发展旅游服务有限公司	3	2 650	7 950
	广西瑞德盛旅游服务有限公司	4	2 650	10 600
	广西利华德商贸有限公司	16	2 900	46 400
	散客	2	2 500	5 000
	总收入合计	25		69 950
	地接费（厦门市阳淇旅游服务有限公司）	25	2 300	57 500
	总成本支出			57 500

26 －2

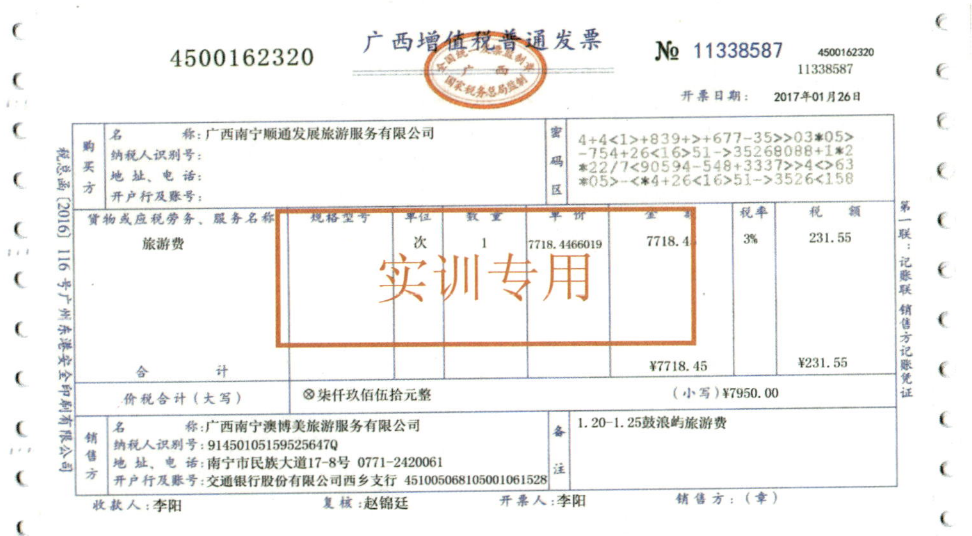

4500162320　　广西增值税普通发票　　№ 11338587　　4500162320 11338587

开票日期：2017年01月26日

购买方	名　　称：广西南宁顺通发展旅游服务有限公司 纳税人识别号： 地 址、电 话： 开户行及账号：			密码区	4+4<1>+839+>+677-35>>03*05> -754+26<16>51->35268088+1*2 *22/7<90594-548+3337>>4<>63 *05>-<*4+26<16>51->3526<158		
货物或应税劳务、服务名称	规格型号	单位	数量	单价	金额	税率	税额
旅游费		次	1	7718.4466019	7718.4[illegible]	3%	231.55
合　　计					¥7718.45		¥231.55
价税合计（大写）	⊗柒仟玖佰伍拾元整				（小写）¥7950.00		
销售方	名　　称：广西南宁澳博美旅游服务有限公司 纳税人识别号：91450105159525647Q 地 址、电 话：南宁市民族大道17-8号 0771-2420061 开户行及账号：交通银行股份有限公司西乡支行 451005068105001061528			备注	1.20-1.25鼓浪屿旅游费		

收款人：李阳　　复核：赵锦廷　　开票人：李阳　　销售方：（章）

第一联：记账联 销售方记账凭证

税总函〔2016〕116 号广州东港安全印刷有限公司

实训专用

26－3

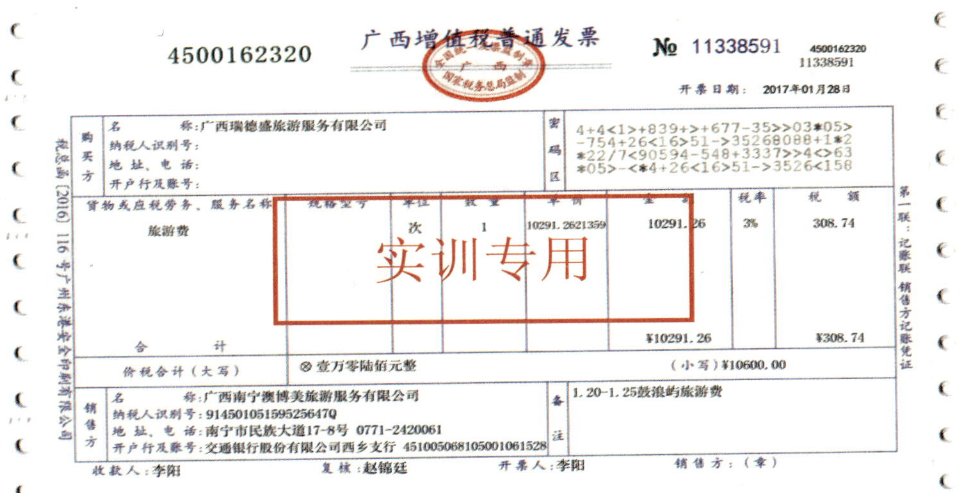

广西增值税普通发票

4500162320　№ 11338591　4500162320 11338591

开票日期：2017年01月28日

购买方	名称：广西瑞德盛旅游服务有限公司 纳税人识别号： 地址、电话： 开户行及账号：	密码区	4+4<1>+839+>+677-35>>03*05> -754+26<16>51->35268088+1*2 *22/7<90594-548+3337>>4<>63 *05>-<*4+26<16>51->3526<158			
货物或应税劳务、服务名称	规格型号	单位	数量	单价	金额	税率	税额
旅游费		次	1	10291.2621359	10291.26	3%	308.74
合计					¥10291.26		¥308.74
价税合计（大写）	⊗壹万零陆佰元整				（小写）¥10600.00		
销售方	名称：广西南宁澳博美旅游服务有限公司 纳税人识别号：91450105159525647Q 地址、电话：南宁市民族大道17-8号 0771-2420061 开户行及账号：交通银行股份有限公司西乡支行 451005068105001061528	备注	1.20-1.25鼓浪屿旅游费			

收款人：李阳　复核：赵锦廷　开票人：李阳　销售方：（章）

第一联：记账联 销售方记账凭证

实训专用

26－4

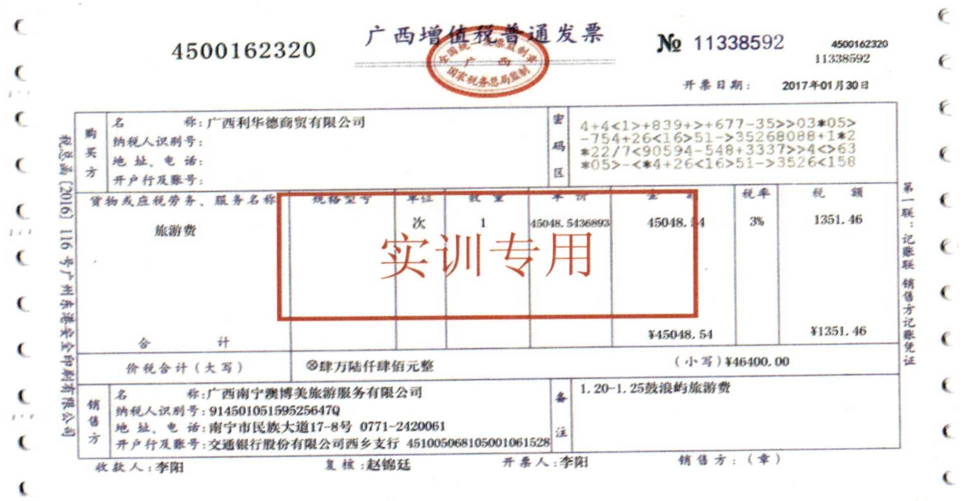

广西增值税普通发票

4500162320　№ 11338592　4500162320 11338592

开票日期：2017年01月30日

购买方	名称：广西利华德商贸有限公司 纳税人识别号： 地址、电话： 开户行及账号：	密码区	4+4<1>+839+>+677-35>>03*05> -754+26<16>51->35268088+1*2 *22/7<90594-548+3337>>4<>63 *05>-<*4+26<16>51->3526<158			
货物或应税劳务、服务名称	规格型号	单位	数量	单价	金额	税率	税额
旅游费		次	1	45048.5436893	45048.54	3%	1351.46
合计					¥45048.54		¥1351.46
价税合计（大写）	⊗肆万陆仟肆佰元整				（小写）¥46400.00		
销售方	名称：广西南宁澳博美旅游服务有限公司 纳税人识别号：91450105159525647Q 地址、电话：南宁市民族大道17-8号 0771-2420061 开户行及账号：交通银行股份有限公司西乡支行 451005068105001061528	备注	1.20-1.25鼓浪屿旅游费			

收款人：李阳　复核：赵锦廷　开票人：李阳　销售方：（章）

第一联：记账联 销售方记账凭证

实训专用

26－5

中国交通银行 **进 账 单**（收账通知）

2017 年 1 月 19 日

付款人	全称	广西南宁顺通发展旅游服务有限公司	收款人	全称	广西南宁澳博美旅游服务有限公司
	账号	216601213110820882		账号	451005068105001061528
	开户银行	北部湾银行青川分行		开户银行	交通银行西乡支行
人民币（大写）柒仟玖佰伍拾元整				千百十万千百十元角分	¥ 7 9 5 0 0 0
票据种类				收款人开户银行盖章	
摘要	1.20-1.25 日鼓浪屿团费				
单位主管　会计　复核　记账					

中国交通银行 南宁市西乡支行 2017.01.19

（此联是银行给收款人的收账通知）

26－6

中国交通银行 进 账 单（收账通知）

2017 年 1 月 18 日

付款人	全　称	广西瑞德盛旅游服务有限公司	收款人	全　称	广西南宁澳博美旅游服务有限公司
	账　号	634498216125796354		账　号	451005068105001061528
	开户银行	交行强兴路分行		开户银行	交通银行西乡支行

人民币（大写）壹万零陆佰元整	千	百	十	万	千	百	十	元	角	分
			¥	1	0	6	0	0	0	0

票据种类		中国交通银行 南宁市西乡支行 2017.01.18 收款人开户银行盖章
摘要	1.20-1.25 鼓浪屿团费	
单位主管　会计　复核　记账		

（此联是银行给收款人的收账通知）

26－7

中国交通银行 进 账 单（收账通知）

2017 年 1 月 13 日

付款人	全　称	广西利华德商贸有限公司	收款人	全　称	广西南宁澳博美旅游服务有限公司
	账　号	71569871264356202		账　号	451005068105001061528
	开户银行	中信银行华东支行		开户银行	交通银行西乡支行

人民币（大写）肆万陆仟肆佰元整	千	百	十	万	千	百	十	元	角	分
			¥	4	6	4	0	0	0	0

票据种类		中国交通银行 南宁市西乡支行 2017.01.13 收款人开户银行盖章
摘要	1.20-1.25 鼓浪屿团费	
单位主管　会计　复核　记账		

（此联是银行给收款人的收账通知）

26－8

现 金 收 入 凭 单

顺序______号

2017年1月10日　　　　第　　号

兹收到　黄世鹏、吴春光

交　来　1.20—1.25　鼓浪屿团费　款

计人民币（大写）　⊗ 拾 ⊗ 万伍仟零佰零拾零元零角零分

交款人（盖章）　　¥ 5 000.00

主管会计：赵锦廷　　记账员：　　出纳员：李阳

26－9

中国交通银行
现金存款凭证

2017 年 1 月 10 日

存款人	全称	广西南宁澳博美旅游服务有限公司		
	账号	451005068105001061528	款项来源	现金收入
	开户行	交通银行西乡支行	交款人	李阳
人民币（大写）：伍仟元整			金额（小写）：¥5 000.00	
票据种类		中国交通银行 南宁市西乡支行	收款人开户银行盖章	
摘要	1.20-1.25 鼓浪屿团费			
单位主管　会计　复核	记账	2017.01.10		

（此联是银行给收款人的收账通知）

26－10

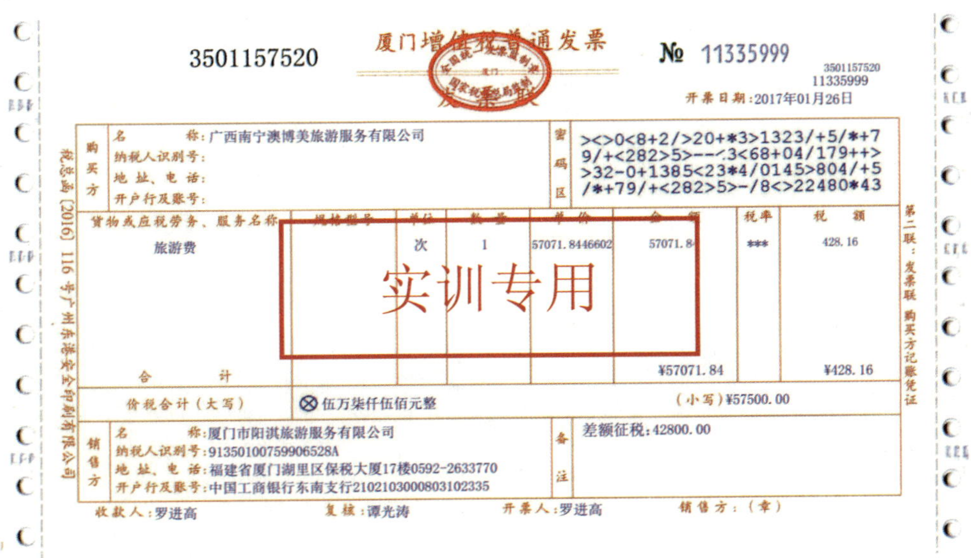

3501157520　厦门增值税普通发票　№ 11335999

3501157520
11335999
开票日期：2017年01月26日

购买方	名称：广西南宁澳博美旅游服务有限公司 纳税人识别号： 地址、电话： 开户行及账号：	密码区	><>0<8+2/>20+*3>1323/+5/*+7 9/+<282>5>--<3<68+04/179++> >32-0+1385<23*4/0145>804/+5 /*+79/+<282>5>-/8<>22480*43

货物或应税劳务、服务名称	规格型号	单位	数量	单价	金额	税率	税额
旅游费		次	1	57071.8446602	57071.84	***	428.16
合计					¥57071.84		¥428.16
价税合计（大写）	⊗伍万柒仟伍佰元整				（小写）¥57500.00		

销售方	名称：厦门市阳淇旅游服务有限公司 纳税人识别号：91350100759906528A 地址、电话：福建省厦门湖里区保税大厦17楼0592-2633770 开户行及账号：中国工商银行东南支行2102103000803102335	备注	差额征税：42800.00

收款人：罗进高　复核：谭光涛　开票人：罗进高　销售方：（章）

税总函〔2016〕116号广州东港安全印刷有限公司

第二联：发票联　购买方记账凭证

实训专用

26－11

中国交通银行 电汇凭证（回 单）

委托日期：　2017 年 1 月 19 日

汇款人	全称	广西南宁澳博美旅游服务有限公司			收款人	全称	厦门市阳淇旅游服务有限公司		
	账号	451005068105001061528				账号	2102103000803102335		
	汇出地点	南宁	汇出行名称	西乡支行		汇入地点	厦门	汇入行名称	中国工商银行东南支行
汇入金额	人民币（大写）伍万柒仟伍佰元整						千 百 十 万 千 百 十 元 角 分		¥ 5 7 5 0 0 0 0
汇款用途：付 1.20-1.25 旅游团费							汇出银行盖章		
单位主管　会计　复核　记账							中国交通银行 南宁市西乡支行 2017.01.19		

（此联汇出行给汇款人的回单）

26 - 12

中国交通银行 收费凭证

2017 年 1 月 19 日

单位名称	广西南宁澳博美旅游服务有限公司	账号	451005068105001061528	
项目名称	工本费/汇款手续费/手续费	数量	单价	金额 / 元
收费	电汇手续费			10
合计人民币（小写）：¥10.00				
合计人民币（大写）：壹拾元整				

填票人： 单位名称(盖章有效)

中国交通银行 南宁市西乡支行 2017.01.19

27 - 1

中国交通银行 电汇凭证（回 单）

委托日期： 2017 年 1 月 30 日

汇款人	全 称	广西南宁澳博美旅游服务有限公司			收款人	全 称	厦门市阳淇旅游服务有限公司										
	账 号	451005068105001061528				账 号	2102103000803102335										
	汇出地点	南宁	汇出行名称	西乡支行		汇入地点	厦门	汇入行名称		中国工商银行东南支行							
汇入金额	人民币（大写）伍万贰仟元整						千	百	十	万	千	百	十	元	角	分	
									¥	5	2	0	0	0	0	0	
汇款用途：付 2.3-2.8 旅游团费							汇出银行盖章										
单位主管 会计 复核 记账																	

（此联汇出行给汇款人的回单）

中国交通银行 南宁市西乡支行 2017.01.30

27 - 2

中国交通银行 收费凭证

2017 年 1 月 30 日

单位名称	广西南宁澳博美旅游服务有限公司	账号	451005068105001061528	
项目名称	工本费/汇款手续费/手续费	数量	单价	金额 / 元
收费	电汇手续费			10
合计人民币（小写）：¥10.00				
合计人民币（大写）：壹拾元整				

填票人： 单位名称(盖章有效)

中国交通银行 南宁市西乡支行 2017.01.30

28－1

海南路线

	旅客来源	客户人数	单价	金额
1.21－1.26团	广西源茂通旅游服务有限公司	9	3 150	28 350
	广西瑞德盛旅游服务有限公司	4	3 150	12 600
	玉林市增贤旅游服务有限公司	7	3 150	22 050
	广西云泰盛达广告策划有限公司	10	3 450	34 500
	总收入合计	30		97 500
	地接费（海南省高银旅游服务有限公司）	30	2 750	82 500
	总成本支出	30		82 500

28－2

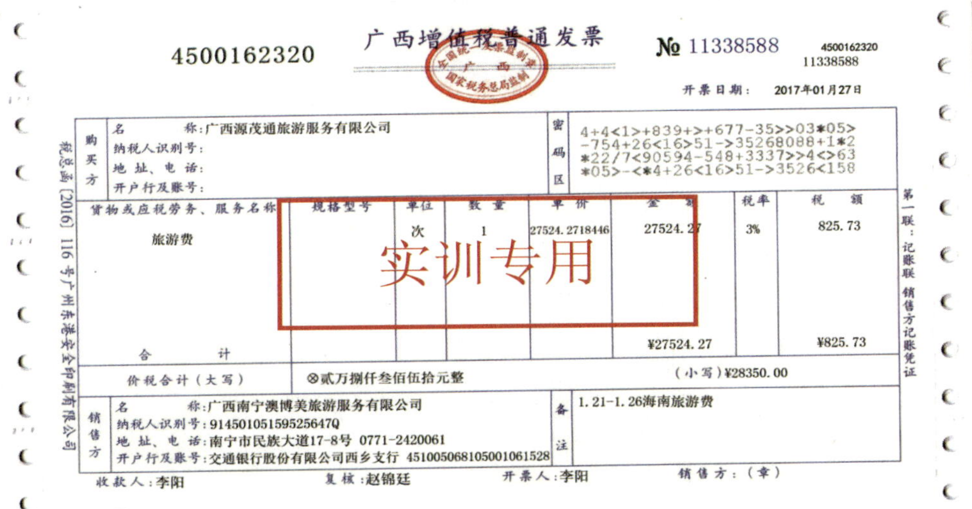

4500162320　广西增值税普通发票　№ 11338588　4500162320 11338588

开票日期：2017年01月27日

购买方　名称：广西源茂通旅游服务有限公司　纳税人识别号：　地址、电话：　开户行及账号：

密码区　4+4<1>+839+>+677-35>>03*05> -754+26<16>51->35268088+1*2 *22/7<90594-548+3337>>4<>63 *05>-<*4+26<16>51->3526<158

货物或应税劳务、服务名称	规格型号	单位	数量	单价	金额	税率	税额
旅游费		次	1	27524.2718446	27524.27	3%	825.73
合计					¥27524.27		¥825.73

价税合计（大写）⊗贰万捌仟叁佰伍拾元整　（小写）¥28350.00

销售方　名称：广西南宁澳博美旅游服务有限公司　纳税人识别号：91450105159525647Q　地址、电话：南宁市民族大道17-8号 0771-2420061　开户行及账号：交通银行股份有限公司西乡支行 451005068105001061528

备注：1.21-1.26海南旅游费

收款人：李阳　复核：赵锦廷　开票人：李阳　销售方：（章）

第一联：记账联 销售方记账凭证

实训专用

28－3

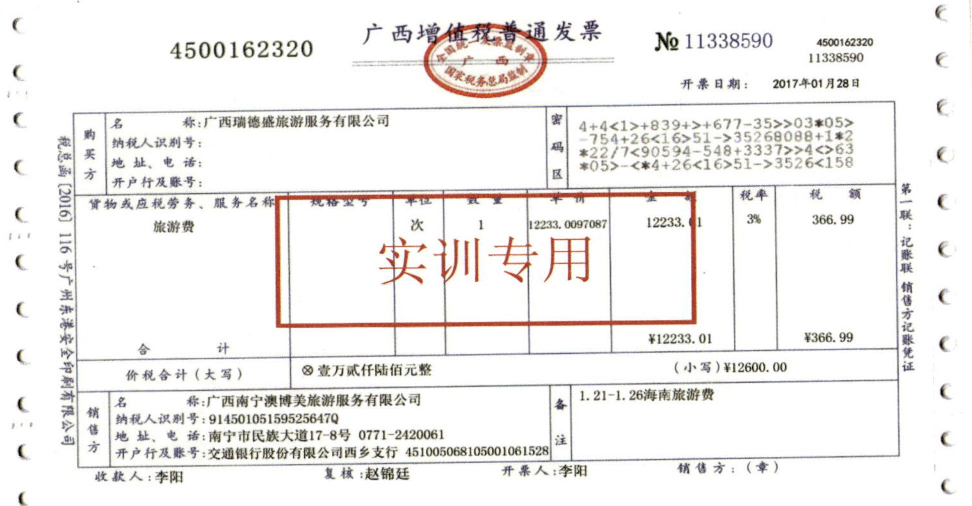

4500162320　广西增值税普通发票　№ 11338590　4500162320 11338590

开票日期：2017年01月28日

购买方　名称：广西瑞德盛旅游服务有限公司　纳税人识别号：　地址、电话：　开户行及账号：

密码区　4+4<1>+839+>+677-35>>03*05> -754+26<16>51->35268088+1*2 *22/7<90594-548+3337>>4<>63 *05>-<*4+26<16>51->3526<158

货物或应税劳务、服务名称	规格型号	单位	数量	单价	金额	税率	税额
旅游费		次	1	12233.0097087	12233.01	3%	366.99
合计					¥12233.01		¥366.99

价税合计（大写）⊗壹万贰仟陆佰元整　（小写）¥12600.00

销售方　名称：广西南宁澳博美旅游服务有限公司　纳税人识别号：91450105159525647Q　地址、电话：南宁市民族大道17-8号 0771-2420061　开户行及账号：交通银行股份有限公司西乡支行 451005068105001061528

备注：1.21-1.26海南旅游费

收款人：李阳　复核：赵锦廷　开票人：李阳　销售方：（章）

第一联：记账联 销售方记账凭证

实训专用

28－4

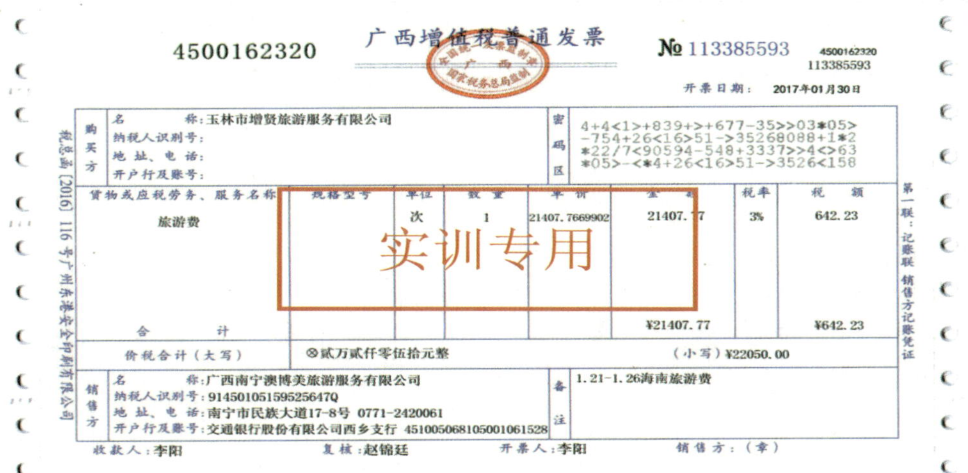

4500162320　　广西增值税普通发票　　№ 113385593　　4500162320 113385593

开票日期：2017年01月30日

购买方	名　　称：玉林市增贤旅游服务有限公司 纳税人识别号： 地址、电话： 开户行及账号：	密码区	4+4<1>+839+>+677-35>>03*05> -754+26<16>51->35268088+1*2 *22/7<90594-548+3337>>4<>63 *05>-<*4+26<16>51->3526<158

货物或应税劳务、服务名称	规格型号	单位	数量	单价	金额	税率	税额
旅游费		次	1	21407.7669902	21407.77	3%	642.23
合　　计					¥21407.77		¥642.23
价税合计（大写）	⊗贰万贰仟零伍拾元整				（小写）¥22050.00		

销售方	名　　称：广西南宁澳博美旅游服务有限公司 纳税人识别号：91450105159525647Q 地址、电话：南宁市民族大道17-8号 0771-2420061 开户行及账号：交通银行股份有限公司西乡支行 451005068105001061528	备注	1.21-1.26海南旅游费

收款人：李阳　　复核：赵锦廷　　开票人：李阳　　销售方：（章）

税总函[2016]116号广州东港安全印刷有限公司

第一联：记账联 销售方记账凭证

实训专用

28－5

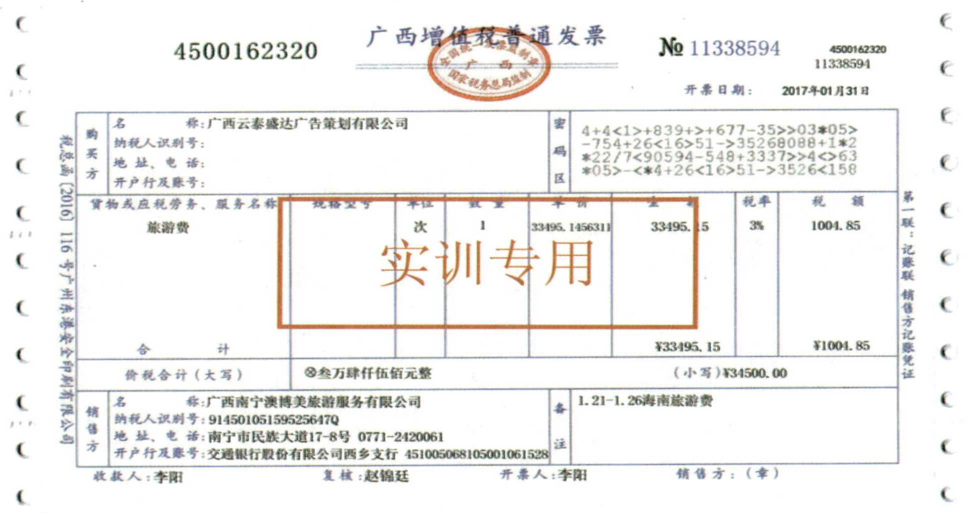

4500162320　　广西增值税普通发票　　№ 11338594　　4500162320 11338594

开票日期：2017年01月31日

购买方	名　　称：广西云泰盛达广告策划有限公司 纳税人识别号： 地址、电话： 开户行及账号：	密码区	4+4<1>+839+>+677-35>>03*05> -754+26<16>51->35268088+1*2 *22/7<90594-548+3337>>4<>63 *05>-<*4+26<16>51->3526<158

货物或应税劳务、服务名称	规格型号	单位	数量	单价	金额	税率	税额
旅游费		次	1	33495.1456311	33495.15	3%	1004.85
合　　计					¥33495.15		¥1004.85
价税合计（大写）	⊗叁万肆仟伍佰元整				（小写）¥34500.00		

销售方	名　　称：广西南宁澳博美旅游服务有限公司 纳税人识别号：91450105159525647Q 地址、电话：南宁市民族大道17-8号 0771-2420061 开户行及账号：交通银行股份有限公司西乡支行 451005068105001061528	备注	1.21-1.26海南旅游费

收款人：李阳　　复核：赵锦廷　　开票人：李阳　　销售方：（章）

税总函[2016]116号广州东港安全印刷有限公司

第一联：记账联 销售方记账凭证

实训专用

28－6

中国交通银行 进 账 单（收账通知）

2017 年 1 月 20 日

付款人	全　称	广西源茂通旅游服务有限公司	收款人	全　称	广西南宁澳博美旅游服务有限公司
	账　号	20386679526438932		账　号	451005068105001061528
	开户银行	桂林银行明湖路支行		开户银行	交通银行西乡支行

人民币（大写）贰万捌仟叁佰伍拾元整	千	百	十	万	千	百	十	元	角	分
			¥	2	8	3	5	0	0	0

票据种类		收款人开户银行盖章
摘要	1.21-1.26 日海南团费	
单位主管　会计　复核　记账		

中国交通银行 南宁市西乡支行 2017.01.20

（此联是银行给收款人的收账通知）

28－7

中国交通银行 进 账 单（收账通知）

2017 年 1 月 20 日

付款人	全称	广西瑞德盛旅游服务有限公司	收款人	全称	广西南宁澳博美旅游服务有限公司
	账号	634498216125796354		账号	451005068105001061528
	开户银行	交行强兴路分行		开户银行	交通银行西乡支行

人民币（大写）	千	百	十	万	千	百	十	元	角	分
壹万贰仟陆佰元整			¥	1	2	6	0	0	0	0
票据种类										
摘要	1.21-1.26 海南团费									
单位主管　会计　复核　记账	收款人开户银行盖章									

中国交通银行 南宁市西乡支行 2017.01.20

（此联是银行给收款人的收账通知）

28－8

中国交通银行 进 账 单（收账通知）

2017 年 1 月 20 日

付款人	全称	玉林市增贤旅游服务有限公司	收款人	全称	广西南宁澳博美旅游服务有限公司
	账号	634498261125779698		账号	451005068105001061528
	开户银行	交行永华路支行		开户银行	交通银行西乡支行

人民币（大写）	千	百	十	万	千	百	十	元	角	分
贰万贰仟零伍拾元整			¥	2	2	0	5	0	0	0
票据种类										
摘要	1.21-1.26 海南团费									
单位主管　会计　复核　记账	收款人开户银行盖章									

中国交通银行 南宁市西乡支行 2017.01.20

（此联是银行给收款人的收账通知）

28－9

中国交通银行 进 账 单（收账通知）

2017 年 1 月 10 日

付款人	全称	广西云泰盛达广告策划有限公司	收款人	全称	广西南宁澳博美旅游服务有限公司
	账号	3575696578136466		账号	451005068105001061528
	开户银行	招商银行城北支行		开户银行	交通银行西乡支行

人民币（大写）	千	百	十	万	千	百	十	元	角	分
叁万肆仟伍佰元整			¥	3	4	5	0	0	0	0
票据种类										
摘要	海南团费									
单位主管　会计　复核　记账	收款人开户银行盖章									

中国交通银行 南宁市西乡支行 2017.01.10

（此联是银行给收款人的收账通知）

28 - 10

中国交通银行　电汇凭证（回　单）

委托日期：　2017 年 1 月 20 日

<table>
<tr><td rowspan="3">汇
款
人</td><td>全　称</td><td colspan="3">广西南宁澳博美旅游服务有限公司</td><td rowspan="3">收
款
人</td><td>全　称</td><td colspan="3">海南省高银旅游服务有限公司</td></tr>
<tr><td>账　号</td><td colspan="3">451005068105001061528</td><td>账　号</td><td colspan="3">9009210400000062</td></tr>
<tr><td>汇　出
地　点</td><td>南宁</td><td>汇出行
名　称</td><td>西乡支行</td><td>汇　入
地　点</td><td>海口市</td><td>汇入行名称</td><td>农村信用合作联社</td></tr>
<tr><td>汇　入
金额</td><td colspan="5">人民币（大写）捌万贰仟伍佰元整</td><td colspan="4">千 百 十 万 千 百 十 元 角 分
¥ 8 2 5 0 0 0 0</td></tr>
<tr><td colspan="6">汇款用途：付 1.21-1.26 旅游团费</td><td colspan="4" rowspan="2">汇出银行盖章</td></tr>
<tr><td colspan="6">单位主管　　会计　　复核　　记账</td></tr>
</table>

中国交通银行 南宁市西乡支行 2017.01.20

（此联汇出行给汇款人的回单）

28 - 11

中国交通银行　收费凭证

2017 年 1 月 20 日

单位名称	广西南宁澳博美旅游服务有限公司	账号	451005068105001061528	
项目名称	工本费/汇款手续费/手续费	数量	单价	金额 / 元
收费	电汇手续费			10
合计人民币（小写）：¥10.00				
合计人民币（大写）：壹拾元整				

中国交通银行 南宁市西乡支行 2017.01.20

填票人：　　　　　　　　单位名称(盖章有效)

28 - 12

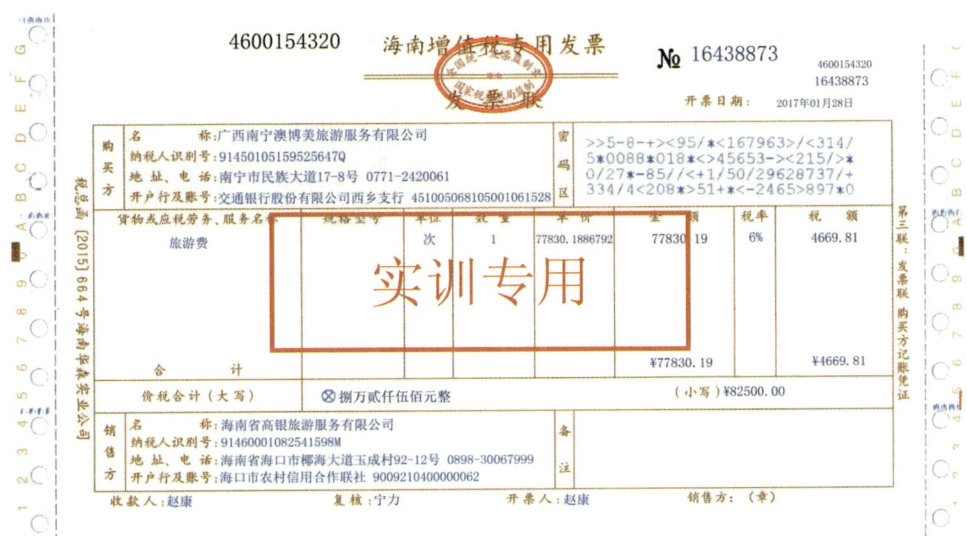

4600154320　　海南增值税专用发票　　№ 16438873

4600154320
16438873

发票联

开票日期：2017年01月28日

税总函 [2015] 664 号海南华森实业公司

购买方	名　　称：广西南宁澳博美旅游服务有限公司 纳税人识别号：91450105159525647Q 地 址、电 话：南宁市民族大道17-8号 0771-2420061 开户行及账号：交通银行股份有限公司西乡支行 451005068105001061528	密码区	>>5-8-+><95/*<167963>/<314/ 5*0088*018*<>45653-><215/>* 0/27*-85//<+1/50/29628737/+ 334/4<208*>51+*<-2465>897*0

货物或应税劳务、服务名称	规格型号	单位	数量	单价	金额	税率	税额
旅游费		次	1	77830.1886792	77830.19	6%	4669.81
合　　计					¥77830.19		¥4669.81
价税合计（大写）	⊗捌万贰仟伍佰元整				（小写）¥82500.00		

销售方	名　　称：海南省高银旅游服务有限公司 纳税人识别号：91460001082541598M 地 址、电 话：海南省海口市椰海大道玉成村92-12号 0898-30067999 开户行及账号：海口市农村信用合作联社 9009210400000062	备注	

收款人：赵康　　复核：宁力　　开票人：赵康　　销售方：（章）

第三联：发票联　购买方记账凭证

实训专用

29 －1

中国交通银行 电汇凭证（回 单）

委托日期：2017 年 1 月 31 日

<table>
<tr><td rowspan="3">汇款人</td><td>全 称</td><td colspan="3">广西南宁澳博美旅游服务有限公司</td><td rowspan="3">收款人</td><td>全 称</td><td colspan="3">海南省高银旅游服务有限公司</td></tr>
<tr><td>账 号</td><td colspan="3">451005068105001061528</td><td>账 号</td><td colspan="3">9009210400000062</td></tr>
<tr><td>汇出地点</td><td>南宁</td><td>汇出行名称</td><td>西乡支行</td><td>汇入地点</td><td>海口市</td><td>汇入行名称</td><td>农村信用合作联社</td></tr>
<tr><td>汇入金额</td><td colspan="5">人民币（大写）柒万捌仟元整</td><td colspan="4">千 百 十 万 千 百 十 元 角 分
¥ 7 8 0 0 0 0 0</td></tr>
<tr><td colspan="6">汇款用途：付 2.2-2.7 旅游团费</td><td colspan="4" rowspan="2">汇出银行盖章</td></tr>
<tr><td colspan="6">单位主管　　会计　　复核　　记账</td></tr>
</table>

（此联汇出行给汇款人的回单）

中国交通银行 南宁市西乡支行 2017.01.31

29 －2

中国交通银行　收费凭证

2017 年 1 月 31 日

<table>
<tr><td>单位名称</td><td>广西南宁澳博美旅游服务有限公司</td><td>账号</td><td colspan="2">451005068105001061528</td></tr>
<tr><td>项目名称</td><td>工本费/汇款手续费/手续费</td><td>数量</td><td>单价</td><td>金额／元</td></tr>
<tr><td>收费</td><td>电汇手续费</td><td></td><td></td><td>10</td></tr>
<tr><td></td><td></td><td></td><td></td><td></td></tr>
<tr><td></td><td colspan="4"></td></tr>
<tr><td colspan="5">合计人民币（小写）：¥10.00</td></tr>
<tr><td colspan="5">合计人民币（大写）：壹拾元整</td></tr>
</table>

填票人：　　　　单位名称(盖章有效)

中国交通银行 南宁市西乡支行 2017.01.31

30 －1

中国交通银行 电汇凭证（回 单）

委托日期：2017 年 1 月 31 日

<table>
<tr><td rowspan="3">汇款人</td><td>全 称</td><td colspan="3">广西南宁澳博美旅游服务有限公司</td><td rowspan="3">收款人</td><td>全 称</td><td colspan="3">成都万海众兴旅游服务有限公司</td></tr>
<tr><td>账 号</td><td colspan="3">451005068105001061528</td><td>账 号</td><td colspan="3">2102103905118089998</td></tr>
<tr><td>汇出地点</td><td>南宁</td><td>汇出行名称</td><td>西乡支行</td><td>汇入地点</td><td>成都</td><td>汇入行名称</td><td>工行锦江区红星支行</td></tr>
<tr><td>汇入金额</td><td colspan="5">人民币（大写）贰万伍仟元整</td><td colspan="4">千 百 十 万 千 百 十 元 角 分
¥ 2 5 0 0 0 0 0</td></tr>
<tr><td colspan="6">汇款用途：付 2.1-2.6 旅游团费</td><td colspan="4" rowspan="2">汇出银行盖章</td></tr>
<tr><td colspan="6">单位主管　　会计　　复核　　记账</td></tr>
</table>

（此联汇出行给汇款人的回单）

中国交通银行 南宁市西乡支行 2017.01.31

30－2

中国交通银行 收费凭证

2017 年 1 月 31 日

单位名称	广西南宁澳博美旅游服务有限公司	账号	451005068105001061528	
项目名称	工本费/汇款手续费/手续费	数量	单价	金额／元
收费	电汇手续费			10
合计人民币（小写）：￥10.00				
合计人民币（大写）：壹拾元整				

填票人： 单位名称（盖章有效）

中国交通银行 南宁市西乡支行 2017.01.31

31－1

中国交通银行 进 账 单（收账通知）

2017 年 1 月 31 日

付款人	全称	广西绍嘉旅游服务有限公司	收款人	全称	广西南宁澳博美旅游服务有限公司
	账号	310782594462822736		账号	451005068105001061528
	开户银行	柳州银行西南支行		开户银行	交通银行西乡支行

人民币（大写）贰万伍仟柒佰元整	千	百	十	万	千	百	十	元	角	分
			￥	2	5	7	0	0	0	0

票据种类		收款人开户银行盖章
摘要	2.2-2.7 海南团费	
单位主管 会计 复核 记账		

（此联是银行给收款人的收账通知）

中国交通银行 南宁市西乡支行 2017.01.31

32－1

中国交通银行 进 账 单（收账通知）

2017 年 1 月 29 日

付款人	全称	南宁昆海旅游服务有限公司	收款人	全称	广西南宁澳博美旅游服务有限公司
	账号	201146953879826543		账号	451005068105001061528
	开户银行	农行华星路支行		开户银行	交通银行西乡支行

人民币（大写）壹万柒仟捌佰伍拾元整	千	百	十	万	千	百	十	元	角	分
			￥	1	7	8	5	0	0	0

票据种类		收款人开户银行盖章
摘要	2.1-2.6 九寨沟团费	
单位主管 会计 复核 记账		

（此联是银行给收款人的收账通知）

中国交通银行 南宁市西乡支行 2017.01.29

33－1

2017 年 1 月工资表

单位：广西南宁澳博美旅游服务有限公司

编号	姓名	基本工资	岗位工资	业务提成	出团补贴	应扣事病假	其他扣款	应发工资	应扣款项					实发工资	签字
									养老保险	医疗保险	失业保险	个税	扣款合计		
1	张全忠	4000.00	500.00					4500.00	360.00	90.00	45.00	15.15	510.15	3989.85	
2	李安泰	4000.00	500.00					4500.00	360.00	90.00	45.00	15.15	510.15	3989.85	
3	吴新	4000.00	500.00					4500.00	360.00	90.00	45.00	15.15	510.15	3989.85	
4	李玲芳	3000.00	300.00					3300.00	264.00	66.00	33.00		363.00	2937.00	
5	赵锦廷	3500.00	500.00					4000.00	320.00	80.00	40.00	1.80	441.80	3558.20	
6	何华娟	3000.00	300.00					3300.00	264.00	66.00	33.00		363.00	2937.00	
7	李阳	3000.00	300.00					3300.00	264.00	66.00	33.00		363.00	2937.00	
8	王奋发	3000.00	500.00	1655.00				5155.00	280.00	70.00	35.00	38.10	423.10	4731.90	
9	周优明	2500.00	300.00	1950.00				4750.00	224.00	56.00	28.00	28.26	336.26	4413.74	
10	陈梓恒	2500.00	500.00		1800.00			4800.00	240.00	60.00	30.00	29.10	359.10	4440.90	
11	张曼妮	2200.00	300.00		2050.00			4550.00	200.00	50.00	25.00	23.25	298.25	4251.75	
12	符庆伟	2200.00	300.00		2200.00			4700.00	200.00	50.00	25.00	27.75	302.75	4397.25	
13	孙婷婷	2200.00	300.00		1900.00			4400.00	200.00	50.00	25.00	18.75	293.75	4106.25	
14	彭明辉	3000.00	1000.00		500.00			4500.00	320.00	80.00	40.00	16.80	456.80	4043.20	
15	唐晓峰	3000.00	1000.00		500.00			4500.00	320.00	80.00	40.00	16.80	456.80	4043.20	
合计		45100.00	7100.00	3605.00	8950.00	0.00	0.00	64755.00	4176.00	1044.00	522.00	246.06	5988.06	58766.94	

单位领导：　　会计：何华娟　　复核：赵锦廷　　制表：李阳

34 –1

折旧明细表

序号	品名	数量	单位	原值	使用年限	残值率	月折旧额
1	税控开票电脑	1	台	4 500.00	4	5%	89.06
2	税控打印机	1	台	1 680.00	4	5%	33.25
3	保险柜	1	个	5 000.00	10	5%	39.58
4	台式电脑	10	台	32 000.00	4	5%	633.33
5	挂式格力空调	5	台	15 000.00	4	5%	296.88
6	佳能激光打印机	5	台	10 500.00	4	5%	207.81
7	柜式美的空调	2	台	13 600.00	4	5%	269.17
8	起亚小轿车	1	辆	123 900.00	6	5%	1 634.79
9	戴尔笔记本	3	台	12 450.00	4	5%	264.41
10	投影仪	2	台	9 000.00	4	5%	178.13
11	丰田牌中巴车	1	辆	500 000.00	6	5%	6 597.22
12	丰田牌中巴车	1	辆	480 000.00	6	5%	6 333.33
13	别克商务车	2	辆	600 000.00	6	5%	7 916.67
				1 807 630.00			24 493.63

36 –1

本月损益类账户发生额汇总表

收入类账户	结转前贷方发生额合计	成本费用税金类账户	结转前借方发生额合计

交通银行明细对账单

账号:4510050681050001061528　　单位名称:广西南宁澳博美旅游服务有限公司

开户行:交通银行股份有限公司西乡支行　　币种:人民币　　上页余额:308376.91

2017 年	摘要	凭证种类	凭证号码	发生额		余额
日期				借方	贷方	
01/02	转账			22 400.00		285 976.91
01/02	现金入账				9 700.00	295 676.91
01/03	汇款入账				15 300.00	310 976.91
01/03	汇款入账				7 650.00	318 626.91
01/04	汇款入账				12 750.00	331 376.91
01/04	汇款入账				5 100.00	336 476.91
01/05	转账				20 000.00	356 476.91
01/05	转账				20 000.00	376 476.91
01/06	转账				20 000.00	396 476.91
01/06	转账				20 000.00	416 476.91
01/07	现金入账				18 000.00	434 476.91
01/07	转账				20 000.00	454 476.91
01/07	转账				20 000.00	474 476.91
01/07	现金入账				20 280.00	494 756.91
01/08	代收税费			10 985.36		483 771.55
01/08	代收税费			1 318.25		482 453.30
01/08	代收税费			190.41		482 262.89
01/08	转款			8 460.00		473 802.89
01/08	电汇手续费			10.00		473 792.89
01/08	转款			2 400.00		471 392.89

中国交通银
南宁市西乡支行
2017.01.31

续 表

2017 年	摘要	凭证种类	凭证号码	发生额		余额
日期				借方	贷方	
01/08	电汇手续费			10.00		471 382.89
01/08	转款			2 400.00		468 982.89
01/08	电汇手续费			10.00		468 972.89
01/08	现金入账				16 900.00	485 872.89
01/09	转账				20 000.00	505 872.89
01/10	转账				20 000.00	525 872.89
01/10	转账				24 800.00	550 672.89
01/10	转账				5 000.00	555 672.89
01/10	转账				34 500.00	590 172.89
01/11	转账				21 700.00	611 872.89
01/11	转账				12 400.00	624 272.89
01/11	转账			82 500.00		541 772.89
01/11	电汇手续费			10.00		541 762.89
01/13	付房租			8 000.00		533 762.89
01/13	现金入账				20 000.00	553 762.89
01/13	现金入账				20 000.00	573 762.89
01/13	转账				46 400.00	620 162.89
01/15	代收保费			22 446.00		597 716.89
01/15	现金入账				20 000.00	617 716.89
01/16	转款			50 000.00		567 716.89
01/17	转账			50 000.00		517 716.89
01/18	转账				10 600.00	528 316.89

中国交通银
南宁市西乡支行
2017.01.31

续 表

2017年	摘要	凭证种类	凭证号码	发生额		余额
日期				借方	贷方	
01/19	转账			2 400.00		525 916.89
01/19	转账				7 950.00	533 866.89
01/19	转账			57 500.00		476 366.89
01/19	转账			10.00		476 356.89
01/20	转账				28 350.00	504 706.89
01/20	转账				12 600.00	517 306.89
01/20	转账				22 050.00	539 356.89
01/20	转账			82 500.00		456 856.89
01/20	转账			10.00		456 846.89
01/21	转账			10 000.00		446 846.89
01/22	利息入账				286.31	447 133.20
01/29	转账			10 000.00		437 133.20
01/29	转账				17 850.00	454 983.20
01/30	转账			52 000.00		402 983.20
01/30	转账			10.00		402 973.20
01/31	取现			61 000.00		341 973.20
01/31	转账			78 000.00		263 973.20
01/31	转账			10.00		263 963.20
01/31	转账			25 000.00		238 963.20
01/31	转账			10.00		238 953.20
01/31	转账				25 700.00	264 653.20

中国交通银
南宁市西乡支行
2017.01.31

附件 3

扣缴个人所得税报告表

税款所属期：　　年　　月　　日至　　年　　月　　日

扣缴义务人名称：　　　　　　　　　　　　　　　　扣缴义务人所属行业：□一般行业　□特定行业月份申报

扣缴义务人编码：□□□□□□□□□□□□□□□□□□□　　　　金额单位：人民币元（列至角分）

序号	姓名	身份证件类型	身份证件号码	所得项目	所得时间	收入额	免税所得	税钱扣除项目								减除费用	准予扣除的捐赠额	应纳税所得额	税率%	速算扣除数	应纳税额	减免税额	应扣缴税额	已扣缴税额	应补（退）税额	备注
								基本养老保险费	基本医疗保险费	失业保险费	住房公积金	财产原值	允许扣除的税费	其他	合计											
1	2	3	4	5	6	7	8	9	10	11	12	13	14	15	16	17	18	19	20	21	22	23	24	25	26	27
合计																										

谨声明：此扣缴报告表是根据《中华人民共和国个人所得税法》及其实施条例和国家有关税收法律法规规定填写的，是真实的、完整的、可靠的。

法定代表人（负责人）签字：　　　　年　　月　　日

扣缴义务人公章： 经办人：	代理机构（人）签章： 经办人： 经办人执业证件号码：	主管税务机关受理专用章： 受理人：
填表时间：　　年　月　日	代理申报日期：　　年　　月　　日	受理日期：　　年　　月　　日

国家税务总局监制